安徽省哲学社会科学规划项目"双碳目标下环境协同治理机制与绿色发展路径研究"（项目编号：AHSKQ2022D080）资助

韧性视角下政府低碳规制与企业绿色创新协同研究

丁友强　著

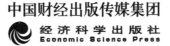

中国财经出版传媒集团

经济科学出版社
Economic Science Press

图书在版编目（CIP）数据

韧性视角下政府低碳规制与企业绿色创新协同研究/
丁友强著．－－北京：经济科学出版社，2023.6
ISBN 978 - 7 - 5218 - 4848 - 9

Ⅰ．①韧…　Ⅱ．①丁…　Ⅲ．①企业经济 - 绿色经济 -
低碳经济 - 研究 - 中国　Ⅳ．①F279.23

中国国家版本馆 CIP 数据核字（2023）第 110273 号

责任编辑：于　源　刘　悦
责任校对：刘　娅
责任印制：范　艳

韧性视角下政府低碳规制与企业绿色创新协同研究

丁友强　著

经济科学出版社出版、发行　新华书店经销
社址：北京市海淀区阜成路甲 28 号　邮编：100142
总编部电话：010 - 88191217　发行部电话：010 - 88191522
网址：www. esp. com. cn
电子邮箱：esp@ esp. com. cn
天猫网店：经济科学出版社旗舰店
网址：http：//jjkxcbs. tmall. com
北京季蜂印刷有限公司印装
710 × 1000　16 开　14.25 印张　210000 字
2023 年 8 月第 1 版　2023 年 8 月第 1 次印刷
ISBN 978 - 7 - 5218 - 4848 - 9　定价：66.00 元

（图书出现印装问题，本社负责调换。电话：010 - 88191545）
（版权所有　侵权必究　打击盗版　举报热线：010 - 88191661
QQ：2242791300　营销中心电话：010 - 88191537
电子邮箱：dbts@ esp. com. cn）

前　　言

　　中国企业普遍面临着从传统生产方式向绿色低碳生产方式转型的困境，主要因为原有核心优势无法提供可持续发展的动力，又受缚于既定发展路径依赖惯性，难以形成突破转型障碍的新优势以开辟企业发展新路径。绿色复苏背景下，政府减碳要求与企业增效期望共存，绿色低碳转型与经济韧性修复并行，为应对这种复杂不确定的外部环境，企业亟须发掘内部潜在用来抵御外部冲击的韧性能力，持续搜寻跨越韧性拐点的有效路径，保障平稳运营以待新优势成功发挥作用，并从转型困境中转危为安。由低碳规制引导企业实施绿色创新战略，既促进了绿色全要素生产率的提升，也实现了技术路径依赖的跨越式突破，促成企业获得可持续发展的低碳优势。因此，分析低碳规制与企业韧性能力相互作用机理及其对绿色创新绩效的影响效应，不仅为企业成功转型提供指导方向，而且关系到低碳规制能否执行到位，更有助于绿色创新绩效目标兑现。

　　低碳规制运用环境成本调控企业减碳成效，可能发生意料之外的机会主义、道德风险及逆向选择等问题，造成减碳与增效的矛盾凸显。因为动态能力理论较少关注低碳环境变化因素，缺乏绿色创新动力研究，也使企业绿色低碳转型的理论支撑乏力，所以，要解决碳排放负外部性问题，应统筹考虑企业内外两种因素的相互作用机制。根据"波特假说"研究，在适度的低碳规制前提下，企业利用绿色创新促进绿色效率提升，可以扭转环境成本引致企业效益下降趋势，使其重新获取竞争优势。在已有文献中，学者以绿色全要素生产率为代理变量，分析了绿色创新绩效受低碳规制影响下呈"U""N""V"等多种形状，但未能完全打开企业"黑箱"，没有考虑内部知识整合、协调、修正、恢复有关的韧性能力，使低碳治理领域留有较大研究空白和解释空间。实际上，由于政府与企业碳决策目标存在差异，企业绿色创新绩效不仅取决于低碳规制对绿色效率的外生性要求，更决定于企业内生性韧性能力的防御动力、响应路径及创新效应。因此，本书从企业绿色创新绩效的脆弱性、抵抗性及适应性等韧性特征出发，形成了"政府低碳规制—企业韧性能力—绿色创新绩效"的分析框架。

根据上述研究定位，本书重点探讨低碳规制对绿色创新绩效的作用及企业韧性能力的反作用，主要研究思路是：首先，从企业成长理论的内生增长与外生发展两个范式，分析低碳规制的外生性助推动力和内生性激励动力，及企业韧性能力的内在本质和外在表现，阐释其主要内涵、基本特征与形成机理。其次，在政府降碳目标与企业增效目标不一致的情况下，双方的"碳决策"针对不同的目标进行演化博弈，本书以此构造了兼有绿色效率与企业效益的"双效"绿色创新绩效目标函数，进而分析基于企业韧性能力的低碳规制对绿色创新绩效的影响效应，主要表现为低碳规制驱动效应、绿色创新补偿效应和碳市场化调节效应三种方式，从而探索了企业绿色创新绩效的协同增长模式、路径选择方式及韧性拐点位置，进而构建理论框架，提出三种效应的研究假设。再次，运用计量方法对理论框架进行实证分析，检验三种效应研究假设的真实结果，以此验证绿色创新绩效的韧性拐点，阐明绿色全要素生产率增长曲线变化趋势及企业韧性能力的阶段性体现。最后，提出低碳规制下绿色创新绩效提升对策，并归纳研究结论、局限及展望。

本书的研究创新点主要表现在三个方面：第一，丰富了低碳规制与绿色创新绩效的相关研究成果。在低碳规制的影响下，企业积极适应外部环境的冲击，使绿色全要素生产率增长曲线呈倒"S"型，分为上下两个部分，上半部分为倒"U"型即先增后减趋势，下半部分为正"U"型即先减后增趋势，整体上像"N"型但多了一个韧性拐点，这不仅契合前人研究结论，符合"波特假说"的两阶段模型，而且可以直观展现低碳规制对绿色创新绩效的影响效应，也反映了企业韧性能力反作用过程，更贴近实际情境。第二，构建了政府低碳规制与企业韧性能力"二力"相互作用机理。企业韧性能力是为了抵抗外部冲击，运用冗余、学习及创新等整合资源与知识协调的能力，改变路径依赖性、减少绩效脆弱性、增强环境适应性的过程。低碳规制的外生性助推动力触发企业内生性激励动力，调动企业自主创新减碳意愿，通过低碳环境洞察能力、冗余资源整合能力、低碳知识学习能力及绿色创新补偿能力的联动反作用，推动企业开展绿色创新活动，促使资源利用效率提升、生态环境质量提高，并达到减碳增效目的。第三，阐释了绿色全要素生产率增长曲线表现为三个韧性拐点和四个发展阶段特征，扩展了"波特假说"和"波特拐点"的研究内涵。企业绿色创新绩效受低碳规制的影响，先是呈下降趋势，利用冗余资源的缓冲作用，出现韧性第一拐点；经过学习能力发挥作用后，促使环境成本逐渐下降，韧性压力随之缓解，出现韧性第二拐点；随后，绿色创新突破环境适应性并补偿了部分韧性，促成企业转而进入上升通道，出现韧性第三拐点。三个韧性拐点将绿色全要素生产率增长曲线分为粗放式增长期、强制调整期、引导转型期及高质量发展期四个发展阶段，展现了不同的低碳规制工具对绿色创新绩效的差异化影响，也体现了企业韧性能力反作用的阶段性特征，即动态适应、冗余抵抗、学习改进及创新突破等变化过程。

本书的管理启示主要体现在以下三个方面：一是实施有重点、分阶段、差别化的低碳规制工具组合政策，建立政府与企业间相互联动的低碳治理机制，设计具有约束性的协同工具链；二是以"减量化、资源化、绿色化、低碳化"为原则，重新梳理企业低碳价值活动，优化绿色创新投资策略，激发企业自主创新减碳动力，进而完善激励性的知识价值链；三是处理好低碳规制强度与碳市场化指数的协调关系，积极推进碳交易市场建设，构建绿色低碳生产运营体系，健全可持续发展的调节性生态供应链。

丁友强

2023 年 5 月

目　　录

第1章 绪　　论

1.1　研究背景及意义

1.1.1　研究背景

为解决碳排放所造成的气候变化①负外部性问题，企业依靠高污染、高耗能、高排放的传统生产方式亟须向绿色、低碳、高效、循环的新发展路径转型。随着我国减碳控排要求愈加严格，企业环境成本不断上升而经营利润相对下降，不仅影响了企业价值链定位，而且冲击了企业可持续发展能力，倒逼企业生产经营过程中更加重视绿色要素投入产出效率。所以，企业调整自身韧性能力以应对外部环境变化可能导致战略转型失败的风险，并通过实施绿色创新战略促进绿色全要素生产率的提升，获取可持续发展的低碳优势，成为企业战略管理研究的重要课题。

低碳经济下企业外部环境发生重大变化，主要表现为政府低碳治理压力增大、企业低碳转型动力不足及低碳治理理论支撑乏力三个方面，具体如下。

---

① 本书采用 IPCC 气候变化共识作为论证全球变暖的有力证据，参见戴建平：《气候科学共识的起源与本质》，载于《清华大学学报》（哲学社会科学版）2014 年第 1 期。

1.1.1.1 政府低碳治理压力增大

众所周知，气候变化已被列为全球首要风险①，大气污染也犹如悬顶之剑，为打赢蓝天保卫战，落实碳减排措施，应积极推动经济社会向全面绿色低碳转型发展。1998 年，中国签署了《京都议定书》，承诺制订碳减排方案，积极推行清洁发展机制（clean development mechanism，CDM）②。2009 年，在哥本哈根世界气候大会上，中国首次做出量化碳减排目标的承诺，到 2020 年碳排放强度比 2005 年下降 40% ~ 45%。2011 年国家发展改革委办公厅发布《关于开展碳排放权交易试点的工作通知》，在七个地区和八个行业试点碳排放权交易机制（以下简称"碳交易"）。党的十八大正式将生态文明建设纳入"五位一体"总体布局，努力建设"美丽中国"。2013 年，以碳配额与中国核证自愿减排量（China certified emission reductions，CCER）为主要产品，正式开始碳交易试点。2016 年，中国加入巴黎气候协定后，颁布了《"十三五"控制温室气体排放工作方案》，强调支持低碳发展的预算资金、税收政策、投融资机制，逐步规范节能减碳补贴政策。2017 年《全国碳排放权交易市场建设方案（发电行业）》，正式启动全国统一碳市场建设③。党的十九大明确指出，中国"引导应对气候变化国际合作，成为全球生态文明建设的重要参与者、贡献者、引领者"④，倡导绿色"一带一路"发展理念，使转方式、调结构、促升级成为大势所趋。2018 年《打赢蓝天保卫战三年行动计划》再次要求严格执行环境保护税法，增加大气污染防治专项资金投入，优化产业结构布局，提高能源利用效率。2020 年，"十四五"规划建议"加快推动绿色低碳发展""降低碳排放强度，支持有条件的地方率先达到碳排放峰值"。2020 年 9 月 22

---

① 2020 年 1 月，世界经济论坛发布《2020 年全球风险报告》。

② 《京都议定书》指出，清洁发展机制目标是帮助非缔约方持续发展、帮助缔约方减排抵消额的转让与获得。

③ 2015 年 9 月 25 日，在《中美元首气候变化联合声明》中，习近平主席提出我国将于 2017 年启动统一碳交易市场，分为四个阶段：准备阶段、攻坚阶段、启动阶段及完善阶段。

④ 《决胜全面建成小康社会夺取新时代中国特色社会主义伟大胜利——在中国共产党第十九次全国代表大会上的报告》，人民网，2017 年 10 月 27 日。

日，习近平同志在第七十五届联合国大会上正式提出"二氧化碳排放力争于 2030 年前达到峰值，努力争取 2060 年前实现碳中和"[①] 这个重大战略目标，称为"双碳"战略。党的二十大报告又指出，"实现碳达峰碳中和是一场广泛而深刻的经济社会系统性变革"[②]，将"双碳"目标上升为国家发展战略。从以上低碳规制发展脉络来看，随着政府主导向市场主导的经济体制深入改革，低碳规制工具也由命令控制型向市场调节型逐步完善，标志着我国低碳治理体系已初步形成。在此期间，低碳规制取得效果较为显著，在实现经济飞速增长基础上控制了碳排放强度的变化幅度，截至 2019 年，中国人均二氧化碳排放当量不及美国的一半[③]，碳排放强度已提前完成哥本哈根协议目标要求。但同时，中国二氧化碳排放总量已达 137 亿吨，约为世界的 1/4[④]，依然是碳排放大国，不仅面临着非常艰巨的减碳任务，而且还面临着减碳周期缩短、减碳强度加大等诸多挑战。

政府低碳治理压力主要来自国外和国内两个因素：从国外来看，由《联合国气候变化框架公约》到《京都议定书》再到《巴黎协定》，各国基本达成了"平均气温升幅控制在工业化前水平以上低于 2℃ 以内，并努力将气温升幅控制在工业化水平以上 1.5℃ 之内"的共识。近年来，欧美一些国家奉行"利益至上"政策，继续推进"页岩气革命"，使经济发展呈现"高碳锁定"特征，还不断搅局《巴黎协定》履约机制[⑤]，进而促使全球"碳中和"（carbon neutral）[⑥] 的博弈局势更为复杂。为践行全球减碳责任担当，中国根据三项碳减排协议的要求，提出力争于 2030 年左右

---

① 《"双碳"大考中的政协行动——全国政协人资环委"推动实现碳达峰碳中和"调研纪实》，中国政协网，2021 年 7 月 8 日。

② 2022 年 10 月 16 日，习近平总书记发表《高举中国特色社会主义伟大旗帜为全面建设社会主义现代化国家而团结奋斗——在中国共产党第二十次全国代表大会上的报告》。

③ 2019 年 11 月 27 日，《中国应对气候变化的政策与行动 2019 年度报告》。

④ 2019 年 11 月 26 日，联合国环境规划署（UNEP）公布《2019 年碳排放差距报告》。

⑤ 柴麒敏：《美国预期重返〈巴黎协定〉"碳中和"将迎来世纪博弈》，载于《中国改革》，2021 年。

⑥ IPCC《全球变暖 1.5℃》将"碳中和"定义为年度内碳排放量与碳减排量相抵消，实现相对"零碳"。

实现碳排放达峰，在2030年前将非化石能源占一次能源消耗比重提高到20%。但当前我国碳排放总量仍居世界第一，不仅要着手解决发展中国家的经济复兴问题，还要处理发达国家转移碳排放的额外任务，使碳减排之路颇为艰难（刘竹等，2020）。从国内来看，虽然我国改革开放40余年成绩斐然，实则短时间内走完发达国家上百年的工业化道路，造成现代企业制度积淀不深，立足竞争激烈的国际舞台未稳，却又不得不接轨世界并同步向绿色低碳转型，这既不能牺牲来之不易的发展路径，也不能不考虑长久低碳发展之计，使企业减碳任务异常艰巨。因此，要实现减碳目标必须在发展中减碳、在减碳中发展，通过提升低碳治理能力，促进低效率低产值的高碳生产方式向高效率高产值的低碳生产方式转变，加速迈进全面现代化的绿色低碳发展路径。从调整能源消耗结构、促进绿色低碳转型入手，应尽快解决碳排放总量与碳排放强度之间的不均衡问题，关键在于淘汰落后高碳产能、提高绿色技术创新效率、占据低碳产业价值链高位，归根到底是要重塑企业走向低碳发展路径核心优势的能力。

1.1.1.2 企业低碳转型动力不足

低碳规制能否产生预期效果，不仅取决于政府初期设计合理、后期贯彻得力，更重要的是调动企业自主创新减碳意愿，使其能够积极践行绿色创新活动，最终实现减碳目标。在完全理性假设条件下，政府与企业各自有着不同的利益诉求，前者要求绿色效率最大化以尽可能达到碳减排预期要求，而后者更期望可以自由地进行碳排放以实现经营效益最大化，双方目标差异导致政策执行结果与期望目标之间存在一定偏差。在有限理性假设条件下，由于信息不对称性和不完全性，政府与企业之间碳决策博弈将出现市场部分成功、完全成功、完全失败三种均衡状态，且市场均衡效率受到作假伪装成本和期望风险成本的影响[①]，不仅使政府为减碳控排付出

---

① 张国兴等（2013）认为，企业实际低减排但却期望高补贴所形成的伪装成本，即因伪装被识别而产生的沉没成本。

较多的财政支出，而且企业也为减碳增效付出更高成本，也就是说，碳决策博弈可能没有给双方带来好的结果，反而造成市场不公平竞争，使双方履行契约的交易成本更高了，进而导致企业低碳转型路径也更为复杂，对整体社会福利产生负面效应。因此，要实现企业减碳增效最优效果，务必要协调好政府与企业之间碳决策目标的一致性，增强低碳规制激发企业自主创新减碳的驱动作用。

企业低碳转型动力主要体现为内生和外生两种类型：一种是内生增长因素，表现为道德、制度、变革与绩效等方面，因为企业存在的目标即为盈利。在利益驱使下，企业管理者出于理性考虑，理所当然地看重短期利润最大化，而选择性地忽视长期环境责任。而且，大多数企业年度业绩考评较多重视管理者取得的经济效益，较少考虑环境绩效的权重，这种绩效导向也决定了代理人的碳决策出发点。因此，企业一般不会主动承担减碳责任，仅有部分企业披上环保投入的"绿领巾"① 掩盖或转移外界对其内在社会责任缺失的关注，以彰显公众面前树立的优秀形象，也可以说仍然是为了追求经济利益或者自我价值实现。由此可见，要使企业承担减碳责任并产生减碳效果，仅仅依靠企业社会责任的约束力，可能会产生"道德风险"，故而需要借助低碳规制助推作用，给高碳企业带上一个"紧箍咒"，制约其碳决策行为并持续推进碳减排目标。另一种是外生驱动因素，政府试图利用强有力的减碳措施，迫使企业受制于高压政策而采取减限停措施来兑现减碳指标。这种方式看似立竿见影，但由于信息不对称容易造成碳配额分配不均等问题，导致"一刀切""以罚代管""简单粗暴"等时有发生，使企业被动减碳所产生的内耗远大于已取得成效，甚至可能助长低碳规制出现低效率的负外部性问题。也就是说，过度强调外生性高压作用，可能致使低碳规制刺激企业减碳效力走弱，起不到预期减碳效果，反而使企业羸弱不堪最终走向转型失败。实际上，企业更愿意在财政支持下向绿色低碳转型，较为缓和的低碳财政投入及完善的碳税制度等方式，不仅可以缓解低碳公共品供给不

---

① 高勇强等（2012）将"绿领巾"定义为企业遮掩不当行为或者分散公众视线的现象。

足，纠正碳市场失灵的低效率问题，也能够从根本上释放出企业自主绿色创新动力，从而有效发挥低碳规制的利益引导作用。所以，促进企业绿色低碳转型、落实减碳控排目标，既不能完全仰仗低碳规制的外在约束，也不能单纯依靠企业社会责任道德模范，关键还在于运用适当的低碳规制工具，发挥不同工具的协同效应，激发企业内在动力促其长足发展，使政府与企业双方目标契合于促进绿色全要素生产率的协调增长，从而实现经济绩效、生态绩效与社会绩效的良性循环发展。

1.1.1.3 低碳治理理论支撑乏力

由于气候变化科学达成共识时间较短，绿色消费理念未能全面普及，而实施低碳转型又意味着企业可能遭受额外损失，这使低碳管理被束之企业社会责任范畴之内，严格来说没有形成较为完整的低碳治理体系。因此，低碳治理理论支撑乏力是当前低碳规制功效减弱的关键原因，主要表现在以下两个方面。

一方面，以往低碳治理理论多数站在政府立场上，将企业同质化处理，从产业层面解决碳排放负外部性问题，在一定程度上割裂了企业内外因素之间的关联性，片面突出了产业结构的关键作用，对企业碳减排实际的指导作用较为有限。而且，过度强调低碳规制强度，要求快准狠地减碳结果导向，较少考虑企业能力是否跟得上节奏，在理论支撑缺乏的情形下，有可能损害企业绩效，也就是减碳效果不佳，反而支付不少成本，无法达到帕累托最优。在外部性理论指导下，政府往往采用命令型政策为主要方式，依靠运动式环保对企业造成损耗较大，尤其是当前碳税实际征收时间较短，碳排放权界定也还存在较大难度，使低碳规制大多数政策研究停留在理论层面上，仍缺乏企业层面的实践性认知。"波特假说"的研究批判地继承了外部性理论关于环境规制的部分内容，指出低碳规制可以促使企业开展绿色创新活动，从"遵循成本效应"转向"创新补偿效应"，但该假说受到制度经济学家的质疑，而且对于低碳规制影响下绿色创新绩效的变化形态及特征等研究内容尚未形成一致意见。

另一方面，现有低碳治理相关研究视企业为"黑箱"（black-box）①，没有完全打开内生增长源泉，较少涉及企业内在能力。虽然动态能力理论对企业应对环境变化的知识有所改进，包括战略柔性等研究也考虑到企业随变化而变化的权变思想，但专门针对企业应对低碳规制的能力研究较少，更没有形成完整的分析框架来探讨企业韧性能力的反作用机制。在绿色复苏背景下，企业同时面临着减碳目标紧迫、增效任务繁重的情形，尽快改变粗放式生产方式，不断促进绿色全要素生产率提升，加速推动企业绿色低碳转型发展，对低碳治理研究显得尤为关键。而且，在中国情境下，碳税、碳补贴、碳交易等低碳规制工具还处于摸索阶段，也使低碳规制对企业绿色创新绩效的影响及企业应对能力研究变得至关重要。

综上所述，在政府迫切减碳需求与企业亟须转型期望之下，出现了企业碳排放负外部性与政府碳减排负外部性交互问题，而现有低碳治理理论难以破解这一问题，导致企业减碳与增效的矛盾日渐突出，为低碳治理研究提供了重要契机。所以，本书将企业成长理论的外生发展范式与内生增长范式结合起来，重新审视企业碳排放外部性与政府碳减排外部性交互问题，结合全球减碳趋势与中国情境因素，为实现企业低碳转型成功考虑，需要着重解决以下三个战略性问题：一是企业减碳导致效益下降的韧性拐点位置在哪里？由于低碳规制引致企业环境成本上升而经营利润相对下降，企业不可能持续亏损而不考虑利己之处，至少应有一个盈利预期，主要因为企业存在逐利本性，开展绿色低碳转型内在动机是为了直接经济利益，或者外在形象品牌资本带来间接经济利益，归根到底都是利益导向。如果企业持续追加绿色环保投入，付出大多数投资变成沉没成本，看不到任何盈利预期，谁会愿意继续进行绿色投资，又怎能自愿承担减碳的社会责任。所以，最好能在盈利预期下促使企业减碳，或者说减碳能给企业带

---

① 企业"黑箱"问题源于学术界对新古典经济学生产理论的再思考，主要探究两个问题：一是什么决定了企业的成长性，其成长的动力机制是什么；二是什么决定了企业的异质性，即不同企业间竞争优势来源是什么。

来足够多好处，让管理者看到韧性拐点位置，才会激发企业自主创新减碳积极性。当企业意识到韧性拐点位置，即便较高投入但可以在未来一定时期持续获得更高回报机会，将更有信心并愿意开展绿色投资活动。二是企业如何找到通往韧性拐点的最优发展路径？如果企业能认识到韧性拐点位置及盈利预期，且预估将来低碳规制强度持续增加，就会出现第二个问题，即企业如何利用现有资源与能力，尽快完成跨越韧性拐点目标。在低碳规制的影响下，企业原有生产方式难以适应新的发展要求，业已形成的核心优势也不符合发展趋势，亟须找到通往韧性拐点之路的新核心优势，即可持续发展的低碳优势，以满足绿色消费需求，进而在未来较长时期内获取盈利预期。如果没有最优发展路径帮助企业实现低碳优势，企业未必肯去做徒劳无功之事，毕竟变革就需要付出成本和接受风险挑战。三是企业怎样在最优发展路径上一直坚持到韧性拐点来临？企业调整自身资源满足路径选择条件，以获得可持续运营的韧性能力，逐渐适应外部环境变化，实际上企业面临可选择的绿色低碳发展道路有很多条，但由于路径依赖缘故，对原有核心优势仍抱有期望，或者较仰仗已有成绩，而对新领域知识又不熟悉，即使看好低碳产业也无从下手。所以，从原有核心优势失效开始，直至该优势消失殆尽，通过搜寻韧性拐点并找到更合适的新核心优势，在这个过程中，企业如何调整自身韧性能力，对外部冲击的抵抗、防御、缓冲及恢复韧性，突破环境适应性后进入新发展路径，也是企业低碳转型的关键问题。

进入新时代，随着绿色发展理念深入人心，企业既要处理好外部环境变化的影响，也要维护好生态环境健康发展。绿色创新绩效不仅取决于低碳规制发挥效应，更取决于企业韧性能力与之匹配；同时，低碳规制的政策执行到位并产生预期效果，也在于企业韧性能力成功防御转型失败风险，恢复至新的发展路径。所以，在低碳经济发展中，企业韧性能力应对低碳环境变化致使其绩效损失，通过提升绿色创新能力获取可持续发展低碳优势的过程，可以认为，绿色创新绩效实质上取决于低碳规制与企业韧性能力的相互作用。

1.1.2 研究意义

由于存在环境不确定性与信息不完全性，低碳规制对解决碳排放负外部性问题未必完全有效，例如，企业管理者运用关停达标方式套取补贴，谈判能力强的企业开展游说拟定利己的碳排放标准形成行业壁垒，资本实力强的企业借助监管漏洞转移部分碳排放量，从而出现"道德风险""逆向选择"等问题，也就是说，政府强制企业碳减排也可能产生负外部性问题，故而，企业应对外部低碳环境变化，需要增强自身韧性能力以促进绿色创新绩效提升。但目前学术界关于企业韧性能力研究相对较少，更缺乏低碳规制影响下企业韧性能力的反作用机制研究。本书通过整理国内外相关文献，从企业成长理论的内生增长与外生发展两个范式，分别探讨了冗余资源在短期内起到缓冲和化解风险的作用，为企业持续进行绿色创新提供足够的资金支持；同时，考察了知识及其转化为能力的作用，借助组织学习能力推进企业绿色技术创新，为长期减碳增效提供不竭动力。

1.1.2.1 理论意义

从外生发展范式来看，低碳规制以同质性企业作为研究对象，视企业为一个"黑箱"，将所有外部成本简单化为交易成本，其好处是可以为宏观经济研究提供便利，但同时也不利于单个企业获取竞争优势的研究，难以指导企业经营实践活动。根据科斯（Coase，1960）交易成本设想，低碳规制运用环境成本的调控方式，促使企业生产可能性边界发生变化。在此基础上，威廉姆森（Williamson，1975）提出资产专用性概念，即指企业拥有或控制的专用性资产，这种资产有着特定用途，例如造纸设备只能用于纸张生产而不能用作机车设备加工，也就是转作他用可能会降低价值创造性，甚至变成毫无价值的资产，也就是说，专用性资产具有很强的路径依赖性，因此，改变低碳环境条件导致企业原有资产专用性带来的核心优势消失，反而成为企业获取新优势的累赘。张五常（2002）提出不完全契约理论，认为现实中企业要达成完美契约几乎不太可能，所达成契约是不完全的，导致政府拟定政策、收集建议等都需要支出费用，而且企业并非同质的，表现为谈判能力有强弱之分、信用等级有好坏之别、知识能力也存在个体差异等，造成静态均衡分析存在理性契约与公权他用的悖论。在动态均衡分析基础上，产权理论学派指出，市场交易的前提是界定产权并明晰产权关系，但因短期利益会刺激企业采取低端廉价方式进行交易，导致失信行为层出不穷，仍潜伏着诸如道德风险、逆向选择、机会主义等问题。如此一来，就出现了企业碳排放负外部性与政府碳减排负外部性交互问题。因此，界定低碳规制的适用范围、时间及强度，有效激发企业减碳内在动机，为低碳经济绿色发展注入活力，这需要融入以创新和演化为核心的企业理论范式，对资源、知识与能力构成的企业系统应对外部环境变化研究进行细致梳理。熊彼特（Schumpeter，1942）运用动态研究方法提出创新理论，由创新带来企业间生产效率差异，以此解释企业波动、失败与死亡。波特（Porter，1995）提出"波特假说"，批评了新古典经济学对环境规制的偏见，认为环境规制不仅可以解决环境污染的负外部性问题，而且可以利用绿色创新手段改善企业生产方式，能做到创新补偿企业绩效的效果。该假说明显带有战略定位学派烙印，从产业结构与企业竞争考虑，对多种假说探讨产生了诸多争议。本书的研究以"波特假说"为基础，从企业内部资源、知识与能力所构成系统考虑，以绿色全要素生产率增长曲线变化趋势作为研究着力点，辨析了低碳规制与韧性能力的关系及其对绿色创新绩效韧性拐点的影响效应，拓展了"波特假说"和"波特拐点"的研究内容。

从内生增长范式来看，目前研究虽然将企业能力差异化作为应对不确定环境变化的解决方向，但较少考虑企业内部动力与外部动力交互作用，仍缺乏企业韧性能力反作用机制研究。在与动态的、不确定的环境匹配中，企业通过调整、更新、重构和再造其能力，整合有效资源、协调内外关系、寻找市场机会，着重吸收了权变思想并进行重大改进，主要强调了持续获取独特竞争优势的能力和动态适应外部环境变化的能力。

但同时，按照爱森哈特和马丁（Eisenhardt and Martin，2000）关于动态能力的研究，认为企业获得"共性"的绩效而产生同质化的结果，导致竞争优势并不是充分条件；而温特（Winter，2003）也指出，有些低成本"救急"方式反而更为有效，但这相对于已经获取的竞争优势而言也就不那么必要了。因此，动态能力侧重于柔性适应，实际上忽略了效率原则，从效果、价值和时间三个维度进行度量，企业在受到外部环境强烈冲击之下，构筑起有效的防御系统，可以起到事半功倍而又"起死回生"的效果。本书引入企业韧性能力，对解决企业碳排放外部性问题的交易成本、额外收益与失败风险等研究，以及政府与企业、低碳企业与高碳企业、绿色创新与非绿色创新等决策问题有着重要作用。所以，本书的研究在一定程度上补充了动态能力研究的部分内容，将先前缺乏组织韧性方面研究进行系统梳理，为资源、知识、能力与企业成长理论提供了开创性研究方向。

1.1.2.2　实践意义

中国作为碳排放大国，在全球气候危机与恢复经济秩序双重压力下，为践行"绿色复苏"、落实减碳目标，通过转变传统的生产生活方式，走绿色、低碳、高效、循环的技术创新发展路径，"深入实施可持续发展战略""推进重点行业和重要领域绿色化改造"[①]，拟定了力争于 2030 年前达到碳峰值、2060 年前实现碳中和的目标[②]。

对于政府来说，提升低碳治理能力有助于改善生态环境质量、引领气候治理风尚。有效的低碳规制工具是保障企业降碳减排的重要手段，但同时，无效的低碳规制工具不仅无益于降碳减排任务，更会引致企业交易成本居高不下。企业并非排斥绿色创新，只是碍于较低的投入产出比，若有利于提升绿色效率使其不囿于高耗能方式，一般不会放弃盈利机会。因此，有必要研究政府应该在什么节点对绿色创新的韧性进行补偿，可以弥

---

① 2020 年 10 月 23 日，《中共中央关于制定国民经济和社会发展第十四个五年规划和二〇三五年远景目标的建议》。

② 2020 年 9 月 22 日，习近平在第七十五届联合国大会一般性辩论上的讲话。

补企业绿色创新成本，同时，企业又该在什么节点开展绿色创新活动，能够获得最优或次优结果。本书从企业效益与绿色效率两个方面，考察低碳规制刺激绿色技术进步提升技术效率，为绿色创新协同发展与全要素生产率协调增长提供了重要支撑。

对于企业来说，提升企业韧性能力有助于抵御外部环境冲击、防范转型失败风险。以往研究表明，当权变聚焦组织内外环境因素，企业追求价值最大化目标存在较大差异，按照施瓦茨（Schwarz, 2003）的分类方法可将其承担降碳社会责任的动因可归结为经济、制度与道德三个方面，也就是说，只有在降碳所获得收益大于成本表现为有利可图前提下，才能有效激发企业内在动机。随着中国经济进入新常态，企业同时面临绿色化、智能化、数字化三大改造，要想在激烈竞争中立于不败之地，需要不断发掘自身能够快速识别机会并获取新知识资源的能力。从长期降碳目标考虑，必然要求对如何激发企业内在动机以及怎样改善企业适应外部环境变化的能力进行深入研究，这就为企业韧性能力研究提供了契机，通过提升企业冗余资源优化配置与增强学习协调创新的能力，推动绿色全要素生产率提升，可以为管理者在不同时期构建与低碳环境要求相匹配的核心优势及进行动态决策优化提供指导。

综上所述，现有文献大多基于交易成本理论考虑资源优化配置，将企业同质化和成本简单化处理，缺乏企业能力应对低碳规制解决外部性问题的动机、机制与效应的系统性思考。故而，本书从演化和创新视角，以纳尔逊和温特（Nelson and Winter, 2002）及多普夫（Dopfer, 2001）关于进化论的遗传、变异与选择为演绎基础，当企业处于不利的竞争地位时，会从已有遗传性技术、惯例及流程中，搜寻并变异出创新性技术、惯例或流程，从而选择环境适应性相匹配部分，转化为企业决策行为。通过反思企业成长理论研究，综合内生增长与外生发展两种范式，对低碳规制的驱动作用与企业韧性能力反作用的动因、效应及机制进行深入研究，旨在回顾和总结相关研究成果基础上，借鉴国内外低碳治理实践经验，结合中国情景下低碳治理实际情况，为践行绿色发展理念，实现绿色效率与企业效益双元性目标，对低碳规制影响绿色全要素生产率增长曲线变化及企业韧性能力反作用机制进行探索与研究，以期为企业提升韧性能力促进低碳转型及绿色复苏提供重要借鉴。

1.2 研究定位、结构安排与技术路线

1.2.1 研究定位

所谓企业韧性能力，是企业应对外部环境变化，克服路径依赖惯性，利用冗余资源进行整合、重构及修复的动态能力，并通过危机的识别、应对和恢复而重新获取新发展路径（王勇，2019）。故而，本书对获取可持续发展低碳优势的企业韧性能力进行演化分析，研究了低碳规制与韧性能力相互作用机理，探索了企业绿色创新绩效的韧性拐点、响应路径及创新反应，为低碳治理提供一条开创性的研究思路。

根据外生发展范式，可以将低碳规制分为市场型和命令型两类工具，前者包括碳税、碳补贴和碳交易等方式；后者包括碳排放标准、环保立法及行政处罚等方式。从动态、演化及创新的视角，"波特假说"研究认为，适当的低碳规制可以刺激企业绿色创新动力，弥补遵循的环境成本，实现创新补偿效应。所以，低碳规制的关键在于推动企业开展绿色创新活动，使其由交易成本增加转向创新绩效补偿的路径，从而相较于不创新企业获得了更多竞争优势。在西蒙（Simon，1945）有限理性指导下，基于不完全信息与满意原则，企业其实需要与政府追求的绿色效率最大化目标达成契约，也就是在减碳达标前提下实现经营绩效目标，使政府与企业之间碳决策目标差异而进行博弈，表现为企业运用资源与知识的水平。普拉哈拉德和哈默（Prahalad and Hamel，1990）认为这是核心能力的作用，即"组织中的积累性学识，特别是关于如何协调不同的生产技能和有机结合多种

技术流"。蒂斯等（Teece et al.，1997）将其发展为动态能力，认为是动态环境中调整、整合与改进能力的能力。以此为基础，在碳决策演化博弈中，需要企业冗余资源优化配置与知识学习协调创新反应的韧性能力，对外部环境变化起到防御、缓冲及恢复新均衡的效应。

近年研究以绿色全要素生产率为代理变量，用来分析低碳规制对绿色创新绩效的影响效应。在"绿色复苏"背景下，本书根据绿色发展理念，从碳排放负外部性问题导向出发，通过梳理低碳规制、企业韧性能力与绿色创新绩效三者之间的关系，分析了低碳规制驱动效应、绿色创新补偿效应及碳市场化调节效应，并运用计量方法进行了实证检验。由于冗余资源、知识学习及绿色创新的作用，使低碳规制影响下绿色全要素生产率增长曲线呈倒"S"型，表现为多拐点、多阶段特征，反映了碳决策演化博弈及企业韧性能力的反作用机制。

1.2.2　结构安排与技术路线

本书主要探讨低碳规制对绿色创新绩效的作用及企业韧性能力的反作用，借助绿色全要素生产率增长曲线变化趋势直观展现了研究主题，具体包括以下内容。

第1章，绪论。本章主要阐述"为什么研究""研究什么"及"怎么研究"三个方面。首先，在整理碳排放外部性理论与现实背景基础上，从政府与企业之间不同目标出发，政府面临着国内外双重压力亟须加强低碳规制强度，企业受到内外两种因素影响而造成低碳转型动力不足，同时低碳治理理论支撑乏力，使减碳与增效矛盾凸显，进而提出了企业持续获取核心优势的韧性拐点、发展路径及创新效应三大战略性问题，并总结归纳了本书研究的理论意义与实践意义。其次，从问题导向出发，理论联系实际，将本书研究定位为基于企业韧性能力的低碳规制对绿色创新绩效的影响，阐述了低碳规制下企业韧性能力形成机理、绿色全要素生产率增长曲线、三个韧性拐点及四个发展阶段等创新点。最后，针对研究主题的逻辑关系，详细介绍了研究部署，对理论分析、数理分析与计量分析等研究方法进行说明。

第 2 章，文献综述。本章在梳理企业成长理论发展脉络基础上，将研究内容划分为"政府低碳规制—企业韧性能力—绿色创新绩效"三个维度。首先，从内生增长范式梳理资源、知识与能力的基础观，演化分析了企业韧性能力研究范畴。其次，从外生发展范式阐述低碳规制的研究，分类阐明市场调节型和命令控制型工具，界定低碳规制工具研究范畴。再次，基于"波特假说"研究分析低碳规制对绿色创新绩效的影响，总结学者对绿色全要素生产率增长曲线的研究情况。最后，从"能力悖论"视角分析现有研究的空白与局限之处，提出本书的研究思路。

第 3 章，低碳规制下企业韧性能力的形成机理。本章首先分析了企业韧性能力的主要内涵、响应路径及基本特征。其次从外生发展与内生增长两个范式，分析低碳规制的外生性助推动力和内生性激励动力，以及企业韧性能力的内在本质和外在表现，阐释低碳规制与韧性能力相互作用机理。最后分析企业获取可持续发展的低碳优势，表现为动态适应、冗余抵抗、学习改进及创新突破的变化过程。

第 4 章，碳决策行为演化博弈的均衡分析。在构建低碳双效模型基础上，逐一加入碳排放权、碳税、绿色创新及绿色补贴四个变量，讨论了碳决策行为的双效目标函数均衡点及路径，进而分析碳排放权引导效应、碳税规制倒逼效应、绿色创新强化效应及绿色补贴激励效应。

第 5 章，低碳规制对绿色创新绩效的影响效应。本章主要研究政府与企业之间碳决策行为的演化博弈过程，以绿色效率与企业效益双元性目标为基础构建绿色创新绩效目标函数，分析绿色创新均衡求解与企业绩效韧性拐点。首先，假定政府以碳配额作为控制对象，分析低碳规制驱动效应；其次，将企业分为绿色创新低碳企业与非绿色创新高碳企业，运用古诺博弈模型（不考虑异质性企业因素）、斯坦克尔伯格模型（考虑异质性企业因素）分别求纳什均衡解，分析绿色创新补偿效应；最后，形成政府主导初次分配的碳配额市场和企业主导二次分配的碳排放市场，分析碳市场化调节效应，进而比较分析了低碳规制、绿色创新及碳市场化对绿色创新绩效的影响效果。

第6章，低碳规制与绿色创新协同的理论假设。本章首先以低碳规制为解释变量，分为市场调节型工具和命令控制型工具；以绿色创新绩效为被解释变量，包括绿色全要素生产率、企业全要素生产率及碳减排等指标；将绿色创新作为低碳规制与绿色创新绩效关系的中介变量，包括绿色技术创新与绿色创新投资两个方面，并且以碳市场化指数与低碳规制强度交互作用作为调节变量。其次，根据低碳规制驱动效应、绿色创新补偿效应及碳市场化调节效应，分别提出三个方面研究假设。

第7章，低碳规制与绿色创新的协同路径。本章首先运用计量分析方法，借助中国省际、城市、产业及上市公司面板数据，对三种效应研究假设分别进行实证检验。主要检验低碳规制直接效应、绿色创新中介效应及碳市场化调节效应。其次探讨了企业全要素生产率、绿色全要素生产率与碳减排之间的关系。最后分析了绿色全要素生产率增长曲线的变化趋势、韧性拐点特征及韧性能力体现。

第8章，低碳规制下绿色创新绩效提升对策。本章基于企业韧性能力提出了低碳规制的约束性对策、绿色创新的激励性对策与碳市场化的调节性对策。约束性对策方面，重在设计融合联动工具链，营造绿色创新协同氛围。激励性对策方面，重在构建低碳优势的价值链，激发企业自主创新减碳动力。调节性对策方面，重在构建绿色低碳生产运营体系，建立可持续发展的生态供应链。

第9章，研究结论及展望。本章对全书研究内容、过程、主线、方法及结果等进行总结，梳理和归纳低碳规制对绿色全要素生产率增长曲线变化的影响及企业韧性能力反作用机制的主要结论。同时，指出本书研究不足之处和需要进一步研究方向。

本书的技术路线如图1-1所示。

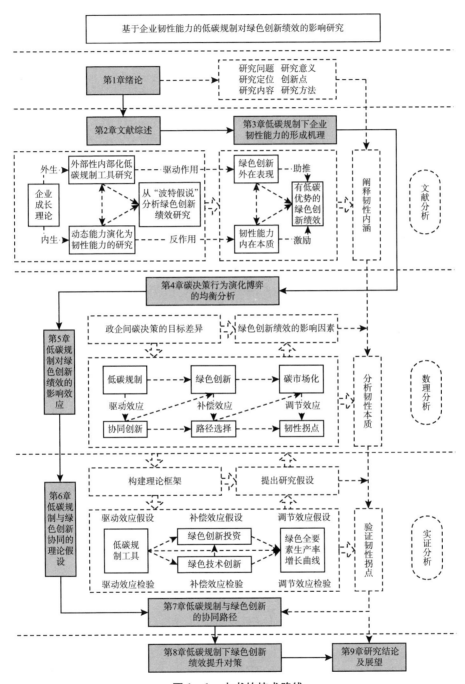

图1-1 本书的技术路线

1.3 研究方法

为取得较为全面、客观、准确的研究结果，本书从企业碳排放外部性与政府碳减排外部性交互问题导向出发，采用理论分析、数理分析及实证分析相结合、循序演进的方法，对研究主题进行深入浅出的逻辑关系分析。

1.3.1 文献分析

通过整理企业成长理论的研究内容，以创新为核心将资源、知识及能力作为研究主线，对相关文献资料进行梳理归纳。首先，从内生增长范式，以获取核心优势为驱动力，利用动态能力理论演化分析韧性能力，表示企业遭遇外部环境变化冲击时产生内部抵抗力，并从资源与知识两个方面为创新提供支撑，提升环境适应性中使边际交易成本下降，从而有利于促进企业绩效提升；其次，从外生发展范式，庇古税、交易成本理论及排污权理论提供了理论基础，将低碳规制分为碳税、碳补贴及碳交易等市场调节型和命令控制型低碳规制工具，通过调控环境成本对企业绩效产生作用，迫使企业采取减碳措施；最后，从"波特假说"研究内容，认为绿色创新是减碳增效的根本方法，将"遵循成本效应"发展到"创新补偿效应"，从而使低碳规制对绿色创新绩效的影响研究，集中反映在绿色全要素生产率的提升上。以往研究显示，低碳规制侧重于解决碳排放外部性问题，将企业视为同质化因素而忽略了碳减排外部性问题，同时动态能力研究侧重于变化的核心优势，同样忽略了抵抗性与恢复性的路径选择问题，缺乏企业韧性能力反作用相关研究。因此，本书将冗余资源、知识学习与绿色创新作为形成企业韧性能力的基础，重点分析了低碳规制的影响下，绿色创新绩效经历动态适应、冗余抵抗、学习改进及创新突破四个阶段，达到韧性补偿过程。

1.3.2　数理分析

基于企业韧性能力形成机理、主要内涵及基本特征的理论分析基础，在低碳规制与韧性能力相互作用下，通过梳理政府追求绿色效率最大化与企业追求经营效益最大化的目标差异，构建了具有双元性特征的绿色创新绩效目标函数。然后，在政府与企业碳决策行为的演化博弈过程中，分析了低碳规制对绿色创新绩效的影响效应，包含低碳规制驱动效应、绿色创新补偿效应和碳市场化调节效应，进而分别采用不同的低碳规制工具，运用演化博弈方法分析了三种不同效应的数理模型：一是政府通过调整碳配额总量及分配比例，利用调控环境成本方式，达到减碳控排目标，分析了低碳规制能否实现绿色创新绩效的双赢目标；二是考虑碳税与碳补贴两种市场型低碳规制工具的影响，将企业分为绿色创新的低碳企业与非绿色创新的高碳企业，分别利用古诺模型对同质性企业决策求解、利用斯坦克尔伯格模型对企业碳决策求解，分析了绿色创新补偿作用，及其对企业路径选择的影响；三是在政府主导初次分配的碳配额市场与企业主导二次分配的碳排放市场中，分析了碳市场化对绿色创新绩效韧性拐点的调节作用。

1.3.3　实证分析

根据理论分析和数理分析的研究结论，构建理论框架，提出研究假设，然后从国泰安数据库、锐思数据库、《中国统计年鉴》、各省统计年鉴及上市公司年报等数据库中提取数据，利用收集中国省际及上市公司的面板数据作为研究样本，采用不同的实证方法进行检验，主要对三种影响效应进行实证分析如下：（1）利用双重差分模型（differences-in-differences），通过对政策实施前后参照组和实验组之间差异，构造出反映政策效果的双重差分统计量，系统评估碳税、碳补贴及碳交易等低碳规制工具对绿色创新绩效的影响；（2）利用三重门槛模型（panel threshold model），当参数达到一定临界值后引起结构突变现象，用来检验低碳规制与绿色全要素生产率之间的非线性关系，以及低碳规制工具对绿色创新绩效的差异化影响；（3）利用脉冲响应函数，借助于变量输入系统产生的冲击效应，考察低碳规制对绿色全要素生产率协调增长的冲击，检验了绿色创新的重要作用；（4）利用中介与调节效应模型，检验了绿色创新在低碳规制与绿色创新绩效关系中的中介作用，同时检验了碳市场化指数和低碳规制强度交互作用的调节影响；（5）采用动态面板系统 GMM 模型方法进行稳健性检验，利用工具变量进行内生性检验。另外，从实证检验得到研究结果后，进行总结归纳，提出绿色创新绩效提升对策。

1.4 主要创新点

在低碳规制分析框架下，探索企业韧性能力的反作用机制是一个新的研究课题，对于企业抵御外部环境变化冲击、防范转型失败风险、寻找新的核心优势，以及提高政府低碳治理能力和促进低碳产业高质量发展具有重要意义。本书的主要创新点在于指出了低碳规制下企业韧性能力的形成机理，并基于此分析了低碳规制对绿色创新绩效的影响，表现为低碳规制驱动效应、绿色创新补偿效应及碳市场化调节效应，进而阐述了一条倒"S"型曲线、二力相互作用机理、三个韧性拐点和四个发展阶段。具体而言，本书的研究创新成果主要体现在以下三个方面。

第一，丰富了低碳规制与绿色创新绩效的相关研究成果：绿色全要素生产率增长曲线呈卧"S"型。该曲线全面直观展现出低碳规制对绿色创新绩效影响的变化形态，诠释了低碳规制与绿色创新绩效关系的"U""V""N"等形状争议。

"波特假说"研究表明，政府针对环境污染实施的规制，导致企业绩效呈先减后增趋势，也就是到达某个临界点或称"波特拐点"，使企业绿色创新取得成效之后，获得创新补偿的竞争优势。但以往研究，虽已证实了低碳规制对绿色创新绩效的非线性影响，但对于"U""V""N"型或其他类型尚有争议（陶长琪和齐亚伟，2011；王杰和刘斌，2014）。本书借助数理模型与实证分析相结合方法，研究结果显示，低碳规制影响绿色全要素生产率增长曲线表现为：先增加后减少再增加的倒"S"型趋势，上半部分为倒"U"型，下半部分为正"U"型，整体像"N"型但多了韧性第二拐点。所以，倒"S"型更能反映绿色全要素生产率增长曲线变化趋势，从而为全要素生产率协调增长提供一些借鉴。

第二，构建了政府低碳规制与企业韧性能力间二力相互作用机理。企业韧性能力反作用贯穿于低碳规制对绿色创新绩效的影响过程，依赖动态适应、冗余抵抗、学习改进及创新突破活动，使企业能及时转移至新优势上。

企业遭遇外部不确定性因素冲击时，由于外力的破坏作用，使企业原防御功能的核心优势逐渐消失，而此时企业内部自发生成一种积极的抵抗力，使其"起死回生"，这种具有明确方向及力度大小的内生力，突出表现为企业韧性能力。当低碳规制对企业绩效产生负面影响，推高了环境成本，迫使企业为降低成本而采取减碳措施，也就表现为外部压力与内部抵抗力相互作用的过程。现有研究对低碳规制引致外部环境变化的研究着重于权变适应性特征，而忽视了韧性的抵抗性与恢复性，缺乏对知识学习与绿色创新相关的建构理念。故本书从企业动态适应低碳规制导致外部环境因素变化的阶段性特征，分析了冗余资源优化配置与知识学习协调创新的防御能力，进而系统分析了企业韧性能力的形成机理、理论模型等研究内容。

第三，阐释了绿色全要素生产率增长曲线表现为三个韧性拐点和四个发展阶段特征。本书的研究扩展了"波特假说"和"波特拐点"的内涵，表明不同的低碳规制工具对绿色创新绩效差异化影响，体现了企业韧性能力变化阶段。

"波特拐点"研究指出，企业绩效表现为从减少到增加的转折点，从

"遵循成本"向"创新补偿"转化的两阶段性特征，但没有明确实现路径，较少涉及规制拐点与学习拐点，而且，前期已有研究环境规制的减碳效果，仍缺乏企业韧性能力理论支撑。故而，本书从企业效益与绿色效率两个方面，系统考察了低碳规制对企业绿色创新绩效韧性拐点的影响，弥补了前期低碳规制研究不足。低碳规制首先冲击企业绩效致其下降，产生了韧性第一拐点；企业利用冗余资源抵抗外部冲击，通过学习能力促使环境成本下降，产生韧性第二拐点；企业开展绿色创新活动，直至绿色创新补偿后跨越至上升阶段的韧性第三拐点。三个韧性拐点将绿色全要素生产率增长曲线划分为四个发展阶段，即粗放式增长期、强制调整期、引导转型期及高质量发展期，体现了企业韧性能力应对外部低碳环境变化，即动态适应、冗余抵抗、学习改进及创新突破的过程，从而拓展了"波特拐点"的两阶段性特征，也丰富了低碳治理研究内容。

第2章 文献综述

战略管理的核心问题是企业生存与成败，用来解释企业间绩效差异并持续增进个体企业绩效的能力，具体包括环境、战略、组织和绩效四个方面（马浩，2019）。在动荡的环境中，战略管理研究以动态能力研究较为突出，但对于企业面临外部冲击将要失败而后转危为安的能力研究触及较少。在不确定的外部环境越发复杂的情形下，众多学者关注到组织韧性的重要性，从经济学、社会学、心理学等领域重新审视韧性内涵，解释企业面对外部冲击时的反应差异。为进一步阐释这种企业韧性能力的反作用机制，本章从解决企业碳排放外部性问题出发，将研究内容划分为"政府低碳规制—企业韧性能力—绿色创新绩效"三个维度。基于企业成长理论发展脉络，首先从内生增长范式梳理企业能力演进，从外生发展范式阐述低碳规制研究；其次将企业成长的内外影响因素结合起来，根据"波特假说"研究内容，分析低碳规制对绿色创新绩效驱动作用及企业韧性能力反作用。通过对已有文献进行阐述与分析，从内生增长与外生发展两种方式反思"能力悖论"，进而提出现有研究局限及本书的研究方向。

企业碳排放外部性问题，既是经济学家研究外部性理论的关注对象，也是管理学家研究企业成长理论的关注对象。马歇尔（Marshall，1920）对企业外部性问题的研究，成为外部性理论与企业成长理论发展的一个重要里程碑，他认为，企业成长遵循物种进化原理，经济规模扩大得益于企业内部因素与外部因素相互作用：一方面，企业受外部环境的影响，通过积聚企业间协作带来的利益，促进了整体行业普遍发展，为企业成长提供了广阔空间，被称为外部经济；另一方面，企业内部技术、知识积累及组织协调所形成的能力，促进自身资源有效利用和管理效率不断提高，从而扩展了生产可能性边界，被称为内部经济。由此引发学术界关于企业内生增长与外生发展的理论探讨，将企业成长理论分成两支：一支是企业内生增长范式，彭罗斯（Penrose，1959）、普拉哈拉德和哈默（Prahalad and Hamel，1990）、蒂斯等（Teece et al.，1997）认为，企业成长取决于内部资源、知识与能力构成的系统对外部环境的应变能力；另一支是企业外生发展范式，庇古、科斯、威廉姆森等认为，企业成长取决于外生变量，由外部因素驱动，促使企业在给定技术与市场条件下实现整体发展。

2.1　企业韧性能力研究

2.1.1　企业内生增长范式

基于企业内生增长范式的理论研究，主要分析资源、知识与能力构成的企业系统应对外部环境变化的机制。在马歇尔内部经济理论基础上，彭罗斯（Penrose，1959）构建了一个"企业资源—企业能力—企业成长"分析框架，指出企业拥有的有效资源可以转化为内部能力，而企业能力又决定了企业成长的路径及边界。企业内生增长理论研究，主要围绕着"企业长期竞争优势来源"及"如何持续获取竞争优势"等问题展开，形成了三种基本理论观：一是资源基础观（resource based view，RBV）。彭罗斯（Penrose，1959）、沃纳菲尔特（Wernerfelt，1984）及巴尼（Barney，1991）等表明，企业长期竞争优势来自企业所拥有或控制的专用性资源，它们普遍存在于组织惯例中，是一些具有价值、难以模仿，且企业专属、难以交易，又或者具有持久、无形等特征的核心资源和战略资产。米勒和夏姆斯（Miller and Shamsie，1996）认为，企业成长要从专业化到多元化再到归核化发展历程，而马德霍克（Madhok，1997）强调了核心资源主要承担着每一个阶段转型升级的基础性任务，它既包括资本设备、专用要素等资产性资源，也包括制造、营销、管理及创新等知识性资源（毛蕴诗等，2016）。二是知识基础观（knowledge based view，KBV）。利普曼和鲁梅尔特（Lippman，1982）、科古特和占德（Kogut and Zander，1992）及斯彭达（Spender，1996）等认为，知识是构成企业长期竞争优势的重要源泉。一般而言，知识具有隐含性特征，可以被清晰地以书面、口头形式描述，并依赖于情境因素在特定环境中被识别出来。同时，知识还具有分散性特征，很大程度上存在于个体头脑中，在同一个圈子里形成一种集体的隐性知识，并逐渐发展成为具有战略意义的知识性资源。三是能力基础观（competence based view，CBV）。普拉哈拉德和哈默（Prahalad and Hamel，1990）及蒂斯（Teece，1997）等认为，企业长期竞争优势来自企业能力，体现为"资源、技能、知识的学习与整合能力"。加卢尼克和拉顿（Galunic and Rodan，1998）指出，企业能力包括核心能力和动态能力等内容，其中，核心能力涵盖整个价值链，决定着企业竞争优势和经营绩效，可以看作核心技术能力、研发能力、技能网络，既可以是组织资本，也可以是社会资本；动态能力则体现了整合、变化、改进能力的能力。

2.1.1.1　冗余资源

从资源基础观的视角来看，当企业韧性能力要发挥效应以应对外部冲击时，冗余资源可在短时间内起到缓冲作用。所谓冗余资源，是指企业超出正常需求的过剩资源，因当前不便于使用而被暂时搁置，期望这种富余资源在将来能发挥有效用处。冗余资源作为一种知识库存，可以被转移或者重新部署，表现出两面性特征：一方面，谭（Tan，2003）指出，冗余资源在一定范围内体现为竞争优势，使企业追求高差异化选择，并管理劣势的不确定性，从而有助于提高企业绩效；另一方面，格林利和奥克吉奥（Greenley and Oktemgil，1998）发现，冗余资源若超出一定临界值，可能变成另一种价值破坏力量，使企业丧失低成本竞争优势，又不利于企业获得较好的绩效。

布莱德利等（Bradley et al.，2011）发现，冗余与绩效的关系是不确定的，存在线性、"U"型或倒"U"型等多种形态，与企业情境因素有关。蒋春燕和赵曙明（2004）认为，由于战略期望目标与实际环境变化并非完全一致的，导致冗余与绩效之间的关系表现为倒"U"型与正"U"型交替循环的波浪式前进趋势，进而提出了三阶段模型。布罗米利（Bromiley，1991）提出，当冗余低于目标范围时，企业行事较为谨慎，通过改善内部资源结构来提高绩效水平，使冗余与绩效之间呈正相关关系；古拉蒂（Gulati，1996）认为，当冗余处于目标范围时，管理者对生产运营状况较为满意，不在意更高追求，反而降低了创新动力，使冗余与绩效之间呈负相关关系；米勒和雷伯恩（Miller and Leiblen，1996）进一步研究指出，当冗余超出目标范围时，冗余成为创新绩效"催化剂"，可以为高不确定性项目提供资金支持，大大提高了企业运营的灵活性，即便面对较为剧烈变化的外部环境，也可以从容地采取更为果断的措施，帮助企业成功转危为安。

由此看来，冗余资源是平衡战略期望目标与环境不确定性之间差距的必要条件。辛格（Singh，1986）发现，企业在顺境时战略目标会随着绩效增加而膨胀，存储必要的冗余资源，可以防止战略期望水平过度上升，避免其应对外部环境变化时难以取得成效；在逆境时，企业又可以拿出冗余资源来维持战略期望水平不变，在外部环境发生变化时起到吸收环境波动的作用。另外，雷昂尼都等（Leonidou et al.，2013）指出，企业拥有一定的冗余资源，还可以增强绿色投资信心，使其根据绿色发展要求，制定有效的绿色投资策略。一般来说，在冗余资源较多时，企业有能力将更多资源投入环境领域，为绿色技术研发投入提供更多非正式资源，从而促进绿色创新绩效的提升（熊国保等，2020）。相反，如果没有相对稳定的冗余资源，企业一旦面临外部环境变动冲击，将很难再为绿色创新活动提供持续资源保障（刘慧芬等，2020）。

2.1.1.2 组织学习

从知识基础观的视角来看，知识是一种特殊的资源，而组织学习则是将这种知识性资源转变为企业能力的过程。组织学习本身也是一种企业能力，运用知识性资源的配置、调整、重构、修正及整合等方式，针对理论性知识和实践性知识，采取切实可行的措施，应对组织内部与外部各种扰动或冲击。通过组织学习曲线效应，可以提高工作熟练程度，充分发挥"干中学"作用，促进企业单位生产成本随着累积产量而逐渐下降；同时，随着组织学习深入，在同一个累积产量水平上，企业单位生产成本也随着时间推移发生变化。许多研究表明，在企业面临外部环境更为复杂多变的情形下，组织学习能够促进冗余资源转化为企业韧性能力，使其提高自身绩效所需的行为发生改变，从而帮助企业获取可持续竞争优势。组织学习的作用主要体现在以下两个方面。

一方面，组织学习可以增强企业环境适应性，表现为三种不同的情境：一是静态适应性，在知识供应链中断而建构停顿之时，组织学习可以提升企业应对环境变化的适应能力；二是动态适应性，企业以自稳型学习能力为基础，通过学习新方式、新方法，不断改善环境变化的适应能力；三是临界适应性，当超出前两类范围时，企业因受到生存压力的影响而走向衰退，或者进入一种新的稳定状态，表现为战略创新（吕鸿江等，2012）。也就是说，组织学习使企业在不进则退的市场竞争中持续提升适应能力，尤其在动荡的环境中，企业经常面临着"生存危机"，所遭遇的失败远多于成功。因此，马达瓦拉姆和亨特（Madhavaram and Hunt，2008）把组织学习看作基于历史经验且具有路径依赖性的递增式知识获取与信息加工的过程，企业通过提升外部环境洞察能力，不断修正自身条件，以适应环境快速变化，从而有效促进战略转型成功。

另一方面，组织学习可以提升企业创新能力。组织学习促进了企业内部知识的获取、积累及共享，使员工能够快速消化与吸收有效的知识，有助于促进企业创新水平的提升。基于学习曲线概念，福斯特（Foster，1986）提出了产品创新的"S"型学习曲线，认为某一特定技术产品创新，使企业获取创新绩效呈现逐渐递减趋势，而要获得更好的企业创新绩效，则必须从一个技术曲线转移至另一个新的技术曲线，也就是有一次突破性创新之后，取得绿色技术成果并实现转化及应用，企业绿色创新绩效将会更好。麦基（Mckee，2010）指出，异质性组织学习形态会产生不同的创新形态，由个体学习并纠正集体知识框架内偏差而进行的单循环学习，可以提高工作效率并影响增量创新，但较少会涉及"实践性知识"；在适应外界环境变化过程中，通过双循环学习可以对实践性知识有了新的认知，从而实现不连续创新目标；进而利用再学习模式，也就是解决了实践性问题的学习能力，可以对认知结构进行反馈和优化，进一步提升组织创新能力。企业通过知识协调创新能力的提升，加快组织学习新知识的速度，对绿色技术创新产生重要影响，可以满足绿色创新的必要条件，也就是说，企业绿色技术创新的发生频度、规模与成功率，在很大程度上需要依赖于组织学习能力（唐健雄等，2012），因此，组织学习是企业持续进行绿色创新的关键因素。

2.1.1.3　动态能力

从能力基础观的视角来看，动态能力理论演化为韧性能力，体现了企业成长路径发生突变的处置能力。普拉哈拉德和哈默认为，核心能力是"协调"与"整合"的"集体知识"，既包括具有战略意义的一组业务流程，也包括存在于组织惯例之中的"标准操作规程"和"程序性决策"。在此基础上，蒂斯和皮萨诺（Teece and Pisano，1997）提出了动态能力概念，指出企业根据外部环境变化，合理调整自身战略定位，适时整合内外各种资源，以动态适应新发展要求的能力；2007 年，蒂斯又提出动态能力理论框架，指出动态能力表现为感知变化、攫取资源及转化利润三种能力。因制度、边界与环境变化，企业利用动态能力"整合、构建和重置公司内外资源"，通过组织流程重构及专用性资产，可以帮助企业运用已有内部资源，识别和消化外部技术发展、市场环境及规制政策变化，从而使企业重新获得竞争优势（王佳和张林，2017）。

动态能力较多关注环境适应性特征，要求企业延续或构建自身能力，以适应企业外部环境变化。温特（Winter，2003）认为，环境适应能力是一阶能力，而动态能力则是企业拓展、修改、改进、创造及提升常规能力的高阶能力，它可以使企业更新、重置和创造出独特性资源与能力，以适应环境快速变化。科里斯和克拉克（Collis and Clark，2003）指出，动态能力包含柔性能力和适应能力。尼夫斯和哈勒（Nieves and Haller，2014）则将动态能力研究的重点落在组织学习方面，认为它是对企业现有知识进行总结、归纳与创新，在组织学习过程中形成的一种知识管理能力。巴顿（Barton，1992）和陈劲等（2017）在研究开放式创新时，同样认为动态能力是一种企业整合知识的能力。

当前企业能力理论研究仍然存在一些不足之处。核心能力以环境不变为假定条件，造成了核心刚性问题，需要考虑企业利用敏锐洞察力发掘机会，获取能动优势（贺小刚等，2017）；同时，动态能力侧重于企业内部因素，虽然将静态均衡发展为动态均衡，实现了企业动态优势，但忽略了宏观制度及企业间的关系。实际上，外部环境无时无刻不在变化，如克里斯（Collis，2010）所说，今天的竞争优势未必成为明天的竞争优势，这就使静态单一均衡难以解释企业动态发展。而且，企业不仅存在竞争问题，还有结构性与外在性的失衡因素，如果企业缺乏韧性就会在受到外部冲击时很容易失去盈利能力。因此，在抵抗冲击、适应变化并恢复发展路径中，企业韧性能力越发重要，亟须进行系统性梳理。

综上所述，从企业能力理论演化来看，知识可以说是一种特殊的资源，而能力则是辨识外部环境变化的机会，并提供竞争优势的知识集合，进而由资源、知识与能力共同构成了企业系统，通过提升环境适应性能力，最终完成企业战略转型目标。其中，冗余资源有助于缓解外部冲击，其阶段性特征反映出抵御外部环境变化的企业韧性能力；组织学习是将知识性资源转化为韧性能力的重要手段，并促成了环境成本递减效应，使企业韧性逐渐恢复；动态能力则为韧性能力研究提供了演化理论基础。

2.1.2 企业韧性能力的演化

《辞海》将韧性定义为"材料本身藉塑性变形所能吸收能量大小的性质"。在物理学上，韧性是指系统承受一定压力后，内部产生抵抗力，使其恢复至原有结构与功能状态的能力。该韧性概念被郝灵（Holling，1973）引入生态学研究框架，强调单一均衡态势，并提出一个开发、保护、释放和重组四阶段适应性循环模型。但在经济系统受到外部冲击后，一般也较难恢复至初始状态，故而这种单一均衡并不能完全适用于经济系统。此后，学者提出生态韧性（ecological resilience）范畴，试图以多重均衡状态为假定条件，指出系统越过"回弹门槛"后，改变原有结构与功能，进入另一种新均衡态势。然而，经济系统也不是单纯从一种均衡状态切换到另一种均衡状态，而是一个持续演化的过程，所以，达沃迪（Davoudi，2012）摒弃了对系统均衡态势追求，定义为演化韧性（evolutionary resilience），它更加注重经济系统前向演变和恢复路径的功能，强调了经济韧性是不断进化的过程，即从一种发展路径转变为另一种发展路径，通过创新方式实现了路径依赖性地突破。此后，以演化韧性为前沿理论基础，在经济学和管理学等领域掀起学术争鸣。

近年来，演化韧性被用来解释经济发展的复杂适应性与个体差异性难题。王永贵（2020）将经济韧性（economic resilience）定义为"一个经济体通过调整经济结构和增长方式，有效应对外部干扰、抵御外部冲击，实现经济可持续发展的能力"，可以分为宏观经济韧性、区域经济韧性及微观组织韧性等层次。目前，由于受到全球一体化及扰沌理论等错综复杂因素的影响，较多学者开始关注区域经济韧性，即某一个区域面对外部环境变化时，为避免、抵御或适应危机，阿尔贝蒂和马兹洛夫（Alberti and Marzluff，2004）认为要采取可持续发展的功能、结构与关系等举措，温科（Wink，2014）则关注应维护整体福利最优效果，进而哈辛克（Hassink，2009）和希尔等（Hill et al.，2012）将经济绩效有效恢复至均衡态势，通过吸收、消化或解决外部扰动，使之进化成为一个新发展路径。切利尼和托里西（Cellini and Torrisi，2014）强调了演化方法在经济韧性中的应用，将经济韧性一分为二：外生经济韧性主要描述的是应对外部冲击，在外生压力推动下促使本地区域经济发展的能力；内生经济韧性主要描述的是本地区域依靠技术性内生发展的能力。马丁和桑尼（Martin and Sunley，2010）通过以下四个维度来构建区域经济韧性：即抵御冲击与吸收扰动的能力，受冲击后的恢复速度及程度，重新调整内部资源、结构与之相适应，以及改变原先增长路径。国内学者进一步对经济韧性进行深入研究，按照孙久文和孙翔宇（2017）的研究成果，以 2010 年《剑桥区域、经济与社会杂志》"韧性区域"专题为标志，可以将 2000 年与 2010 年作为界限划分出三个阶段，随着危机因素逐渐增多，学者们对韧性的关注度也在持续上升。曾冰和张艳（2018）强调了复杂适应性、非均衡性及动态演化性特征，将经济韧性归结为吸收外界冲击的抵御力、维持内部结构稳定的恢复力、适应转型重构的再组织力及学习创新构建的更新力四个方面。李连刚等（2019）认为，经济韧性实质上是经济系统面对市场环境冲击时的一种抵抗能力或恢复能力，通过调结构、促升级等转型发展方式提高环境适应性，使其迅速恢复至冲击前的发展路径，或者转向一个相对更优的发展路径。

自韦克（Weick，1993）研究灾后组织韧性以来，关于组织韧性的研究也逐渐受到战略管理领域学者关注，图赛伊和戴尔（Tusaie and Dyer，2004）、马德尼和杰克逊（Madni and Jackson，2009）认为，组织韧性取决于所考虑的情境和主体差异，强调了个人在逆境中的心理抗压特质，逆境求生、"弹性恢复"，以提升自身适应性能力。马斯腾和安（Masten and Ann，2001）认为，这种能力是经过重新整合资源后，组织内部发展出更为强大的承受力；而卡乌兹等（Kautz et al.，2017）表明，这种能力是一个动态变化的过程，要同环境之间相互作用，通过改变、适应与发展获得良好结果，使组织绩效可以恢复至初始配置状态。这些组织韧性的研究更多地侧重于个体韧性方面，着重突出了品质体现、超越自我的价值追求，重点发展企业家韧性能力，与企业家的抗风险、学习及适应能力等研究相一致。从经济韧性与组织韧性的研究来看，企业韧性能力实际上是微观经济韧性的一部分，也是组织韧性的重要表现，体现了企业应对外部环境变化的能力。因此，吉布森和塔兰特（Gibson and Tarrant，2010）指出，企业韧性能力是在适应经济环境变化中，为满足客户需求，以创新为驱动，减少脆弱性、增强适应性的能力。从塞维尔（Seville，2009）、威廉姆斯等（Williams et al.，2016）、库瑞克图斯（Kriketos et al.，2017）等学者的研究可知，企业韧性能力表现为高稳定性特征，通过动态地重建战略和业务模式，适应不同的外部环境需求，从威胁或干扰中恢复状态，消除疏漏，保持潜力，通过建立外界联系，积极调整功能，以预见、准备、应对及适应外部环境的变化，最终恢复至新均衡状态的发展路径。

2.2 政府低碳规制研究

2.2.1 企业外生发展范式

基于企业外生发展范式的理论研究，主要围绕边际成本与边际收益、生产产量与污染排放及它们之间的关系展开。在马歇尔外部经济理论的基础上，庇古从福利经济学的视角，运用边际分析方法考察了社会资源优化配置问题，正式提出外部性概念，他指出，企业经济活动对外部环境产生影响，可能给他人带来意外福利，即正外部性；也可能无意间减少了他人福利，即负外部性；要解决外部性问题，无法指望已失灵的市场机制，需要依靠政府规制有效作用，通过对产生负外部性的企业征收税费，或者给予受侵害方额外补贴，以缓解边际私人纯产值与边际社会纯产值相背离问题。科斯将外部性理论应用于微观层面，认为外部性不仅导致企业交易成本增加，而且存在相互性问题，解决外部性问题的方法就在于界定清晰的产权关系，使当事人双方在自愿协商的方式下达成一致性契约，进而解决负外部性衍生出交易成本增加的问题。布坎南和斯图伯宾（Buchanan and Stubblebine，1962）将外部性定义为："只要某厂商的生产函数所包含的某些变量在另一个厂商的控制之下，就表明该经济中存在外部性"，后来该定义被众多学者广泛采纳，作为外部经济研究的一个重要概念。加勒特·

哈丁（Garrett Hardin，1968）研究了过度放牧造成的"公地悲剧"问题，他指出，牧羊人为私利而无节制地使用公地，导致公地资源配置无效率，不仅有损他人福利，而且助长了公共资源滥用的可能，使得为解决负外部性问题而产生了对政府规制的依赖需求。安德鲁斯（Andrews，1971）进一步从负外部性内部化的途径研究了外部性理论，从而引申出低碳规制工具相关研究。

在理性假设条件下，企业为追求利润最大化目标，一般不会从损害自身利益出发来解决负外部性造成的环境污染问题，一旦要额外支付成本而又较难带来预期收益，这种方案很少得到企业决策层认可，反而在利益驱使之下，决策层更多默许了管理者减成本增效益的污染排放。因此，要处理碳排放负外部性问题，必然需要政府低碳规制对企业减排行为实施有效约束、对处理污染方式进行有利刺激。以往研究表明，低碳规制可以从负外部性内部化方式进行归纳，至少包括庇古税、排污权交易及政府直接干预三种方式，具体如下。

2.2.1.1 庇古税

庇古基于边际效用价值论分析外部性问题，提出了边际纯产值概念，即投资者每增加一个单位投资额，所获得收入增加值等于边际纯产品与价格的乘积，或者说生产者支出的边际生产成本与增加投资带来的边际收益之间的差额。企业在生产过程中产生碳排放并没有支付成本，免费使用了大气环境而获取超额利润，但致使环境质量受到污染的无偿损失。这种外部不经济问题不仅有害于生存环境，而且导致边际私人纯产值与边际社会纯产值之间相背离，无法实现帕累托最优，需要根据碳排放对生态环境所造成的危害程度，对生产者的超额碳排放量予以征收相应的"庇古税"（陈华和薛莎莎，2014）。

政府通过征收庇古税，将企业碳排放水平控制在社会成本最优点以下，此时边际外部成本等于边际私人纯收益。但是，政府制定最优碳税额需要掌握较为全面的信息，不仅包含边际成本信息，也包含掌握边际私人纯收益信息，这两方面信息并不是完全的，往往因企业出于利益考虑而借助信息不对称，在不违背规定前提下故意隐瞒部分信息。而且，企业生产过程中温室气体排放属于一次性行为，这种随机性与依据相关信息制定标准的连续性之间难以避免存在一定误差。政府控制企业碳排放也肯定不能实时现场监督，即使高新科技已取得较大发展，通过安装人工智能设备能够随时监测企业温室气体排放量，但也较难准确计量因碳排放造成污染而赔付的金额。另外，无论碳税，还是碳补贴，庇古税都是在负外部性已发生之后的解决办法，以市场完全自由竞争为前提假设，企业追求利润最大化目标从事生产活动无法达到社会利益最大化目标，而需要政府作为市场主体干预企业碳决策行为。但这种控制方法也必然会增加行政成本，实际上政府行政支出以降低整体社会福利为代价，也需要在特定范围内产生最优作用。因此，庇古税的实践效果尚在探索之中。

2.2.1.2 排污权交易

科斯认为，庇古税的做法有不妥之处，如果因为甲侵害了乙，就要单向对甲征收税费，但由于负外部性效应是相互的，那么制止了甲对乙的侵害也未必对乙有益，反而有可能损害甲的资源优化配置，同时还抬高了征收税费的行政成本，这种方式能否达到社会福利最优也有待商榷。所以，应该从总体与边际的视角重新认识损害赔偿问题，而不是简单地要求甲一定要赔偿乙。进而，科斯于1960年提出，在交易费用为零条件下，不管初始产权制度如何安排，都不会对资源配置产生影响（科斯第一定理），若只需要私人之间自愿协商即可以实现帕累托最优，何必要多此一举征收庇古税；在交易费用大于零条件下，交易活动会产生成本，不同的产权界定会对资源配置效率产生差异化影响（科斯第二定理），此时应注重不同产权制度组合效力；在产权制度选择上，如果不同的排污权制度下企业间交易成本相等，那么就需要考虑排污权制度本身的成本，也就是一种新排污权制度设计与实施所带来的成本，若这种新建成本大于建成后带来的收益，则没有必要建立新的产权制度，即使现有产权制度不合理，实际上制度变革也没有必要进行下去（科斯第三定理）。从科斯的观点来看，运用适当的产权制度界定排污权，可以使污染者和受损者通过自愿谈判或者交易方式实现负外部性内部化，这为排污权交易研究奠定了理论基础。

根据科斯理论研究，奈特（Knight，1942）最早提出了自然资源产权。埃利斯和费尔勒（Ellis and Feller，1943）认为，负外部性造成环境污染是一种不经济行为，它源于稀缺资源与有效产权的分离，故而需要厘清排污权的隶属关系。戴尔斯（Dales，1968）表明，通过明确初始排污权界定，并赋予其交易性，建立起排污权交易市场机制，可以在一定程度上缓解企业生产排放物对环境造成的污染问题。以此为基础，克劳克（Crocker，1969）将排污权交易思想拓展到大气污染治理领域，进而鲍默尔和奥茨（Baumol and Oates，1971）正式论证了这一思想，并设计税收系统运用到排污权交易系统中。在实践上，美国环保局于1976年创立了一种补偿体系，企业在已安装污染控制设备前提下，若能够达到环保最低排放率标准要求，则通过削减该地区其他污染物的超额部分，补偿了该企业新增加的排放污染源，这可以认为是"碳中和"理念的一个雏形。近年来，随着环境污染及治理力度加大，排污权交易理论得到较大发展。众多学者研究表明，排污权交易机制可以有效提升能源资源利用效率（崔爱红和戴玉才，2011），促进工业生产温室气体排放量降低（Schleich et al.，2009），但目前关于排污权总量控制及交易制度设计仍存在诸多争议。例如，斯坦（Stein，2006）认为，排污权交易机制有效性取决于企业目标与政府政策之间匹配度，需要建立一个长期稳定的目标管理机制，并且与基于税收、交易或者某些监管等短期政策之间相互配合；兰比（Lambie，2010）认为，排污权交易方案的可信度与政策稳定性会影响企业对环境的投资行为与采取低排放技术活动的实现。中国排污权交易机制自2013年正式试点以来，学者们也开展了一些重要研究，李广明和张维洁（2017）认为，试点地区排污权交易并没有起到显著减排效果，但不可否认可能会取得长期经济红利与环境红利；李永友和文云飞（2016）认为，在良好的排污交易权制度环境下，由于市场价格机制调节作用，使试点地区碳排放权交易减排效果变得显著；齐邵洲等（2018）利用上市公司绿色专利数据，证实了排污权交易能够促进污染企业绿色创新水平的提升；任胜钢等（2019）认为，在环境法治力度高的地区实施碳排污权交易，可以通过绿色技术创新与资源优化配置，来促进全要素生产率的提升。因此，科斯排污权交易理论上具有一定的可行性，但实践上还存在一些局限性，比如有些公共资源较难界定产权，容易产生"公地悲剧"；而一些共有产权涉及人数众多，由集体谈判所造成交易成本过高；同时，若改变产权收入分配关系，还可能会引起社会不公平等问题。

2.2.1.3 政府直接干预

萨缪尔森（Samuelson，1995）认为，科斯定理有为私产辩护的嫌疑，没有考虑谈判双方力量强弱对达成契约协议的影响，若交易方仅追求自身利益最大化目标，则会衍生垄断问题，而这种垄断的不确定性将会阻碍资源优化配置，可能在减碳的同时难以取得增效成果。而后，托马斯·霍布斯提出了"规范的科斯定理"，他认为，如果以私人自利性原则为前提条件，往往较难达成社会福利最大化的一致性私人协议，为了使双方契约损失最小，可以借助法律结构优化方式来消除私人间协议障碍。进而，诺斯提出了"政治的科斯定理"，他认为，在既定法律框架内，如果政治交易费用为零，也会产生最优制度，这基本上与投票权、游说权等政治权利初始配置无关。因此，为解决企业碳排放负外部性问题，可以采用排污权交易或者征收庇古税方式，但同时为了彻底消除市场失灵问题，还需要配合使用政府直接干预的力量，尤其在企业不主动采取碳减排以改善污染问题的情况下，应由政府通过颁布碳减排禁令或制定碳排放标准等方式，实现企业碳排放最优外部性。对企业碳排放污染治理问题，政府采取限产政策、停产整顿等直接干预方式，如果企业违反了政府限制产量而造成碳排放污染的禁令，则给予严格惩罚，甚至加以关停，其初衷也就是迫使企业碳排放的污染量达到最小（陶小兵，2017）。同时，由于政府与企业之间碳决策目标存在差异性，还需要注重低碳规制工具有效配合，尽量避免企业受到机会主义、道德风险等碳减排负外部性的影响。

综上所述，市场谋求效率优先原则，交易讲究公平竞争关系。庇古税理论蕴含着"谁污染，谁治理"的思路，符合现实经济运行规律，政府通过征税约束碳排放企业，在实践上还需要进一步检验；科斯的排污权交易以交易费用为基础，遵循效率原则，通过界定碳排放权并赋予可交易性，需要碳排放企业支付环境成本来确定谁有权侵害谁，但也有悖于整体公平原则；同时，以完全市场手段解决外部性问题，仍难以破解市场失灵问题，还需要借助政府调控之手，对企业碳减排予以积极干预策略，促使企业自主减碳。因此，要解决企业碳排放外部性及政府碳减排外部性问题，需要以政府为主导，决定企业碳排量与碳减排量；同时，也需要注重碳市场化手段，着重于效率优先、兼顾公平原则，进而实现企业自主减碳增效目标。

2.2.2 低碳规制工具选择

2.2.2.1 低碳规制的内涵

低碳规制专门针对企业碳排放负外部性问题，属于环境规制在低碳经济中的具体应用。要理解低碳规制研究范畴，应先厘清环境规制与低碳经济的含义。首先，环境规制（environmental regulation），是指在一定规范指导下，政府运用特定的规制工具，对市场经济主体从事生产经营活动所造成环境污染而侵害公共利益的行为进行干预，迫使企业环境成本增加，倒逼其停止继续侵害他人活动，从而促进社会福利提升（李世涌等，2007）。李（Lee，1991）指出，环境规制是以应对气候变化而保护资源环境为目的，由政府采取行政命令、市场调节等形式，对企业经济活动造成环境污染的行为进行指导、奖罚及干预的过程。其次，低碳经济（low-carbon economy），是指遵循可持续发展理念，通过实施绿色创新、调整产业结构、推进碳市场化建设等活动，尽可能降低化石能源消耗，转向清洁能源利用，减少温室气体排放，实现经济社会发展与生态环境保护双赢目标的过程[1][2]。最后，结合环境规制与低碳经济相关研究可知，低碳规制

---

① 2003年2月，英国政府能源白皮书《我们能源的未来：创建低碳经济》。
② 2021年3月，智研咨询发布《2020－2026年中国新冠肺炎疫情下低碳经济行业影响分析及战略咨询研究报告》。

（low-carbon regulation），是指为了促进低碳转型，完成减碳目标，政府利用行政干预、节能减排专项资金、大气污染治理法律、碳税、碳补贴及碳交易等方式，对企业生产活动产生的碳排放行为进行适度政策性干预，有效激发企业能源使用效率提高，促进可再生能源开发应用的过程。

2.2.2.2 低碳规制工具分类

低碳规制工具有多种，既有直接行政干预方式，也有市场化指导方式。借鉴环境规制工具分类方法，特拉坦伯格（Trajtenberg，1990）将环境规制工具划分为命令控制型、市场型和自愿型三种类型；贾瑞跃（2012）将国内环境规制工具分为命令控制型、市场激励型、自愿型、信息披露型和公众参与型五种类型；赵玉民等（2009）认为，环境规制分为显性环境规制与隐性环境规制两种类型，前者又细分为命令控制型、市场激励型和自愿型，后者主要依赖于经济主体的内在环保意识、环保态度和环保素养等。此后学者进行一些有益讨论：一是将环境规制视为一个整体或仅用命令控制型规制工具类型进行研究，例如，张娟等（2019）采用污染治理投资总额与工业总产值的比值，即单位工业产值治理成本来度量环境规制强度，以此论证环境规制与工业绿色技术创新之间的关系；二是将环境规制划分为命令控制型与市场激励型两种规制工具类型进行研究，例如，高苇等（2018）分别用采矿许可证批准登记发证数，以及为恢复矿山环境所投资金与环境污染治理投资总额的比值，来衡量这两种环境规制工具的强度，以此研究不同环境规制工具对矿业绿色发展的影响；三是将环境规制划分为命令控制型、市场激励型与公众自愿型三种规制工具类型进行研究，例如，王班班和齐绍洲（2016）表明，市场型工具的效果存在外溢性，而命令型工具则更多地针对节能减排技术创新，对创新程度较高的发明专利的效应更强。所以，本书以企业成长理论的外生发展范式为基础，将低碳规制工具分为命令控制型和市场调节型两种类型，前者包括环境影响评价、大气污染治理投资、低碳环境信息披露等工具，后者细分为以价格调节为主的碳排放权交易、体现约束性作用的碳税及发挥激励性作用的碳补贴等工具。

2.2.2.3 命令控制型低碳规制工具

政府直接干预方式主要表现为，针对温室气体排放所采取的诸如环境质量、环境信息披露及碳排放处理相关标准、程序、规范、指令等干预。例如，在生产车间末端安装温室气体排放检测设备，定期测量排放物化学成分含量，并对超出大气污染物浓度标准的企业，适时给予处罚、警告或关停处分。命令控制型工具符合一般质量控制特征，但由于政府不参与企业生产经营过程，更多体现为事后控制，也就是在企业已经发生碳排放之后，政府采取碳减排奖罚措施，根据全面质量管理要求，要提升生态环境质量应将其纳入企业全面质量管理体系（total quality management，TQM）之中，从末端碳排放量产出倒查生产流程体系，将生态环境保护体系监管贯穿整个企业生产流程，有效地开发与使用环境质量控制手段，提升产品与服务的绿色品质。

2.2.2.4 市场调节型低碳规制工具

（1）碳税。在庇古税设想基础上，政府对企业碳排放量征收碳税，用来约束化石资源消费。目前已征收碳税主要集中在西方国家，例如，哥斯达黎加率先从 1997 年起实施碳税；新西兰自 2007 年提出碳税，通过核算企业排放二氧化碳数量，对每排放 1 吨二氧化碳征收相应数额的新西兰元；澳大利亚从 2012 年也开始征收碳减排税，不同的是采取了补贴与成本相抵消的方式，也就是对企业碳排放量征收碳税的同时对超额碳减排量给予一定补贴，在一定程度上缓解了各行业间碳减排的竞争性因素，间接优化了碳市场化调节的不确定性。我国从 2020 年也开始将排污费转为碳税。

碳税的作用主要体现在：借助市场价格机制征收碳税，推高了企业能耗成本，增加了高碳产品价格，使生产者转向使用清洁能源以降低碳排放量，而消费者则转向购买具有绿色标签的低碳产品，从而达到减碳目的，增加社会福利（周海赟，2018）。同时，运用碳税率的提升，加大对高碳企业的规制力度，也有助于绿色技术研发，发挥能源使用效率，平衡碳税产生的消极影响（赵忠龙，2017）。毛艳华和钱斌华（2014）还指出，基于一般均衡模型（computable general equilibrium，CGE）的共同有差别碳税率，可以促进行业绿色效率提升。由此可见，有针对性地对企业碳排放量征收碳税，并对碳税的税基、税率及范围进行优化调整，有助于促进企业绿色效率提升。

（2）碳补贴。庇古还提出了对被污染对象提供补贴的办法。因为企业实施碳减排措施使其生产产量有所降低，并致使其环境成本有所增加，如果对碳减排数量较大的企业给予一定补贴，也可以刺激企业自主创新减碳动力。

碳补贴的作用主要体现在：它是政府无偿提供给企业的一种财政性资助，通过影响碳交易与碳产品的价格结构，改善碳资源配置的供需结构（孙亦军，2010），有效抑制企业碳排放量，从而增强了绿色创新投资意愿，有利于企业朝绿色低碳转型方向发展，例如政府对新能源汽车、清洁技术应用予以补贴，有助于引导社会投资与大众消费倾向新能源领域。

（3）碳排放权交易机制。所谓碳排放权，是指可以清晰界定经济主体享有由自然或法律赋予企业向大气排放温室气体的权利（韩良，2009）。当前我国碳排放权交易机制尚未完善，主要表现为：首先，碳交易的模式、流程、法律及信用抵消体制有待健全；其次，全国统一碳市场尚未形成，试点碳市场处于割裂状态，各碳市场间算法不同、规则不同，碳交易量整体偏小、淡旺季特征分明，碳排放主体认知不清，存在重履约而轻交易问题（易兰等，2018）；最后，碳交易的产品单一，金融产品与技术支持还在探索，未形成与"互联网＋""智能＋"相匹配的基础架构体系（陈紫菱等，2019）。碳排放权交易机制是在生态环境方面处理好政府与市场关系的关键举措，构建有效的市场机制有助于促进企业碳排放的良性循环高质量发展。

2.3　绿色创新绩效研究

2.3.1　"波特假说"研究

在解决企业碳排放外部性问题上，无论是内生增长范式的韧性能力研究，还是外生发展范式的交易成本研究，两者中心任务都是为了促进企业绿色创新绩效的提升。外部性理论相关研究认为，通过实施环境规制对企业施加污染治理成本，迫使企业采取降低污染措施，虽然可以减少环境污染，但短期内也可能导致能源效率有所降低，不利于企业绩效获得，反而无法实现整体帕累托最优。波特对此并不完全认同，他将绿色创新引入环境规制与竞争优势的动态分析中，认为适度的环境规制可以推动企业绿色创新，促进绿色技术效率的提升，抵消了部分环境成本，同时也可以促进企业竞争力提升，有利于弥补部分环境成本，从而获得创新补偿效应，实现了环境绩效与经济绩效双赢新局面，被称为"波特假说"（porter hypothesis）。这种假说倾向于从企业内部激发企业绿色创新动力，通过效率改进与技术进步，促使企业生产技术水平不断提升，从而延伸生产可能性边界，推动企业产出水平增加的同时也促使环境质量得以提升（王竹君，2019）。

"波特假说"首先强调了环境规制的前置条件，认为不同的环境规制强度会产生差异化影响，因此，杰夫和普拉默（Jaffe and Plamer，1997）将其分为三类：第一类是强波特假说，大多数情况下，由于环境规制促使企业实施绿色创新战略，不仅抵消了"遵循成本"，而且相对于非绿色创新企业获得更多竞争优势；第二类是弱波特假说，或许良好的环境规制能刺激企业提升绿色创新水平，但并不能表明绿色创新能带给企业绩效好与坏；第三类是狭义的波特假说，采用灵活的环境规制政策（尤其是经济手段）更能刺激企业开展绿色创新活动，要比传统的规制形式更有效。近年来的研究侧重于异质性环境规制工具组合对企业绩效产生的作用，李婉红（2013）表明，采用命令—控制型规制工具起到强有力的规制效果，可以促进企业末端治理技术创新水平提升，强制企业减少排放到大气环境中的污染物含量；而市场化型规制工具不仅可以促进末端治理技术创新，也可以促进企业投入产出过程中绿色工艺创新；同时，环境规制强度还对绿色技术创新产出的影响存在"阈值效应"。曾义等（2016）指出，严厉的环境规制对敏感度高的污染型企业更有效，也就是环境规制强度越大越有助于提升污染型企业绿色创新投资水平，进而促使企业向低碳转型发展。张平等（2016）发现，费用型环境规制工具会增加企业生产成本，但不能促进绿色技术创新水平提升，而投资型环境规制则会促进企业开展绿色技术创新活动。由此可见，要有效发挥环境规制效应，关键在于合理使用不同的环境规制工具，激发企业自主开展绿色创新动力，从而促进企业绿色创新绩效的提升。

"波特假说"对低碳规制具有明显的指导意义。首先，企业碳排放量较高的原因在于资源利用效率较低，企业自主绿色创新动力不足主要是性价比太低，如果没有低碳规制外部压力，一般较少有企业自愿采取长期绿色创新投资，这为绿色技术创新提供了改进方向。其次，低碳规制对环境质量的要求，迫使企业开展绿色创新活动，而且低碳规制改善了传统竞争环境条件，能够降低对环境有价值投资的不确定性，这体现在以信息主导的环境意识提升及以价格主导的绿色消费水平提高上；最后，在绿色创新不能完全补偿企业成本的情况下，政府有必要实施低碳规制政策，采用有效碳补贴方式以弥补企业为提升碳减排量而付出额外的绿色创新成本（于连超等，2019）。由此可见，在严格的低碳规制下，企业必然会改变原有生产模式以降低环境成本，并通过开展绿色创新活动实现"创新补偿效应"，主要表现为：以绿色生产活动实现产品补偿、以产品质量的提升来增加绿色产品价值、以改善生产工艺实现过程补偿，从而使企业获得效率优势、先发优势、整合优势及创新优势等相对竞争优势。

由于"波特假说"提出之初，试图借助案例来证实假设真实性，缺乏明确的理论建构思想，这与主流经济学家研究范式明显有所不同，所以，受到普拉默等学者对其普适性、可行性及必要性的质疑。近年来，众多学者在绿色创新、绿色效率及创新绩效等方面展开大量实证研究，证实了"波特假说"的真实性，已明确了低碳规制对绿色创新绩效的非线性影响，但对于"U""V""N"型或其他类型尚有争议，仍未阐明低碳规制对绿色全要素生产率的协调作用。

2.3.2　绿色创新绩效的测评

基于"波特假说"的研究，低碳规制初衷是为了降低碳排放、实现"碳中和"，进而避免温室气体排放导致气候变化引致恶劣问题发生，但并不能简单关停工厂，因为促进经济发展也是政府职责，如果单纯为治理生态环境而不顾及经济发展需要，那很有可能致使政策难以推行，更何况社会经济发展是治理生态环境的根基，没有经济发展则无法为碳减排提供必要经费，而且经济社会高度发达后，拥有高度发达的技术体系，可以充分利用资源，并最大化减少环境污染。所以，低碳规制更期望的结果是，推动绿色创新水平不断提升以变革传统生产方式，从而促进企业绿色创新绩效不断提高。

2.3.2.1　绿色创新

武戈和应淑雯（2019）关于"波特假说"的研究认为，以环境规制为前提的条件下，企业采取绿色创新是应对规制压力的主要方式，将生态环境因素纳入新的产品、技术、市场、系统及战略等各个环节，旨在节约能源消耗、降低资源投入、减少废物排放及治理环境污染；同时，布莱特尔－明克（Blattel－Mink，1998）、德里森和希莱布兰德（Driessen and Hillebrand，2003）指出，这也意味着企业内部生产成本得以降低，使企业相对竞争力有所提升，因而带来显著的环境绩效提升，最终实现企业低碳转型并进入绿色发展路径。所以，塔娜瓦斯卡（Tarnawska，2013）确定了企业绿色创新与生态创新、环境创新及可持续发展之间相互关联的关系。

对于绿色创新内涵的研究，学者们主要从以下三个层面展开：一是从总体层面上，陈华斌（1999）认为，凡是人类社会从事的能促进环境、经济及社会之间关系协调发展，所进行的一切创造性活动都属于绿色创新范畴；二是从战略层面上，张小军（2012）指出，企业为防范生态环境污染的风险，避免或减少企业负外部性活动造成生态危机，所采取的一切战略和行为，就是绿色创新；三是从战术层面上，陈等（Chen et al.，2006）发现，绿色创新既有绿色生产设备、基础设施等相关的硬件创新，也有与绿色流程、技术工艺等有关的软件创新，包括了能源节约、污染防治、废物循环利用、绿色产品设计或企业环保管理等方面的技术创新。概括起来，所谓绿色创新，是指在战略规划、产品设计与开发、生产制造流程及市场营销等全过程中，为减少要素资源投入、降低能源资源消耗、避免生态环境污染，通过开展新技术等研发活动，提高企业要素投入产出效率，促进环境绩效与经济绩效协调增长的一系列创新活动。

绿色创新具有双元性特征，既要有利用式创新，也要有探索式创新（肖仁桥等，2017）。一方面，从短期目标出发开展利用式创新，依托现有知识进行改进现有产品效率，为现有客户群提供更优质的创新活动，促进新技术有效应用及经济高质量发展（杨林波和朱兴婷，2018）；另一方面，从长期目标出发进行探索式创新，对新知识进行探索，力求开发新产品、开辟新渠道，有利于生态环境质量与资源利用效率的提升（潘楚林和田虹，2017）。企业绿色创新受到外部环境的影响，在相对稳定的环境下，利用式创新则有利于推动企业可持续发展；但若处于高动态性或竞争性环境下，利用式创新则不能替代探索式创新来推动企业可持续发展。研究表明，越是动荡的环境，越需要探索式创新（李忆和司有和，2008）。因此，在低碳环境变化的影响下，企业绿色创新需要探索式创新与利用式创新相结合。

2.3.2.2 绿色创新绩效

现有绿色创新绩效的研究，主要从影响结果、绩效测量及指标数量三个方面对其内涵进行梳理：第一，从影响效果来看，安东尼（Anthony，2009）认为，绿色创新绩效可以分为直接绩效、间接绩效及知识产出。直接绩效是指企业对生产技术、设备及制度流程进行绿色创新后，通过绿色创新产品获取的销售收入及创新项目数量等；间接绩效体现在企业资源利用率或产品生产率提高上，通过生产成本降低来提高企业利润；知识产出则包括绿色技术创新形成的专利数量、专著数量及科研成果等（彭灿等，

2020）。由于绿色创新通过新技术应用、新产品开发等活动，扩展了企业价值链，实现企业经济价值保值、社会福利增值的目的，因此，绿色创新绩效不仅包含经济绩效，体现了创新产生的利润结果，可以从绿色产品生产产值及碳排放污染物的治理成本等方面反映（李瑞雪等，2019）；还包含生态绩效与社会绩效，可以促进绿色技术创新的知识性资本积累、研发就业岗位的增加及高能耗碳排放造成环境污染程度地降低（毕克新等，2013）。第二，从产出过程来看，绿色创新绩效分为两类：一类是体现创新产出的绝对结果绩效，包括绿色创新知识积累、绿色创新产品差异化与可持续发展的低碳优势提高等（余慧敏，2015）；另一类是体现绿色创新过程的相对效率绩效，通过测量企业绿色要素投入产出比，在一定程度上反映了企业单位绿色创新投资对企业绿色创新产出的贡献率（陈劲等，2013）。第三，从指标数量来看，绿色创新绩效可以分为多指标综合评价和单一指标评价。多指标综合评价主要分析投入产出情况，首先，投入指标包括绿色创新资金投入、绿色创新人力投入、环境规制投入等；其次，产出指标包括环境绩效、经济绩效、社会效益、生态绩效、知识产出水平等。艾达特等（Eiadat et al.，2008）表明，单一指标评价则是运用绿色技术专利、碳排放量等单一变量作为绿色创新绩效的代理变量。

2.3.2.3 绿色全要素生产率

本书从间接绩效、相对效率及单一指标出发，选择绿色全要素生产率作为绿色创新绩效的主要代理变量，并使用企业全要素生产率、碳排放及企业价值等作为辅助代理变量。本书选择以上变量作为绿色创新绩效的代理变量，主要出于以下四个方面考虑：首先，本书的研究主题主要围绕低碳规制与企业韧性能力的相互作用机制，两者作用对象是绿色创新绩效，使用绿色全要素生产率增长曲线可以更好地直观展现两者相互作用的过程；其次，近来已有学者将绿色全要素生产率作为绿色创新绩效的代理变量进行过研究，取得一些较好的研究成果；再次，政府与企业之间碳决策是从双方目标不一致开始，经过演化博弈的过程，逐渐趋向于绿色全要素生产率一致性目标；最后，要评价企业绿色创新绩效，还需要更多考虑绿色创新过程中投入绿色要素资源的利用效率，及其对环境质量的影响效果。

所谓绿色全要素生产率，是指在考虑环境规制的前提下，测算企业开展绿色创新活动的绿色产出与绿色投入之比，包括投入、期望产出和非期望产出等指标。随着环境治理水平不断提升，企业原本用于生产的部分投入可能被转移到环境污染治理或者污染治理技术研发上，同时生产率测算也应考虑到"坏"的产出要素，故而，有必要对绿色全要素生产率单独进行测算，表明环境污染物投入产出率。绿色全要素生产率反映了单位绿色创新投入对创新产出的贡献率，不仅有助于企业减少过度冗余资源、提高创新资源分配效率（赵琳和范德成，2011），而且更能准确地评估一个国家或地区的经济增长绩效与经济发展可持续性。因此，促进绿色全要素生产率的提升，体现了政府绿色效率目标与企业经营效益目标一致性的重要方向。

2.4　低碳规制与绿色创新绩效的关系研究

低碳规制工具对绿色创新绩效起到关键作用，主要包括其对绿色创新、碳减排及企业效益等绩效指标产生重要影响，较多研究已经证明了"弱波特假说"的成立条件（肖仁桥和丁娟，2017），而对于"强波特假说"内容真实性尚有一些分歧（Yang et al.，2012）。根据"波特假说"研究内容，企业从自身利益最大化出发，一般不会主动承担环境责任，需要设计适度的低碳规制，强制企业为碳排放付出一定的环境成本，才能使其履行碳减排目标要求。同时，低碳规制直接影响效应是有限的，在满足碳减排要求的基础上，可能会对企业绩效造成负外部性影响，也就是环境绩效与经济绩效不可兼得，反而得不偿失。按照科斯坦蒂尼和马赞蒂（Costantini and Mazzanti，2012）的研究结论，低碳规制需要选择适合的工具并作用于企业绿色创新，间接对碳减排产生有效影响，也就是说，通过实施碳税、碳补贴及碳交易等工具，激发企业自主创新减碳意愿，激励企业碳减排技术的研发与应用，可以有效降低碳排放量，并增加市场份额与企业利润，从而有助于促进企业绿色创新绩效的提升。

（1）低碳规制对绿色创新绩效产生的影响效应，与政府选择的规制工具、规制强度及产业匹配度有关，主要表现在以下三个方面。

一是低碳规制强度决定了绿色技术效率。低碳规制强度太弱，会降低企业自主绿色技术创新意愿，甚至有些企业消极去做得不偿失的绿色技术创新活动，从而采用市场上易于模仿的低风险减碳方式。但如果低碳规制强度超出企业可承受范围，又可能导致企业绩效韧性受损严重，难以修复企业低碳发展路径。故而，低碳规制强度符合一定的合理范围，才可以转变企业依赖的绿色技术进步方向（徐建中等，2017）。

二是异质性低碳规制工具产生不同的效应。采用命令控制型低碳规制工具对企业绿色技术创新能够产生"挤出效应"，使非绿色技术创新企业在达不到低碳标准情况下被迫出局；而市场调节型低碳规制工具则对绿色技术创新具有"刺激效应"，能够激发企业自主创新减碳动机，为获取补贴或利润增加，采取更为有效的减碳措施。

三是低碳规制的对象控制治理污染的效果。减碳敏感度是企业应对低碳规制的认识能力表现，在一些高碳排、高污染行业中，企业规模较大、资源投入较多，对碳减排的敏感度也较高。安贝克等（Ambec et al.，2013）表明，政府有针对性地对这些行业实施相对严厉的低碳规制，可以促进企业开展绿色技术创新，通过资产贡献率和劳动生产率的提升，使其获得较好的绿色创新绩效。

（2）企业获取绿色创新绩效的关键在于绿色科技投入与绿色技术引导，而绿色创新动力主要溯源于能源污染性，以末端治理压力对企业创新产生驱动作用，并非资源的稀缺性（周力，2010；武运波和高志刚，2019），所以，绿色技术升级与技术进步才是企业低碳化发展的主要路径。

相关研究也表明，低碳规制与绿色创新之间存在先抑后扬的"U"型非线性关系。实际上，企业本身并不是厌恶绿色创新活动，大多数企业家也愿意实施绿色创新，只是碍于较低的投入产出比，也就是过多的投入未必能换来有效的结果，反而增加了企业负担，哪个企业也不期望付出没有盈利的劳动。如果绿色创新活动有利于生产效率的提升，使其不囿于高耗能方式，而且获得比原来更有效的产出，企业一般也不会放弃这种盈利机会。对于利润空间小、规模不大的企业，仅仅依靠碳税等惩罚性政策，容易导致企业效益下滑而韧性损失严重，结果出现转型失败，不利于行业良性发展。而且，由于政府与企业碳决策行为博弈中，双方信息不对称原因，使企业乘机出现造假引致伪装成本及期望风险成本等问题，最终导致低碳规制效力出现偏差，反而无法达成减碳增效目标。因此，实施低碳规制属于次优选择，要付出环境成本也是迫不得已而为之，因为完全市场下很少有企业主动减碳，但要获得更好的效果就需要慎重考虑低碳规制作用，关键还是要注重企业绿色创新生态系统发展，增强企业绿色创新意愿，使企业在效率提升、技术进步与转型升级基础上，获取更高的绿色创新绩效。

（3）低碳规制的作用在于依次实现了碳减排、企业全要素生产率提升和绿色全要素生产率提升，在一定条件下取得绿色效率和企业效益双赢目标。

低碳规制通过刺激技术进步提升技术效率，为企业全要素生产率提供动力源泉，它们之间的关系呈现倒"N"型，表现为较弱低碳规制难以驱动效率、过强低碳规制又冲击企业韧性，当低碳规制强度处于合理范围时，将有助于促进企业全要素生产率提高（曲薪池等，2019）。但传统的企业全要素生产率中并没有考虑环境因素，而在当前环境污染问题日益严重的形势下，包含环境因素的绿色全要素生产率成为解决碳排放负外部性问题的重点关注对象。陈超凡（2016）表明，中国工业绿色全要素生产率明显低于传统全要素生产率，而且在环境规制对绿色全要素生产率的影响下，目前还没有跨过"波特拐点"；展进涛等（2019）也认为，由于绿色技术"退步"导致中国农业绿色全要素生产率有所下降。可见，当前低碳规制对绿色全要素生产率的影响，还未能完全达到政府减碳初衷，也没有实现企业增效目标要求。从绿色全要素生产率增长动力来看，绿色技术进步是促进绿色全要素生产率提升的主要影响因素（许冬兰等，2016），已有研究表明，绿色技术对碳减排及绿色全要素生产率的贡献度达到26.5%；然后则为产业结构、规模效应及劳动生产率，也对碳减排及绿色全要素生产率产生正向促进作用（孙艳芝，2017）。另有研究指出，低碳规制对绿色全要素生产率具有非线性影响，例如，沈能（2012）认为，低碳规制强度和环境效率之间符合倒"U"型关系，可以显著促进清洁生产型行业的当期环境效率，而对污染密集型行业的影响存在滞后效应。

2.5 简要述评

针对企业碳排放外部性问题，已有文献从企业成长理论两个视角展开研究。内生增长范式以资源、知识与能力作为企业系统的核心组成部分，分析了企业应对外部环境变化的过程中，运用感知、攫取及转化的能力，获取可持续发展的竞争优势，但存在发展路径依赖的能力悖论，使企业能力越强，越容易被锁定在传统技术路径上，面临着低碳转型路径选择的困境。外生发展范式运用交易成本理论方法，采用碳税、碳补贴、碳交易等市场调节型及命令控制型低碳规制工具，通过增加企业环境成本，降低经营利润，迫使企业采取碳减排措施，但同时也有损于企业效益，出现逆向选择、转型失败等风险，产生了政府碳减排负外部性问题。基于"波特假说"的研究，以低碳规制为前提条件，强调了企业开展绿色创新活动的重要性，通过促进资源利用效率提升与绿色技术进步，可以扭转遵循成本效应，在一定程度上补偿了企业韧性，但实际上也没有给出如何跨越韧性拐点的路径。因此，要从根本上解决碳排放负外部性问题，需要将外生发展与内生增长两个范式结合起来，通过低碳规制工具优化选择，促进企业自主创新减碳意愿，进而达到减碳增效目的。

在绿色复苏背景下，企业不仅面临着绿色低碳转型的压力，而且面临着战略转型导致韧性损失的困境，如果仅仅依靠低碳规制外生性约束作用，那只会让企业绿色创新绩效的韧性损失更多，反而得不偿失。在适应外部环境变化过程中，企业内部冗余资源初期可以起到缓冲作用，然后利用组织学习机制将知识性资源转化为企业韧性能力，在绿色创新突破路径依赖之后，可以使企业重新获得新的竞争优势，也就是说，为了促进企业绿色创新绩效持续提升，还需要注重激发企业内生性创新减碳动力，使政府与企业之间碳决策目标趋向于促进绿色全要素生产率的提升上，通过持续搜寻韧性拐点，发挥出企业韧性能力在低碳规制与绿色创新绩效关系中的基础性作用，以找到具有低碳优势的新发展路径。根据目前研究来看，虽已明确了低碳规制与绿色创新绩效之间存在非线性关系，但实际上对于低碳规制作用下绿色全要素生产率增长曲线是"U""N""V"型或其他类型尚未达成一致意见，也较少考虑企业内生性因素的反作用机制及其对绿色全要素生产率协调增长的影响阐述，仍缺乏企业内部知识性韧性能力应对外部环境变化的深刻认识，使低碳规制作用下绿色创新绩效的韧性拐点有待于进一步研究。

所以，本书从企业韧性能力的视角出发，重新审视低碳规制对绿色创新绩效的影响效应，探讨了绿色创新绩效的韧性拐点、响应路径及韧性能力体现，主要尝试以下探索性研究：首先，从内生增长范式，运用理论分析方法分析低碳规制下企业韧性能力的形成机理，阐释企业绩效的脆弱性、适应性与抵抗性等内涵特征，及获取可持续发展的低碳优势的动力源泉；其次，从外生发展范式，运用演化博弈方法分析低碳规制对绿色创新绩效的影响效应，主要包括低碳规制驱动效应、绿色创新补偿效应和碳市场化调节效应三个方面，以及它们对绿色创新绩效的影响效果比较；最后，在低碳规制与企业韧性能力相互作用下，运用实证分析方法分析绿色全要素生产率增长曲线、拐点、阶段及变化趋势，直观展现了企业韧性能力的反作用机制，揭示背后的逻辑关系，为构建低碳治理体系提供借鉴。

各理论之间的关系如图 2-1 所示。

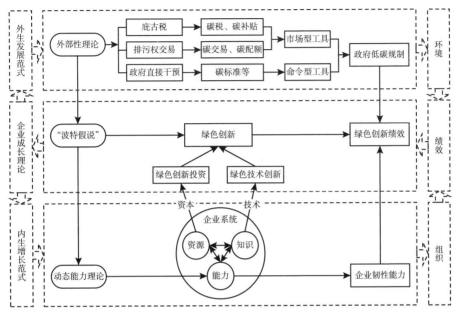

图 2-1 理论关系

2.6 本章小结

本章重点从企业成长理论两个范式梳理了解决碳排放外部性问题的文献研究。从内生增长范式来说，企业成长理论存在资源、知识和能力三种基础观，企业动态能力演化为韧性能力，来源于冗余资源与组织学习效应，而内部资源优化与知识协调则为绿色创新指明方向。从外生发展范式来说，低碳规制工具可以分为两种类型：一种是市场调节型工具，主要采用价格调节机制，包括碳税、碳补贴、碳交易等；另一种是命令控制型工具，主要采用政府直接干预方式，包括行政处罚、环境信息披露、低碳标准等。"波特假说"的研究认为，选择合适的低碳规制工具、强度及组合政策，可以刺激企业自主创新减碳意愿，通过开展绿色创新活动，促进绿色创新绩效的提升，使其可以获得相对竞争优势。根据理论分析，本章还阐述了以往研究局限，指出当前仍缺乏企业韧性能力方面的研究，以及低碳规制对绿色创新绩效产生阶段性变化影响的定论，从而为后面的机理分析、演化博弈及理论模型等研究奠定了理论基础。

第3章 低碳规制下企业韧性能力的形成机理

在文献梳理基础上，本章首先阐明企业韧性能力的主要内涵、响应路径及基本特征。其次重点分析低碳规制下企业韧性能力的形成机理，包含两个方面：一方面，低碳规制对企业韧性能力的驱动作用，以外生性助推动力为前提，触发内生性激励动力，调动企业自主创新减碳积极性；另一方面，企业韧性能力对低碳规制的反作用，通过冗余、学习及创新等内部能力，传导至绿色创新外在表现，促进绿色全要素生产率提升，并跨越低碳转型韧性拐点，走向新发展路径。最后，阐释企业获取可持续发展的低碳优势及韧性能力变化阶段。

3.1 企业韧性能力的内涵特征

3.1.1 企业韧性能力的主要内涵

组织韧性早期研究主要针对危机处置事件，用于提升企业应变能力。因为危机往往发生在决策者意料之外，对绩效目标构成重大威胁，企业亟须在有限时间内做出反应，及时有效解决（詹雪梅等，2016），所以，组织韧性一般被认为是企业成功转危为机并化险为夷的能力。奥古斯丁（Augustine，2001）将危机管理过程划分为预防危机风险、做好防范准备、确认危机发生、控制影响范围、妥善解决危机、反思经验教训并找到可用价值六个阶段，为企业韧性能力应对危机冲击的演化研究提供借鉴。随后，罗伯特·希斯（Robrt Heath，2001）提出了"4R"模式，将危机处置任务分为摊薄风险成本的缩减力、提前部署防范的预备力、及时沟通处理的反应力及修正失效状态的恢复力四个阶段。以危机管理理论为基础，学者们认为韧性能力是企业应对危机而产生的抵抗力度、响应速度及转化路径的能力，抑或说，它是使企业在抵御风险冲击中生存下来，从战略失败打击中重新振作起来的能力。进而，德尔瑞尔和麦克马纳斯（Dalziell and Mcmanus，2004）认为，组织韧性是关于情境意识、脆弱性和适应性的函数，也就是当企业面临动态环境负面冲击的危机时，关键绩效指标（key performance indicator，KPI）发生重大变化，呈现出波动性趋势。

因此，企业韧性能力是应对危机、适应变化的能力，表现为动态适应、冗余抵抗、学习改进及创新突破四个变化阶段：首先，动态适应是企业随着环境变化而改变自身条件，顺势而为的柔性应变能力；其次，冗余抵抗是企业整合冗余资源，减少绩效脆弱性，抵抗成本上升而利润下降的消极影响，防御未知风险的能力；再次，学习改进是企业整合知识资源进行单循环学习、双循环学习及再学习，以解决实践中的新问题、新挑战，借助边际递减效应降低生产成本的能力；最后，创新突破是企业采用创新方式，促进效率提升、技术进步与转型升级，实现技术路径跨越，从转型困境走向新发展路径的能力。

3.1.2　企业韧性能力的响应路径

参考西蒙和马丁（Simmie and Maritin，2010）的研究结论，企业受到外部冲击或扰动，原有发展路径偏离既定路线，根据外部冲击强弱、韧性能力大小及发展路径偏离程度的差异，主要表现为复原响应路径、次级响应路径、快速响应路径及衰退响应路径四种形态，如图 3-1 所示。

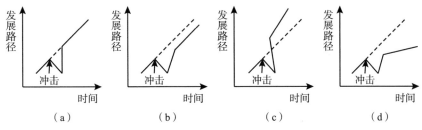

图 3-1　企业韧性能力的响应路径

资料来源：参考西蒙和马丁（Smmie and Martin，2010）。

第一，复原响应路径，如图 3-1（a）所示。在防御外部冲击并突破压力临界值以后，企业韧性能力实现强势反弹，重新回到冲击前稳定路径上。复原响应路径需要符合两个可能性条件：要么既定发展路径较为契合前沿发展要求，与冲击后环境变化趋势基本保持一致，原有发展路径仍旧符合新发展方向；要么企业韧性能力刚性较大，即便受到外部冲击，也可以复制既定战略路线，或者说企业受到扰动较小，外部环境没有发生彻底变化，不需要做出较大变更，使用原有发展路径即可以实现企业成长。

第二，次级响应路径，如图 3-1（b）所示。在外部冲击的影响下，企业已无法完全恢复至原有均衡路径，但基本保留了原有结构和功能，延续了先前发展线方向，按照路径依赖惯性绩效前行，只是没有达到最优水平，而是并行于最优发展路径，也可以达到次级稳定域，获得了相对次优绩效。

第三，快速响应路径，如图 3-1（c）所示。企业调整自身结构和功能，经过学习与优化之后，利用创新方式突破了环境适应性，不再依赖于原有技术路径，形成了更好的技术优势，使其进入更加快速发展路径，比先前任何时候都获得了更优的绩效。

第四，衰退响应路径，如图 3-1（d）所示。企业未能在变化中跟上环境变化需要，难以保持稳定态势，也就是企业仍仰仗已有的核心优势，较多依赖原有技术路径，没有开展绿色创新活动，待自身冗余资源消耗殆尽，又找不到合适的新路径，在低碳竞争中处于劣势地位，导致企业结构与功能逐渐不能支撑低碳发展要求，进而走向衰退。

3.1.3 企业韧性能力的基本特征

企业韧性能力在应对危机、适应变化，走向新发展路径的进化过程，主要包含以下六个特征。

一是敏感性，指企业受外力冲击或扰动，导致盈利出现较大波动，一般表现为利润下降、裁员及倒闭等情形。

二是抵抗性，企业韧性能力应对外力冲击的抵抗性，明显有别于动态能力一般特征，它是在至少两股力量相互作用下表现出来的，当外力消失或较弱时，很难注意到韧性能力存在。企业受低碳规制的影响，导致环境成本上升而经营利润下降，促使企业采取"减限停"措施或绿色创新等手段，是抵抗性特征的一种表现。

三是适应性，企业为降低危机负面影响，采取绿色低碳措施以适应新环境要求，当满足生存条件后，方能图谋未来发展，换句话说，环境适应性仍是企业韧性能力的重要指引方向。

四是临界性，企业利润下滑、员工失业等韧性损失不可能是无休止的，而是存在预期触底反弹的拐点，这是提升企业韧性能力的突破口，无论冗余抵抗、学习改进或创新突破都是以搜寻韧性拐点作为战略导向，来寻找企业获取新优势的着力点，同时也是企业摆脱转型困境的必经之路。

五是曲折性，企业韧性存在缓冲地带，用来减缓外部冲击对绩效造成压力。在寻找新发展路径中，企业可能还会出现跳跃式波动情形，也就是说，搜寻韧性拐点必然经历一番挫折，并非一蹴而就，所以，韧性发展路径往往表现为反复波动性特征。

六是恢复性，企业在不断试错中，改变了原有发展路径，打破了路径依赖性，存在回旋式恢复增长趋势，表现为企业绩效触底反弹，这是韧性能力的本质特征。

综上所述，本书认为的企业韧性能力，是指企业受到外部环境变化冲击而面临转型困境时，运用冗余、学习与创新等整合资源与知识协调的能力去改变路径依赖性、减少绩效脆弱性、增强环境适应性，持续搜寻韧性拐点，最终实现创新突破并恢复至相对均衡发展路径的进化过程。在低碳规制分析框架下，企业面临外部环境条件已发生根本性变化，传统生产模式无法适应低碳发展要求，继续生产经营只会增加环境成本，导致高碳产品价格上升，难以符合绿色消费需求，使企业经营利润出现亏损。所以，企业需要通过绿色创新改善低碳生产模式，增强绿色发展的环境适应性，进而从高碳低效模式逐步向减碳增效模式转型发展。

3.2 低碳规制与企业韧性能力相互作用机理

根据格拉泽和迪阿乐（Glaser and Diele，2004）的研究，我们可以将经济社会系统认为是由自然资源、生态环境、市场主体及社会规则等要素共同组成的复杂适应性系统（complex adaptive systems，CAS），系统内各要素互动共存产生了复杂网络关系，并在外部不可预期变化的扰动或影响下呈非线性特征。由于自然资源枯竭与生态环境污染日益严重，政府通过制定低碳政策作为一种社会规则，对从事市场活动的企业碳排放行为进行指导与调控，试图纠正传统生产模式对社会生态系统的损害性影响，转变企业高耗能、高碳排、低效率的发展路径，借助环境成本调控方式对企业绩效产生刺激性影响，促使企业开展绿色创新活动以改善碳排放行为，加速推进碳减排与碳中和目标，从而促进资源利用效率提升和生态环境质量提高。但同时，企业也存在路径依赖惯性，不仅付出环境成本，而且转型绩效也呈下降趋势。

实际上，政府与企业之间碳决策目标存在差异，政府更多追求环境绩效最大化，企业更多期望经济绩效最大化，使低碳规制成为驱动企业碳减排的外部压力，在促进生产成本上升而经营效益下降的同时，也引致企业内部产生了韧性能力对低碳规制外部压力自发形成一种反作用。因此，在低碳规制与韧性能力相互作用下，企业追求可持续发展的低碳优势，促进绿色全要素生产率提升基础上，可以实现绿色创新绩效目标趋向于一致性，如图 3 − 2 所示。

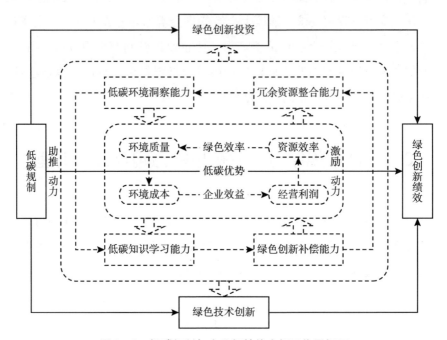

图 3 − 2　低碳规制与企业韧性能力相互作用机理

3.2.1　低碳规制的驱动作用

低碳规制对企业韧性能力的驱动作用，表现为外生性助推动力和内生性激励动力两个方面。

3.2.1.1　外生性助推动力

为解决碳排放负外部性问题，政府通过提升绿色效率的约束性条件，迫使企业为降低环境成本而采取减碳措施。从减碳动机来看，减碳必然要付出成本，若没有外部压力驱动作用，很少有企业愿意做低性价比的事情，也就缺乏自主创新减碳动力。所以，碳减排不能寄希望于道德伦理的约束性作用，更需要政府主导企业碳减排活动，给予企业碳减排一个外生性助推动力，迫使其为减碳做出取舍。

政府运用不同的低碳规制工具，短期内针对高碳企业，采取关停、减产、限产等行政手段，从末端治理来控制企业碳排放量。长期则运用价格机制，将原本免费给予企业的碳排放权转变为必要的环境成本，使其因经济利润下降，出于逐利本性而采取适当的碳减排措施，通过开展绿色创新活动，达成低碳规制期望目标相匹配的结果。因此，低碳规制外生性助推动力是企业自主创新减碳的前提条件，企业碳减排取决于政府约束性作用，而非市场决定性作用。

3.2.1.2　内生性激励动力

由于低碳规制外生性助推动力的作用，导致环境成本上升而经营效益下降，企业为扭转这种绩效损失的被动局面，采取有效措施促使碳排放量降低，也可能产生额外生产成本或创新成本。所以，增加企业自主创新减碳意愿，需要考虑环境成本、生产成本或创新成本等总成本领先，并能获取更多营业收入，使其实现利润最大化目标，而不至于因减碳造成过多亏损。也就是说，企业以减碳为前提并期望实现利润持续增长，采用绿色创新方式推动效率提升、技术进步与模式创新，通过改进资源利用效率，不仅促进了生态环境质量水平提升，而且比非绿色创新企业获得了相对竞争优势。因此，激发企业自主创新减碳意愿，就在于低碳规制给予企业更大的利益期望。通过实施绿色创新战略，如果满足碳减排标准，可以获得更多利润，则企业自然愿意减碳；相反，未实施绿色创新战略，如果不能满足碳排放标准，将获得更少利润，甚至亏损乃至关停，则企业也会考虑碳减排必要性。

在低碳规制驱动作用下，企业为了达成减碳增效目标，主要采用以下三种策略：一是低碳减排策略，企业直接关停高碳生产线，或者限制生产高碳产品，这种方式比较简单，但有损产量及效益，使市场占有率也有所降低，实非企业所愿，不得已而为之；二是市场交易策略，通过购买低碳技术或碳配额在短期内即可满足碳减排要求，以缓解不适应低碳环境要求所致失利问题；三是绿色创新策略，通过自主绿色创新或合作绿色创新等方式，利用技术进步、效率提升，降低单位产出碳排放量，从根本上达到减碳增效目标。因此，由低碳规制外生性助推动力触发企业内生性激励动力，推动企业为扭转环境成本引致经营效益下降的不利局势，内部自发产生了抵抗力即韧性能力，调动企业自主创新减碳积极性，驱使其实施绿色创新战略，持续搜寻韧性拐点位置，在实现碳减排前提下促进企业利润提升，推动经济绩效上升的同时获得环境绩效改进，最终形成可持续发展的低碳优势。

3.2.2　企业韧性能力的内在本质

低碳规制在促进环境质量提升的同时，也导致企业出现转型困境，即政府碳减排负外部性问题。企业为扭转绩效亏损不利局面，从内部自发产生抵抗冲击的韧性能力，包括低碳环境洞察能力、冗余资源整合能力、低碳知识学习能力及绿色创新补偿能力四种内在本质能力。

3.2.2.1　低碳环境洞察能力

企业首先需要识别低碳规制意图，感知外部环境变化，意识到低碳转型与绿色发展的重要性，利用内部掌握运营情况进行对标，认清企业碳排放现状与政府碳减排标准之间的差距。其次做出初步判断，准确找出企业哪些资源有利于低碳转型，哪些资源不利于绿色发展，同时也要弄清楚企业需要怎样变革以符合低碳发展要求，初步形成战略目标导向。最后预测低碳经济下企业发展路径的调整方向，评估内部破除路径依赖的预期成本，并将获取外部信息加工成低碳转型的指导性文件。因此，企业低碳环境洞察能力决定企业韧性能力强度，直接关系到低碳转型的调整方向。

低碳环境洞察能力对企业绩效的影响主要表现在以下四个方面：第一，如果企业认知能力较差，未能及时察觉事态发展严峻性，遇到冲击时会措手不及、疲于应付；第二，如果企业对原有核心优势自负，甚至认为自己拥有较强政治关联度，在严厉低碳规制到来之际，会丧失窗口期发展机会，很快被低碳经济淘汰；第三，如果企业发展较为顺利，越是少有挫折，随着自身实力增强，战略期望增大，越容易形成路径依赖惯性，在低碳环境变化中走向衰退；第四，如果企业发展相对不顺，对外部环境变化敏感度较高，能够吸取经验教训，及时识别外部环境变化，在遇到外部冲击时，能及时调整战略方向，可以避免不必要的韧性损失。

低碳环境洞察能力有助于促使企业形成低碳战略导向思维，在企业做出战略选择时，首要考虑的不是利益最大化目标，而是低碳转型前提下利润次优选择。也就是所有投资决策均建立在不违背绿色发展原则基础之上，要素投入产出过程高度重视低碳因素，以碳排放作为产出标准，构建碳减排生产运作体系，每一张生产计划表里都嵌入碳排放分解计划，从BOM 到生产线再到仓储物流等流程，以碳减排与利润曲线的均衡点对生产运作流程进行优化，即实现利润次优选择。利润次优选择需要两个假设条件：一是低碳规制充分考虑了企业异质性条件，不存在区域差异，形成了统一的碳交易市场；二是低碳消费理念深入人心，生产者与消费者达成共识，允诺低碳产品可获得更大优势，形成了绿色低碳消费市场。

3.2.2.2 冗余资源整合能力

在洞察低碳规制意图后，企业利用内外冗余资源缓和外部环境变化冲击。

一方面，对于外部资源考虑，企业利用社会关系"抱团取暖"，主要采取一体化合作、碳转移及协同研发等方式进行碳减排活动。首先，采用一体化合作减碳策略，高碳型企业减少自身生产权重，通过向下游合作提升价值链产值，降低碳排放强度；其次，碳排放转移策略，高碳企业借助合作或外包方式，将业务生产线模块化处理，购买部分低碳配件进行后期加工，减少了部分碳排放量；最后，协同研发减碳策略，通过构建战略联盟、伙伴关系或研发平台，共同突破某一绿色技术限制，从而达到减碳要求。

另一方面，对于内部资源考虑，一般从末端、终端至前端倒排生产流程。首先，末端治理方面，运用碳捕获、利用与封存技术（carbon capture, utilization and storage，CCUS），对碳减排贡献度可以达到 19%（段宏波等，2015）。王喜平和郗少媛（2020）表明，学习能力越强，CCUS 投资成本下降越快，意味着加强技术进步有助于促进绿色投资，而保持碳市场稳定性也对 CCUS 投资产生正向作用。其次，中端治理方面，主要通过绿色技术创新改造企业生产线，改善制度流程体系，提高资源利用效率，减少生产过程中碳排放量。最后，前端治理方面，主要考虑煤改气、煤改电方案，涉及民生、制造业及发电等领域的企业，使用 LNG、氢能、太阳能、风能等清洁能源，逐步替代高碳排放燃煤方式，进而提高能源利用率以降低碳排放量（谢伦裕等，2018）。

3. 2. 2. 3 低碳知识学习能力

企业感知低碳环境变化趋势，意识到原有路径不符合新发展要求，需要重新梳理企业惯例、流程及制度体系，通过学习新技术、新工艺、新服务等知识，并不断进行知识创新，依赖于现有知识储备，认识到自身水平与低碳标准之间差距，借助学习能力实现知识获得、转移、共享、更新与应用，从而提升企业应变能力。

低碳知识学习能力对企业绩效的影响主要表现在四个方面：首先，企业利用复制、模仿能力，吸收外部溢出性知识，用于低碳生产过程；其次，利用知识、学习及"干中学"等方式，促进环境成本降低，碳排放量也随之下降；再次，运用新知识、新技术，在不断试错过程中促进低碳生产熟练程度提高，有助于获取低碳优势；最后，借助知识力量，还可以发现节能降耗、减碳增效的方法，将知识性资源转化为企业能力，通过改变自身条件增强环境适应性，促使环境成本不断下降。

3. 2. 2. 4 绿色创新补偿能力

企业开展绿色创新活动付出创新成本，而绿色技术成果转化不仅可以提高资源利用效率，而且能够满足绿色产品需求，也产生了创新补偿作用（康鹏辉和茹少峰，2020），主要体现在三个方面。

一是技术补偿。企业利用绿色技术成果转化，改造生产设备、促进工艺升级、提升能耗效率，促进了碳减排量增加，符合低碳转型要求，使企业避免受到低碳规制的负向影响，而且高技术也代表高附加值，从而带给企业更多的利益。

二是产品补偿。企业利用绿色技术成果转化，使产品质量获得较大提升，达到绿色产品标准，不仅满足了消费者个性化、绿色化、低碳化需求，而且也提高了公众形象，增加了品牌价值，促使企业获得更大的市场前景。

三是成本补偿。在实现突破式绿色技术创新后，企业能源资源利用效率大为提升，不仅降低了环境成本，获得较大业绩，而且从政府那里得到更多财政资金扶持及税收优惠政策，使企业总成本相对下降，体现了成本补偿效果。

3.2.3　企业韧性能力的外在表现

在低碳规制作用下，由企业内在本质的四种能力联动反作用机制，促使企业采取减碳增效措施，主要表现为开展绿色创新活动，包括两个方面：一方面，通过绿色技术创新改造内部技术结构，提升绿色效率以改善碳排放强度；另一方面，利用绿色创新投资促进绿色技术成果转化，进而控制碳排放量并增加碳减排量。

3.2.3.1　绿色技术创新

以知识创新为核心的韧性能力驱使企业开展绿色技术创新活动，运用组织学习能力转移知识，实现了知识共享，增强了知识存量，通过转移知识与自有知识的整合、分享、创造及应用，达到自身绿色技术创新能力提升，突破了技术路径依赖性，最终化解了低碳转型风险。在不确定的环境下，组织学习显然已成为企业实现商业模式创新成功的关键因素（李旭，2015）。也就是说，低碳知识学习能力推动企业开展绿色技术创新活动，突破路径依赖并借助绿色技术成果转化补偿成本，进而提升绿色创新绩效。因此，绿色技术创新是实现企业减碳增效的根本因素。

企业绿色技术创新遵循价值链增值过程，从初始端吸收自然资源，经过中间转化过程，为顾客提供产品与服务，可以创造价值的同时也对末端生态环境产生外部性影响，由此将绿色技术创新分为三种类型：一是针对初始端进行资源友好型绿色技术创新，侧重于提高资源利用效率；二是针对末端进行环境友好型绿色技术创新，侧重于提高环境质量水平；三是针对中间过程进行混合型绿色技术创新，侧重于减少环境成本，增强企业竞争力（刘薇，2012）。根据企业利用资源与知识的形式，绿色创新以节能降耗与污染防治为目标，包含隐性绿色创新和显性绿色创新，前者以知识协调创新为主要形式，对工艺、技术、制度及文化等进行创新性活动（李海萍，2005）；后者以资源优化配置为主要形式，对原料、设备、物流及产品等进行创新性活动（王炳成，2020）。在此基础上，低碳经济着重强调了低碳创新活动，即企业开展低碳、减碳及零碳的技术突破应用，在生产过程中实施碳捕获、封存及再利用技术，促使能源资源消耗下降，从而降低碳排放总量及碳排放强度。

3.2.3.2 绿色创新投资

由于低碳规制建立在企业投资边际成本与边际收益差额的基础之上，企业对绿色创新投资的范围、强度、方向及贡献进行调整，可以改善低碳规制对企业绿色创新绩效的影响效果，使企业韧性能力更强；同时，随着企业韧性能力提升，将有更多冗余资源用来满足绿色创新投资需要，也为绿色创新投资提供重要支持。

绿色创新投资与企业韧性能力的关系表现在：首先，通过洞察能力识别环保要求及改进策略，为绿色创新投资指明了调整方向；其次，绿色创新投资的可行性取决于企业自身掌握足够资源与能力，并推动企业投资成功落地，故冗余资源整合能力直接决定着绿色创新投资强度；再次，政府与公众透过环境信息披露的绿色创新投资情况，识别企业处理环境污染治理问题的积极性、环保贡献度及碳减排数量，在一定程度上反映出企业治理碳排放问题的决策行为；最后，绿色创新投资不仅针对生产过程中设备、技术及产品进行绿色化改造，而且针对碳排放物的末端治理，可以将绿色技术创新成果转化并应用到生产减碳过程，从而有利于尽快实现减碳增效目标。因此，绿色创新投资更能表现出低碳规制与企业韧性能力对绿色创新绩效的影响。

3.3　基于企业韧性能力的可持续发展低碳优势

波特认为，在竞争市场中，企业拥有包含价值性、稀缺性、难以模仿性或不可替代性等特征的战略要素，相对竞争对手更有竞争优势，可以创造更好的产品，取得更好的业绩。熊彼特将创新纳入新生产函数模型，打破了技术外生性假设，由此引出创新关键取决于技术进步与资本积累。在低碳规制视域下，由于高碳产品缺乏市场、高碳生产受到限制，绿色低碳技术已转变为企业间较量的真正竞争力，故而，拥有绿色技术及绿色创新能力成为企业竞争制胜的关键性战略要素。企业实施绿色创新战略，利用绿色技术创新方式改造生产设备、工艺、流程等传统生产模式，虽在一定程度上增加了创新成本，但同时也创造了独具特色的低碳产品与服务，给绿色创新企业带来更多利益，不仅减少了碳排放量，满足了低碳规制要求，而且绿色产品与服务符合消费需求，获得更多青睐，从而增加了企业利润，相对于非绿色创新企业更具竞争优势，即获得可持续发展的低碳优势。

企业为获取可持续发展的低碳优势，通过开展绿色技术创新活动对绿色要素投入、转化及产出环节进行改进的过程，可以将绿色创新绩效的韧性拐点变化划分为四个阶段，如图3-3所示。

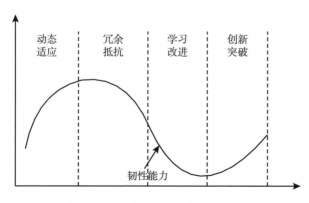

图3-3　企业韧性能力的变化阶段

第一阶段是动态适应。在动荡的环境中，企业初投入知识资源相对较低，但获得较好绩效，因为这个阶段低碳规制尚未实施，对环境因素考虑较少，环境成本尚未体现，容易满足环境适应性，也就是呈现高消耗且高回报的阶段。

第二阶段是冗余抵抗。因低碳规制导致环境成本上升而经营效益亏损，企业需要投入大量冗余资源来抵御外部冲击，不断改进高碳生产条件，谋求低碳转型发展路径。该阶段属于低碳环境识别初期，企业学习机制或已被激活，但仍处于"学习陷阱"之中，持续摸索与不断试错同时并存，未奏效的学习效应也使生产成本居高不下，故而，此时企业绩效下降较快。

第三阶段是学习改进。企业学习能力开始发挥有效作用，通过学习效应缓解了部分环境成本压力，同时也积累了一些知识存量，但企业仍旧沿用原有技术路线，或者使用低效的绿色技术，所以以致企业虽改进了发展路径，但还没有突破环境适应。

第四阶段是创新突破。企业借助绿色技术创新突破了原有技术发展路径依赖性，引导企业迈向"波特拐点"，由知识创新推动低耗资源使用，实现了低耗能高产出，扭转了绩效损失局面，促使企业韧性得以恢复并走向新发展路径。

以上企业韧性能力的四个阶段变化过程还表现为循环滚动特征，也就是企业经过动态适应、冗余抵抗、学习改进及创新突破，当实现绿色创新突破路径依赖性后，满足了动态适应要求，进而可以促进企业绩效提升。

综上所述，绿色创新是企业经过高碳阶段蜕变成低碳发展的关键因素，使企业重新获得可持续发展的低碳优势，扭转了企业绩效韧性下滑趋势，迈向新的均衡发展路径。由低碳规制外生性助推动力激发企业内生性激励动力，促使企业韧性能力产生抵抗力，为减少绩效脆弱性、提升环境适应性，而采取冗余、学习与创新等方式，通过开展绿色创新活动，利用绿色化改造生产设备、流程、技术、工艺、产品与服务，捕捉碳排放量、改善碳减碳量，促使资源利用效率与生态环境质量持续提升。

3.4　本章小结

  本章运用理论演绎方法，首先阐释了企业韧性能力的主要内涵、响应路径及基本特征。其次在社会生态系统框架下，分析了低碳规制与企业韧性能力的相互作用机理。出于逐利本性与避险导向，低碳规制对企业碳排放行为进行监督和干预，引致环境成本上升而经营利润下降，促使企业内在冗余资源与知识学习产生抵抗性反应。也就是说，外生性助推动力与内生性激励动力相互结合，激发了企业内在的低碳环境洞察能力、冗余资源整合能力、低碳知识学习能力及绿色创新补偿能力等联动反作用，进而表现为绿色技术创新与绿色创新投资的行为，通过绿色创新改进自身发展路径，改善绩效脆弱性、增强环境适应性，可以获取可持续发展的低碳优势，实现企业减碳增效目的。

第4章 碳决策行为演化博弈的均衡分析

4.1 碳决策行为的作用机理分析

4.1.1 碳决策的影响因素

为推进实施"双碳"战略，政府在实践上通过低碳规制工具积极鼓励企业开展绿色创新活动，以尽可能化解企业碳排放对环境造成的负外部性影响；同时，学者们在理论上也积极对碳排放权、碳税、绿色创新及绿色补贴展开深入研究，重点探讨了解决碳排放负外部性的有效方式，为企业"碳达峰、碳中和"战略的实施路径提供借鉴。

首先，庇古给出征收环境税来解决负外部性问题的方案。碳税作为环境税的形式之一，试图通过增加环境成本达到企业碳减排约束性目标。当前学者对碳税的减碳效应持有两种观点：一种观点认为，应坚持对能源行业等污染密集型企业征收碳税，通过对重点碳源企业碳排放的有效治理，可以减少二氧化碳排放量（Jia and Lin，2020）；另一种观点认为，征收碳税虽然对企业碳排放具有一定抑制作用，但较高的碳税税率同时也会给经济社会发展造成负效应（李毅等，2021；陈旭东等，2022）。于是，针对企业碳减排与经济社会发展之间的不协调问题，有学者提出了环境、社会和公司治理（environmental，social and governance，ESG）战略思维，认为应用生态系统思维考虑企业碳减排，要构建碳排放权与碳税之间协同运行机制（许文，2021），通过补贴化石燃料行业研发部门来鼓励清洁能源发展（Adkin，2019），实施绿色创新战略，并对相关的绿色创新成果给予一定的税收优惠或税收返还（翁智雄等，2021）。

　　然而，科斯认为，庇古税难以解决负外部性的交互问题，故提出界定产权方式解决负外部性的方案。自《巴黎协定》签署以来，以碳排放权为核心的碳减排制度设计已达成全球共识。而且，我国碳排放交易从区域性试点发展到全国统一大市场，以此为基础规划形成国内国际双循环的碳排放权交易体系，最终接轨全球碳排放交易系统（ETS）并成为碳减排引领者。显然，碳排放权可以有效抑制试点地区企业碳排放行为，但对邻近地区也存在明显的溢出效应，导致区域间降碳不协调。由于当前能源消费结构性矛盾可能导致企业碳排放增加，有学者呼吁碳排放权交易机制与绿色技术创新政策之间发挥协同效应（李治国和王杰，2021）。进而研究发现，碳排放权交易机制有助于刺激企业绿色投资，尤其是促进绿色低碳行业获得较快发展，有利于缓解这些行业新兴企业融资约束条件，显著促进企业投资效率的提升（张涛等，2022）。此外，碳排放权交易工具与碳减排支持工具之间发挥金融政策协同效应，也有助于促进企业绿色技术创新水平提升（张修凡和范德成，2021）。类似研究已经证明，碳排放权交易工具对企业绿色创新行为的激励方面具有显著的促进作用，这与"波特假说"研究内容基本契合（郭蕾和肖有智，2020）。学者还认为，统一的碳排放权交易市场离不开政府宏观调控政策助推作用（刘明明，2021）。

　　在碳排放权与碳税的相互作用下，企业实施绿色创新战略已是可持续发展的必经之路。关于绿色创新与碳减排的关系，学者们取得一致结论：低碳规制有助于激发绿色创新，通过绿色创新推动绿色效率提升（汪发元和何智励，2022），而绿色投资又通过扩大技术创新能力提高节能减排效率（Ren et al.，2022），且环境税、政府补贴和绿色创新对绿色投资具有不同的正向调节效应（Chen and Ma，2021）。绿色补贴作为一种制度激励，是政府通过财政政策刺激企业绿色发展的重要手段，旨在促进企业绿色创新行为（赵一心等，2022）。赵等（Zhao et al.，2021）表明，实施绿色补贴与征收环境税相比，对总投资效率和纯技术效率的正向影响更强。纳吉等（Nagy et al.，2021）认为，如果绿色补贴退出概率越大，企业会采用较小投资规模并加快投资速率；如果绿色补贴退出概率越小，企业投资会带来较高的福利效应。

本书从政府和企业碳决策行为演化博弈出发，围绕碳决策行为从强制性向自主性变化，探讨双方碳决策因素对环境绩效与企业绩效的影响。本书重点从以下三个方面改进：一是根据政府和企业碳决策目标差异，构建环境绩效与企业绩效的双效目标函数，比较分析碳决策因素的作用机理；二是通过碳决策因素对双效目标函数的影响分析，揭示政府与企业碳决策行为的均衡点及相互影响机制；三是从经济学视角分析政府与企业碳决策行为的影响因素，即碳排放权引导效应、碳税规制倒逼效应、绿色创新强化效应和绿色补贴激励效应，并提出对策建议。

4.1.2 碳决策的博弈顺序

"双碳"目标下，基于碳排放权的碳配额分配机制，形成"双端"市场，即政府主导碳配额初次分配市场（一级市场）和企业间碳配额交易市场（二级市场）。以此为基础，本书通过对碳配额定价和利益分配机制研究，分析政府与企业、企业与企业之间的演化博弈过程，阐释其对环境绩效和企业绩效的双效目标函数的影响机理。通过逐一加入碳排放权、碳税、绿色创新及绿色补贴四个决策因素，旨在验证不同决策条件下，政府与企业碳决策行为的目标选择、演化路径及影响差异。

由于政府降碳与企业增效目标差异，导致双方碳决策行为演化博弈，并形成不同的决策顺序，如图 4-1 所示。

（1）根据"双碳"目标任务与降碳节奏，政府考虑环境绩效最大化原则，先拟订碳配额初次分配方案，并颁布碳减排激励与约束办法。

（2）企业感知绿色低碳发展要求，根据自身利润最大化目标要求，决定碳排放量、碳减排量及绿色创新水平。

（3）如果企业出现碳配额不足，应积极寻求市场交易碳配额；而富余的企业，则将剩余碳配额拿到市场上出售，以获取更多利润。

（4）政府对碳减排政策执行情况及企业碳决策行为结果做出评估，对碳排放量超额部分征收适当的碳税，而对碳减排超标部分也应给予一定的补贴，以便优化碳决策行为的激励约束机制。

（5）政府与企业碳决策行为经过多次演化博弈后，双方近似达成一致性的减排降碳目标，从而有助于推动双赢路径选择。

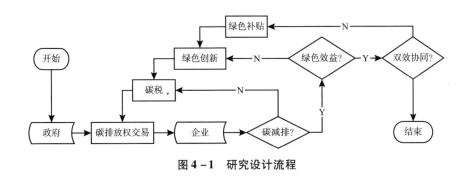

图 4-1 研究设计流程

4.1.3 碳决策的假设条件

以追求最优目标为前提，政府与企业各自做出碳决策行为。为模拟双方演化博弈过程，使理论研究结果尽可能描述现实情况，本书提出假设条件如下。

（1）在碳配额的分配与交易市场中，假设碳配额价格小于单位碳排放所获得的利润，以保证企业在付费使用碳排放权基础上仍有利可图，且限制企业通过出售碳配额获取套利。

（2）政府实际上没有对碳排放权交易量设置补贴，而是给予企业绿色创新一定的补贴。这种补贴有助于提高企业绿色创新水平，降低碳排放量，促使其有更多节余碳配额进行交易。故而，将政府对企业绿色创新的补贴设置为对碳减排量的补贴。

（3）政府期望企业为碳配额支付较多的环境成本，以便于尽量实现减排降碳任务；当给定碳税之后，政府期望企业碳排放量可实现最小化目标要求；同样地，当给定绿色补贴之后，政府期望企业碳减排达到最大化目标要求。根据以上碳决策目标，可构造政府环境绩效目标函数。

（4）在政府低碳规制的影响下，企业一般分化为两种形式，即绿色创新先行者与跟随者。本书采用斯坦科尔伯格博弈（Stackelberg game），比较分析这两种企业应对低碳规制冲击时碳决策行为差异表现，及其对双效目标函数的影响效应。

为模拟政府与企业碳决策行为，将其决策因素参数设置如表4-1所示。

表4-1　　　　　　　　　　　　　参数设置

参数	解释	参数	解释	参数	解释	参数	解释
P_G	碳配额价格	R	单位碳排放量获得的利润	α	碳税对市场的影响	β	补贴对市场的影响
P_{C_i}	碳交易价格	S	单位减排量获得的补贴	μ	创新投资对市场的影响	Π_i	企业利润函数
G_i	碳配额	T	单位排放量缴纳的碳税	I_i	绿色创新投资	E	绿色效率函数
q_i	碳减排量	δ	碳配额分配系数	r	投资产出率的倒数		

表4-1中，i=1，2分别表示企业1和企业2；G_i表示企业i获得的碳配额；q_i表示企业i的碳减排量；$G_i - q_i$表示企业i的实际碳排放量；政府对企业碳排放量征收碳税，对碳减排量进行绿色补贴。

4.2　碳决策行为演化博弈模型

基于上述理论分析，政府与企业应服从碳决策目标最大化原则，前者期望最大限度降碳，而后者致力于最大可能增效，故构建政府环境绩效和企业经营绩效的双效目标函数模型。本书在模型中，依次加入碳排放权、碳税、绿色创新及绿色补贴四个变量，用以刻画政府与企业碳决策行为演化博弈过程，揭示低碳规制工具对双效目标函数的影响效应。具体研究思路有：政府期望企业在付费使用碳排放权基础上提升盈利能力，首先构建碳排放权模型 M_1；其次，加入碳税规制（T）后，有模型 $M_2 = M_1 + T$；再次，推动企业绿色创新（I），形成模型 $M_3 = M_2 + I$；最后，政府对企业绿色创新给予一定的绿色补贴（S），则有模型 $M_4 = M_3 + S$。此外，为了讨论企业异质性造成的可持续性竞争优势差异，将企业分为绿色创新先行者和跟随者两个部门，并利用斯坦克尔伯格博弈模型分析这种低碳竞争战略对碳决策行为的差异化影响。

4.2.1　碳排放权模型

在碳排放权交易市场上，政府与企业均将碳配额视为一般商品，应遵循商品交换的价格需求规律，并通过市场资源配置方式对碳配额分配标准与碳排放决策变量产生影响。故而，可将政府主导的碳配额初次分配市场的价格需求函数设为 $P_G^M = a - bG^M$，$a，b > 0$；同时，将企业组成的碳配额二次交易市场的价格需求函数设为 $P_C^M = c - d(q_1^M + q_2^M)$，$c，d > 0$，则双效目标函数可表示为：

$$\begin{cases} E^{M_1}(G) = P_G^{M_1} G^{M_1} \\ \Pi^{M_1}(q_i) = R(G_i^{M_1} - q_i^{M_1}) + P_C^{M_1} q_i^{M_1} - P_G^{M_1} G_i^{M_1} \end{cases} \quad (4-1)$$

其中，$E(G)$ 表示政府环境绩效目标函数，主要是政府出售碳配额数量 G 与其单位价格 P 之间的乘积。基于碳排放权衍生工具交易市场条件下，政府期望通过碳配额分配方式来获取环境绩效最大化，以达到控制企业碳排放的目的。$\Pi(q)$ 表示企业经营绩效目标函数，主要由三个部分构成，分别为：（1）在生产经营过程中，企业活动必然产生一定的碳排放量，由此制造出产品销售所获得的利润额，用 $R(G_i^{M_1} - q_i^{M_1})$ 表示；（2）在碳配额既定前提下，企业采取措施而实现一定的碳减排量，由此形成碳配额部分节余，并将该部分节余投放到二次交易市场，从而获得的额外收益额，用 $P_C^{M_1} q^{M_1}$ 表示；（3）当企业从事生产经营活动所消耗碳配额不足时，需要从二次交易市场购买部分指标，企业为碳配额指标不足部分而支付的环境成本，用 $P_C^{M_1} G^{M_1}$ 表示。

企业感知到碳排放权交易市场运作情形后，将会做出绿色创新先行者和跟随者两种策略选择，而政府根据碳排放量及价值规模给予两类企业分配不同的碳配额，故而，碳配额总量应等于两类企业所获得碳配额之和，即 $G^{M_i} = G_1^{M_i} + G_2^{M_i}$；同样地，碳减排总量也应当等于两类企业各自碳减排量之和，即 $q^{M_i} = q_1^{M_i} + q_2^{M_i}$。因此，在碳排放权模型 M_1 中，首先由政府决定碳配额总量及分配方式；其次运用斯坦克尔伯格博弈，依次对两类企业碳减排量 $q_i^{M_1}$ 进行优化，可得不同碳决策模型均衡解。

4.2.2 碳税规制模型

在模型中，碳排放权交易机制不是一个完备市场，单纯使用价格机制难以触发企业碳减排内在动力，多数企业往往出于绿色创新性价比较低的缘故而持有观望态度，只有在领头企业率先取得碳减排效果后，才肯采用绿色创新跟随策略，以防止无效的绿色创新投入产生较大机会成本。此时，政府实施碳税（T）强制性措施，通过调增环境成本致使企业盈利能力下降，可迫使其不得不考虑降碳增效问题，从而对企业碳配额与碳排放量决策产生重大影响。在这个过程中，一般存在两种不同的碳配额定价模式：一方面，政府初次分配的碳配额价格相等，即 $P_G^{M_2} = P_G^{M_1}$；另一方面，企业间二次分配碳配额价格有所变化，通常在碳配额供给不变前提下，当政府征收碳税后，需要通过降低二次分配价格来鼓励企业购买碳配额，以调动碳减排策略发生转变。所以，将碳配额二次分配的价格需求函数调整为：$P_C^{M_2} = c - dq^{M_2} - \alpha T^{M_2}$，$\alpha \geq 0$，则双效目标函数可表示为：

$$\begin{cases} E^{M_2}(G, T) = P_G^{M_2} G^{M_2} - T^{M_2}(G^{M_2} - q^{M_2}) \\ \Pi^{M_2}(q_i) = R(G_i^{M_2} - q_i^{M_2}) + P_C^{M_2} q_i^{M_2} - P_G^{M_2} G_i^{M_2} - T^{M_2}(G_i^{M_2} - q_i^{M_2}) \end{cases} \quad (4-2)$$

其中，政府环境绩效目标函数 $E(G)$ 加入新的决策因素，即碳税规制 $T^{M_2}(G^{M_2} - q^{M_2})$，表示政府对企业实际碳排放量超额部分征收的碳税额，由单位碳税率 T 与碳排放量 $G - q$ 的乘积值确定。一般而言，在单位碳税率给定前提下，政府期望企业碳排放量达到最小化目标。

同时，企业经营绩效目标函数 $\Pi(q)$ 中也加入碳税决策因素 $T^{M_2}(G_i^{M_2} - q_i^{M_2})$，表示其因为碳排放量超标部分而缴纳的碳税额，构成企业环境成本并导致其盈利能力下降。这样一来，由于碳税规制因素的加入，政府降碳与企业增效之间的矛盾凸显，表现为征收碳税与企业争夺利益，而实际上正是如此严厉的措施才会触动企业利益，从而使其改变碳排放方式，并走向绿色发展道路。

该模型中，首先由政府决定碳配额的总量及分配方式，以确定整体上企业应当的碳排放水平；其次企业根据碳配额分配指标与碳排放实际情况决定碳减排量，可运用斯坦克尔伯格博弈依次对企业 1 和企业 2 碳减排量 q_i 进行优化；最后，政府对企业碳决策行为及其结果进行有效评估，确定最优的碳税水平及核定是否达到降碳目标，进而可得不同碳决策模型的均衡解。

4.2.3 绿色创新模型

由于政府对碳排放超标部分征收碳税，导致企业环境成本增加而经营绩效下降，迫使其不得不重新考虑碳减排策略。从长期来看，企业有必要选择绿色创新战略。通常来说，在碳配额供给量和碳税不变前提下，提高绿色创新水平 (I)，也能够在一定程度上激发企业二次购买碳配额的意愿，故将碳配额二次分配的价格需求函数设定为：$P_G^{M_3} = P_G^{M_2}$，$P_C^{M_3} = c - dq^{M_3} - \alpha T^{M_3} + \mu I_i^{M_3}$，$\mu \geqslant 0$。则双效目标函数可表示为：

$$\begin{cases} E^{M_3}(G, T) = P_G^{M_3} G^{M_3} - T^{M_3}(G^{M_3} - q^{M_3}) \\ \Pi^{M_3}(q_i, I_i) = R(G_i^{M_3} - q_i^{M_3}) + P_C^{M_3} q_i^{M_3} - P_G^{M_3} G_i^{M_3} \\ \qquad\qquad - T^{M_3}(G_i^{M_3} - q_i^{M_3}) - r(I_i^{M_3})^2 \end{cases} \quad (4-3)$$

其中，政府环境绩效目标 E(G) 相比于模型 M_2 没有发生实质性变化，而是在企业清晰地感知政府碳税规制后，意识到"双碳"目标长期性而非运动式环境保护策略，并深刻领悟绿色发展才是长久之计。此时，将绿色创新（I）加入企业经营绩效目标函数 $\Pi(q)$，则 $\Pi^{M_3}(q_i, I_i)$ 有五个部分构成，其中，$r(I_i^{M_3})^2$ 表示企业因开展绿色创新活动而支付的成本。

从投入产出来看，企业增加绿色创新投资额，必然会导致绿色创新成本上升，但短期内成效不一定显著，也就是绿色创新短期内对获取利润的影响有限。故而，将单位碳排放量获得的利润设置为外生变量（R），同时将绿色创新投资增加的成本设置为二次函数，以表明边际递减规律的特征。

4.2.4 绿色补贴模型

对于企业而言，绿色创新不可能短期见效，持续的高投入低产出很可能产生厌恶感，不利于管理者业绩考评。这就需要政府适当给予企业绿色创新一定的补偿，而且只罚不奖也不符合激励约束机制的要求。因此，在绿色创新模型基础上添加绿色补贴（S）变量，从而探讨其对绿色创新、碳税、碳配额及碳减排量决策的影响。

在其他条件不变的前提下，政府提高绿色补贴水平会使企业购买二次碳配额的意愿降低，这可以通过降低二次分配市场价格方式激发企业二次购买意愿，故而，将碳配额二次分配的价格需求函数设定为：$P_C^{M_4} = c - d(q_1^{M_4} + q_2^{M_4}) - \alpha T^{M_4} + \mu I_i^{M_4} - \beta S$，$\beta \geq 0$，则双效目标函数可表示为：

$$
\begin{cases}
E^{M_4}(G, T, S) = P_C^{M_4} G^{M_4} - T^{M_4}(G^{M_4} - q^{M_4}) + Sq^{M_4} \\
\Pi^{M_4}(q_i, I_i) = R(G_i^{M_4} - q_i^{M_4}) + P_C^{M_4} q_i^{M_4} - P_C^{M_4} G_i^{M_4} \qquad (4-4) \\
\qquad\qquad - T^{M_4}(G_i^{M_4} - q_i^{M_4}) - r(I_i^{M_4})2 + Sq_i^{M_4}
\end{cases}
$$

其中，政府环境绩效目标 E(G) 加入绿色补贴 Sq^{M_4} 变量，表示政府对企业因绿色创新所产生的碳减排量给予一定的补贴。在单位碳减排补贴给定前提下，政府期望企业碳减排量能够实现环境绩效最大化目标。同样地，在企业经营绩效目标函数 $\Pi(q)$ 中增加绿色补贴 $Sq_i^{M_4}$ 变量，表示企业实施绿色创新所产生的碳减排量会获得政府补贴，以补偿绿色创新成本并激励更大的碳减排量。

4.3　碳决策行为的均衡分析

4.3.1　双效目标函数的均衡解

基于上述四个模型中碳决策顺序，首先，政府决定碳配额、碳税及绿色补贴的强度与节奏；其次，企业根据政府给出的低碳规制政策，并感知当前碳减排形势，做出碳排放量、碳减排量和绿色创新水平的策略选择；企业与企业之间选择不同的策略导致碳决策行为呈现差异，再由政府根据这种差异结果进行评价，最终确定碳减排激励约束措施。

针对政府与企业各自碳决策因素、顺序及行为，可利用斯坦科尔伯格博弈对双效目标函数进行均衡求解。令碳决策因素一阶导数为零，可确定政府环境绩效和企业经营绩效目标函数的最优值，进而求得均衡解，如表 4 – 2 所示。

表 4 – 2　　　　　　　　　　　　模型的均衡解

模型	政府碳决策因素的均衡解	企业碳决策因素的均衡解
M_1	$G^{M_1} = \dfrac{a}{2b}$，$G_1^{M_1} = \dfrac{\delta a}{2b}$，$G_2^{M_1} = \dfrac{(1-\delta)a}{2b}$	$q_1^{M_1} = \dfrac{R-c}{2d}$，$q_2^{M_1} = \dfrac{R-c}{4d}$
M_2	$G^{M_2} = \dfrac{a-T^{M_2}}{2b}$，$G_1^{M_2} = \dfrac{\delta(a-T^{M_2})}{2b}$， $G_2^{M_2} = \dfrac{(1-\delta)(a-T^{M_2})}{2b}$，$T^{M_2} = \dfrac{2ad+3b(R-c)}{6b(1-\alpha)+2d}$	$q_1^{M_2} = \dfrac{A^{M_2}}{2d}$，$q_2^{M_2} = \dfrac{A^{M_2}}{4d}$

模型	政府碳决策因素的均衡解	企业碳决策因素的均衡解
M_3	$G^{M_3} = \dfrac{a - T^{M_3}}{2b}$, $G_1^{M_3} = \dfrac{\delta(a - T^{M_3})}{2b}$, $G_2^{M_3} = \dfrac{(1 - \delta)(a - T^{M_3})}{2b}$, $T^{M_3} = \dfrac{4ad + bD(R - c)}{8d(1 - b) + 2bD(1 - \alpha)}$	$q_1^{M_3} = \dfrac{A^{M_3} + 2\mu I_1^{M_3} - \mu I_2^{M_3}}{2d}$, $q_2^{M_3} = \dfrac{A^{M_3} + \mu I_2^{M_3}}{2d} - \dfrac{q_1^{M_3}}{2}$, $I_1^{M_3} = \dfrac{\mu A^{M_3}(2 - B)^2}{16dr - 2\mu^2(2 - B)^2}$, $I_2^{M_3} = B\left(I_1^{M_3} - \dfrac{A^{M_3}}{2\mu}\right)$
M_4	$G^{M_4} = \dfrac{a - T^{M_4}}{2b}$, $G_1^{M_4} = \dfrac{\delta(a - T^{M_4})}{2b}$, $G_2^{M_4} = \dfrac{(1 - \delta)(a - T^{M_4})}{2b}$, $S = \dfrac{R - c - (2 - \alpha - \beta)T^{M_4}}{2(1 - \beta)}$, $T^{M_4} = \dfrac{8ad(1 - \beta) + bD(\alpha - \beta)(R - c)}{2(1 - \beta)(8d(1 - b) + 2bD(1 - \alpha)) - bD(2 - \alpha - \beta)^2}$	$q_1^{M_4} = \dfrac{A^{M_4} + (1 - \beta)S + 2\mu I_1^{M_4} - \mu I_2^{M_4}}{2d}$, $q_2^{M_4} = \dfrac{A^{M_4} + (1 - \beta)S + \mu I_2^{M_4}}{2d} - \dfrac{q_1^{M_4}}{2}$, $I_1^{M_4} = \dfrac{\mu(A^{M_4} + (1 - \beta)S)(2 - B)^2}{16dr - 2\mu^2(2 - B)^2}$, $I_2^{M_4} = B\left(I_1^{M_4} - \dfrac{A^{M_4} + (1 - \beta)S}{2\mu}\right)$

注：$A^{M_i} = (1 - \alpha)T^{M_i} - (R - c)$，$B = \dfrac{6\mu^2}{16dr - 9\mu^2}$，$C = \dfrac{\mu(2 - B)^2}{16dr - 2\mu^2(2 - B)^2}$，$D = 6 - B + 2\mu C(2 + B)$。

（1）在模型 M_1 和模型 M_2 中，$G^{M_1} > G^{M_2}$，$q_i^{M_1} < q_i^{M_2}$，表明在碳税规制 T 的惩罚作用下，促使企业碳配额呈现下降趋势，有助于增加碳减排量。

（2）在模型 M_2、模型 M_3 和模型 M_4 中，碳税 T、碳配额 G 均与绿色补贴 S 呈反向变动关系，说明增加绿色补贴刺激企业开展绿色创新意愿，可减少碳税和碳配额数量，进而促进企业碳减排量增加。

（3）也就是说，随着碳税 T、绿色创新水平 I 和绿色补贴 S 的规制强度变大，企业碳减排量呈现增加趋势，表明这条低碳规制路径的有效性。

（4）在模型 M_4 中，企业绿色创新水平与绿色补贴之间呈同向变动关系，表明政府对企业绿色创新成果给予一定的补贴，可扭转企业因绿色创新活动造成的成本上升问题，避免道德风险发生。

4.3.2　碳决策目标函数的均衡点

针对政府与企业碳决策行为演化博弈问题，在双效目标函数模型中逐一加入四个决策因素，可获得唯一均衡解。为直观展示碳税、绿色创新和绿色补贴对双方碳决策行为的影响，采用赋值法探讨双效目标函数的决策因素、制约关系及影响路径。

在碳排放权模型 M_1 中，碳配额两个市场主要涉及四个参数，分别取值为：$a = 18$，$b = 1.5$，$c = 22$，$d = 1.2$；将碳配额初次分配系数取值为：$\delta = 0.6$；在企业生产过程中，将单位碳排放量获得的利润取值为：$R = 24$。在碳税规制模型（M_2）中，引入碳税（T），将碳税对碳配额二次交易市场的影响取值为：$\alpha = 0.2$。在绿色创新模型（M_3）中，引入绿色创新水平（I），将创新投资对碳配额二次分配市场的影响取值为：$\mu = 0.4$，并将绿色投资产出率的倒数取值为：$r = 2.5$。在绿色补贴模型（M_4）中，引入政府绿色补贴（S），将补贴对碳配额二次分配市场的影响取值为：$\beta = 1.2$。

将以上参数值代入表 4 - 2，可得政府和企业碳决策因素的均衡点。进而，运用斯坦柯尔伯格模型方法可得双效目标函数的最优值，如表 4 - 3 所示。

表 4 - 3　　　　　　　　　　碳决策的均衡点

项目	碳排放权模型 M_1	碳税规制模型 M_2	绿色创新模型 M_3	绿色补贴模型 M_4
碳配额（G^{M_i}）	6.00	4.19	2.43	3.55
碳税（T^{M_i}）	—	5.40	10.70	7.34
绿色补贴（I^{M_i}）	—	—	—	6.00
企业 1 碳减排量（$q_1^{M_i}$）	-0.83	0.98	2.78	1.13
企业 2 碳减排量（$q_2^{M_i}$）	-0.42	0.49	1.37	0.56
企业 1 绿色创新水平（$I_1^{M_i}$）	—	—	0.23	0.09
企业 2 绿色创新水平（$I_2^{M_i}$）	—	—	0.16	0.07
政府环境绩效（E^{M_i}）	54.00	34.00	53.28	41.49
企业 1 绩效（$\Pi_1^{M_i}$）	54.42	17.77	2.98	9.26
企业 2 绩效（$\Pi_2^{M_i}$）	36.21	11.75	1.16	6.04

从表 4 - 3 可知，各决策因素的均衡点和双效目标函数呈波动性变化。

（1）比较模型 M_2 与模型 M_1 可知，政府采用碳税规制有效降低了企业碳配额和碳排放量。这说明，在碳税惩罚措施作用下，企业消耗碳配额与生产碳排放更谨慎，致使经营绩效大幅下滑；同时，政府环境绩效也受到一定程度影响，呈下降趋势。因此，政府不能单纯地通过对企业碳排放量征收碳税来提高环境绩效，这可能会带给企业绩效下降而环境绩效又不能提升的结果；碳税政策，实际上是在增加环境成本的基础上刺激企业碳减排，引导其开展绿色创新活动，使其被迫实施减排降碳措施。所以，政府征收碳税是企业碳减排的前提条件。

（2）比较模型 M_3 与模型 M_2 可知，企业绿色创新不仅能降低碳排放，而且能促使环境绩效大为提高。但同时，绿色创新会带来环境成本上升，在一定程度上削弱企业盈利能力，使其经济韧性有所损失。可见，政府试图通过增加环境成本来削弱企业绩效，进而刺激企业绿色创新意愿，无法满足企业绩效与环境绩效协调增长条件，尚不具备可持续性发展要求，还需要政府给予企业绿色创新一定的补贴或奖励，以鼓励企业持续开展绿色创新活动，弥补短期内支付的绿色创新成本。

（3）比较模型 M_4 与模型 M_3 可知，政府对企业绿色创新给予适当的绿色补贴，可提高碳配额利用效率，并有效降低碳税负向效应和增加碳减排量。这说明，在碳减排激励约束机制作用下，企业逐渐恢复碳配额消费与生产内生动力，在碳减排基础上推动企业绩效提升，即实现企业绩效与环境绩效协调增长。

（4）从模型 M_1 到模型 M_4 演化博弈过程来看，每增加一个碳决策因素，都会影响双效目标函数均衡点的大小发生变化，这说明碳税、绿色创新及绿色补贴的作用会使均衡点发生位移，甚至改变双效目标函数的方向性和凹凸性。

4.3.3　双效目标函数的影响路径

4.3.3.1　碳决策因素的传导路径

在模型中，分别选取合适的碳决策因素作为变量，分析不同的碳决策变量对双效目标函数的影响，考察碳决策因素影响效应的传导路径。

从表 4 - 2 可知，模型 M_1 的均衡解最终由碳配额 G^{M_1} 和碳减排量 $q_1^{M_1}$ 唯一确定，故分别将这两个变量作为碳决策因素影响效应传导路径的起点；同理，模型 M_2、模型 M_3 和模型 M_4 的均衡解由碳税 T^{M_i} 唯一确定，故将碳税作为碳决策因素影响效应传导路径的起点。同时，考虑到四个决策因素的前后一致性，且碳减排量 $q_1^{M_i} + q_2^{M_i}$ 又由碳税唯一确定，故将碳减排量作为自变量，用于揭示企业碳减排行为对双效目标函数的影响差异。不同模型决策因素影响效应传导路径如表 4 - 4 所示。

表 4 - 4　　　　　　　　　　碳决策因素的传导路径

模型	碳税规制 T	绿色补贴 S	碳配额 G	绿色创新 I		碳减排量 q		碳价格 P	双效目标函数
M_1			$G^{M_1}\to$					$P_G^{M_1}\to$	E_1
						$q_1^{M_1}\to$	$q_2^{M_1}\to$	$P_C^{M_1}\to$	$\Pi_1^{M_1}$、$\Pi_2^{M_1}$
M_2	$T^{M_2}\to$		$G^{M_2}\to$					$P_G^{M_2}\to$	E_2
						$q_1^{M_2}\to$	$q_2^{M_2}\to$	$P_C^{M_2}\to$	$\Pi_1^{M_2}$、$\Pi_2^{M_2}$
M_3	$T^{M_3}\to$		$G^{M_3}\to$					$P_G^{M_3}\to$	E_3
				$I_1^{M_3}\to$	$I_2^{M_3}\to$	$q_1^{M_3}\to$	$q_2^{M_3}\to$	$P_C^{M_3}\to$	$\Pi_1^{M_3}$、$\Pi_2^{M_3}$
M_4	$T^{M_4}\to$		$G^{M_4}\to$					$P_G^{M_4}\to$	E_4
		$S\to$		$I_1^{M_4}\to$	$I_2^{M_4}\to$	$q_1^{M_4}\to$	$q_2^{M_4}\to$	$P_C^{M_4}\to$	$\Pi_1^{M_4}$、$\Pi_2^{M_4}$

4.3.3.2　企业碳减排的影响路径

从表 4 - 3 可知，碳配额 $G^{M_1} = 6.00$，碳减排量 $q_1^{M_1} = -0.83$，碳税 $T^{M_2} = 5.4$、$T^{M_3} = 10.70$、$T^{M_4} = 7.34$。然后，在碳决策因素起点的均衡点

附近，分别取值：碳配额 $G^{M_1} \in [0, 10]$，碳减排量 $q_1^{M_1} \in [-5, 5]$，碳税 $T^{M_2} \in [0, 10]$、$T^{M_3} \in [0, 15]$、$T^{M_4} \in [0, 20]$，作为绘制双效目标函数的起点；同时，将碳减排量均衡点与碳决策因素起点所限定的碳减排量相匹配，也就是模型 M_1 至模型 M_4 中取值范围满足以下条件：$q_1^{M_1} + q_2^{M_1} = -1.25 \in [-4, 2]$，$q_1^{M_2} + q_2^{M_2} = 1.47 \in [-2, 6]$，$q_1^{M_3} + q_2^{M_3} = 4.15 \in [1, 10]$，$q_1^{M_4} + q_2^{M_4} = 1.69 \in [1, 6]$。由此可得，碳减排量对双效目标函数的影响变化曲线，如图 4-2 所示。

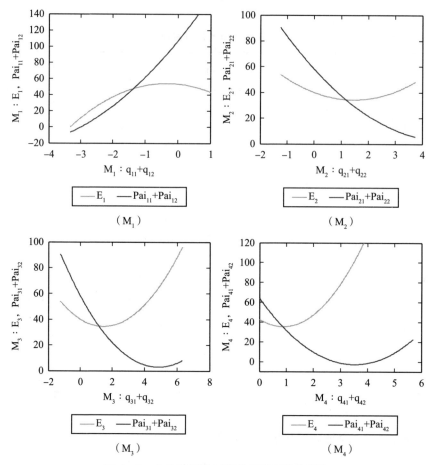

图 4-2 企业碳减排对双效目标函数的影响

图 4-2 报告了政府环境绩效和企业经营绩效随碳减排量增加而发生变化的趋势。对不同模型比较研究发现：（1）模型 M_1 中，在市场价格调节机制作用下，企业通常不会主动减排，其碳减排量呈现负值。也就是说，企业需要从碳配额交易市场购买一定的碳排放权，进行正常生产活动。这说明，当企业购买碳排放权的数量减少，使超额碳排放量越来越少时，环境绩效与企业绩效可实现同步增长。（2）模型 M_2 中，企业迫于碳税规制的强制性惩罚而实施碳减排措施。随着企业碳减排量增大，政府环境绩效呈正"U"型变化，即先减后增趋势。实践中，有些地方政府通过"限、减、停"方式追求短期行政绩效，可改善环境质量。但长期来看，这对企业绩效的影响也很明显，不利于长久发展。（3）模型 M_3 中，绿色创新给企业带来新的生机，加速环境绩效的提升。此时，企业处于漫长的绿色创新投入期，经营绩效受到较大影响；当企业度过漫长的"寒冬"，可实现绩效韧性"触底反弹"。（4）模型 M_4 与模型 M_3 相比，政府绿色补贴使双效目标函数"拐点"左移，且在同样碳减排量条件下，促使环境绩效和企业绩效水平都得到提升，实现双效目标函数协调增长。

综上所述，随着碳减排量不断增大，环境绩效和企业绩效呈先上升后下降再上升的波动性变化趋势。

4.3.3.3 企业异质性的影响差异

为揭示企业异质性对双效目标函数的影响，取碳减排量作为自变量，同时将企业绩效作为因变量，绘制曲线如图 4-3 所示。（1）在碳排放权模型（M_1）基础上，增加碳税促使企业绩效下降；而且，在相同碳减排水平上，碳税对企业 2 经营绩效的影响较大。（2）绿色创新使企业绩效出现"拐点"，并呈现绩效韧性反弹趋势。（3）绿色补贴激励效促使企业绩效得"拐点"向左移动，而且在相同碳减排水平上，企业 1 和企业 2 的经营绩效均有所提升。

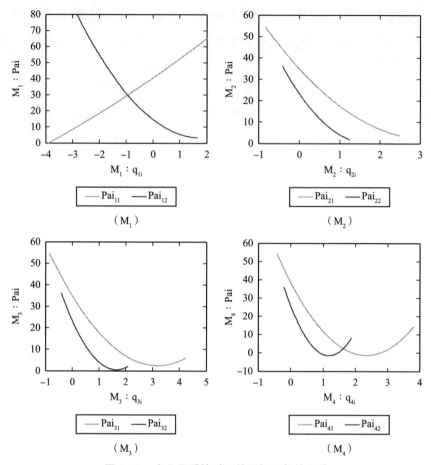

图 4 - 3　企业异质性对双效目标函数的影响

4.3.4　碳决策行为的经济学分析

随着碳减排量增加，政府环境绩效与企业经营绩效目标函数分别表现出不同的变化。通过政府与企业、企业与企业之间的碳决策行为优化，必然存双效目标函数曲线的交点，即为双方碳决策行为的均衡点。该点的经济学逻辑是用来表征双效目标函数"拐点"，意味着均衡点前后曲线增长趋势发生转变，故而，模拟并绘制双效目标函数随碳减排量变化的曲线图，如图 4 - 4 所示。

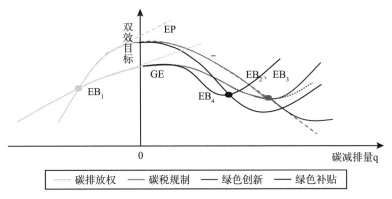

图 4 - 4　碳决策的经济学分析

图 4 - 4 中，GE 指政府环境绩效（green efficiency，GE）曲线，EP 指企业绩效（enterprise performance，EP）曲线。可知，双效目标函数相交于三个均衡点（equilibrium），分别为：EB_1、EB_2 和 EB_4。也就是说，环境绩效、企业绩效与碳减排量之间的关系既不是单一的正相关，也不是负相关，而是综合了"U"型和倒"U"型的曲线特性，表现为倒"S"型变化趋势，即具有显著的阶段性特征。因此，在碳排放权交易机制基础上，分别验证碳税规制、绿色创新及绿色补贴三个决策对双效目标函数两条倒"S"型曲线的差异化影响。进而，可得以下四种影响效应。

4.3.4.1　碳排放权引导效应

基于碳排放权交易市场，以碳配额价格为核心的资源配置方式中，企业碳减排均衡点 EB_1 为负值，这表明企业处于碳排放超额阶段，没有完全扭转传统高碳排生产方式。随着碳排放权二次交易市场价格调节作用显现，企业碳排放量超额部分也逐渐缩小，促使双效目标函数曲线得以提升，并表现出边际效应递减趋势。

4.3.4.2　碳税规制驱动效应

政府实施碳税规制后，企业碳减排均衡点 EB_2 由负值变为正值，意味着真正的碳减排即将到来。然而，我们注意到环境绩效并没有显著提升，究其原因主要在于政府实施碳减排政策，虽然使企业采取降碳措施以改善原有生产方式，但较多使用"减、限、停"方式，短期内或有效降低碳排放量，同时也会影响企业绩效，造成经济韧性损失。也就是说，通过征收碳税方式刺激其为企业环境成本降低，从而促使其碳减排量足够大时，将有助于环境绩效的提升。但此时，企业实际上面临生存发展与绿色创新两难选择，要生存发展就要付出更多交易成本，要绿色创新同样付出更多环境成本，这种方式对于双方都无法实现帕累托最优。

4.3.4.3　绿色创新补偿效应

加入企业绿色创新行为，可改变双效目标函数曲线增长趋势，使其朝着期望降碳方向发展。当企业碳减排量越过均衡点 EB_3 后，绿色创新不仅有助于强化环境绩效提升速度，而且还有利于减缓企业绩效下降速度，使其出现碳减排"拐点"。然而，令企业意想不到的是绿色创新成本上升也拉开企业绩效与环境绩效之间的差距，造成较为严重的绩效偏差。也就是说，虽然绿色创新有助于促进环境绩效提升，可是以损耗企业绩效为代价，无法保障双效目标函数协调增长。企业与政府碳决策行为演化博弈过程中，若长时间看不到经营绩效增长势头，或者说找不到"拐点"，是否还会继续绿色创新，如此漫长的时间且巨大的机会成本，哪怕已至"拐点"前，也很容易让企业失去信心。这应该是政府亟须重点思考的绿色创新战略有效性问题。

4.3.4.4　绿色补贴激励效应

根据波特假说，环境规制对企业绩效的影响存在两个阶段，即"遵循成本"和"创新补偿"。但同时，要看到这两个阶段对于企业获取竞争优势的作用是不同的：一方面，从长期来看，绿色创新会带给企业远期可持续竞争优势，在曲折道路上预期收益较大，但不确定这种"硕果"何时才能到来；另一方面，绿色创新投入所带来的成本增加，短期内也会削减企业绩效，显而易见的是企业可能入不敷出，反而影响即期可持续竞争优势。加入政府绿色补贴后，它的激励作用使企业碳减排均衡点 EB_3 向左移动，显著缩短"遵循成本"的时间，使企业提前获得"创新补偿"的结果。也就是说，当企业碳减排量跨过均衡点 EB_4 后，可实现环境绩效和企

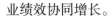

业绩效协同增长。

综上所述，比较四种不同的碳决策因素来看，企业碳减排始于低碳规制引导效应，见效于倒逼效应的强制作用，并在企业绿色创新阶段得到进一步强化，而最终在绿色补贴激励效应下，企业重新获得可持续竞争优势。因此，绿色创新可以真正打破政府与企业演化博弈环境，使双方都获得绩效突破。

4.4 本 章 小 结

"双碳"目标下，化解政府降碳与企业增效的矛盾是当前企业绿色复苏中战略研究的焦点。对于低碳规制政策影响企业盈利能力的讨论，以往研究更多侧重于低碳规制政策的有效性分析，本书从低碳规制工具的协同性出发，探讨双效目标发展路径。在政府环境绩效与企业经营绩效双效目标函数的研究基础上，通过依次加入碳排放权、碳税规制、绿色创新及绿色补贴四个决策因素，构建了一个含有激励因素与约束因素的低碳双效目标函数模型。进而，本书采用斯坦克尔伯格演化博弈方法分析政府与企业双方低碳决策行为，根据双方目标函数求解动态均衡，分别揭示碳排放权、碳税规制、绿色创新及绿色补贴对绿色创新绩效的四种效应，验证碳减排与双效目标函数之间的关系。

研究发现，在碳排放权交易市场中，企业不愿意主动减排；由碳税调控环境成本，可迫使企业采取碳减排措施，但它是必要而非充分条件，并不能直接推动企业绿色创新以实现碳减排目标。因此，增强企业自主绿色创新意愿，激发内部减排动力机制，才是降碳协同增效的根本途径。制约企业绿色创新的关键在于持续投入所带来的创新成本上升，故有必要由政府给予一定的绿色补贴，以补偿企业绩效韧性能力，从而满足环境绩效与企业绩效协调增长要求。比较这四个决策因素对双效目标函数的影响，发现碳排放权可作为"双碳"目标的底层架构，以激发企业自主绿色创新意愿为出发点，发挥碳税与绿色补贴呼应作用，从而构建有效的碳减排激励约束机制。

围绕低碳规制激励企业绿色创新并促进碳减排活动，本书提出以下三点对策：一是充分利用碳税与绿色补贴等低碳规制财政工具的强制性和激励性，实现两者合理搭配使用，使其能够真正激发企业绿色创新意愿，有序引导碳减排动力机制从政府强制性向企业自主性转变；二是持续完善碳排放权交易的价格机制，适当干预碳配额首次分配市场和二次分配市场的供求规律，宜实行碳配额最低价格限制，以控制企业对初始配额的需求，同时鼓励企业积极参与对节约配额的二次交易；三是考虑实施阶梯碳税和阶梯补贴试点政策，增加企业对节能减排的敏感性，以更有效刺激企业绿色创新，使企业增强应对压力的恢复能力，通过完善企业绿色创新补偿机制，走向降碳增效的可持续性协同发展之路。

第5章 低碳规制对绿色创新绩效的影响效应

企业韧性能力是内外因素相互作用下的抵抗力，体现了政府与企业之间碳决策行为的演化博弈过程。本章在阐述双方碳决策目标差异的基础上，探讨了韧性视角下低碳规制对企业绿色创新绩效的影响效应。然后，构造兼有绿色效率与企业效益的绿色创新绩效目标函数，运用演化博弈方法对三种影响效应进行比较分析，研究了绿色创新绩效的创新协同目标、低碳路径选择及韧性拐点位置。

5.1 绿色创新绩效的影响因素

5.1.1 碳决策的目标差异

在低碳规制与企业韧性能力相互作用下，企业实施绿色创新战略促成绿色创新绩效最大化，以达到减碳增效目标，这体现了政府与企业之间碳决策行为的演化博弈过程。在完全理性假设条件下，政府与企业均考虑自身利益最大化，也就是说，政府追求环境绩效的绿色效率最大化目标，企业追求经济绩效的经营效益最大化目标，双方目标存在一定差别或者矛盾。在实际碳决策过程中，双方遵循有限理性假设条件，主要表现在以下两个方面：一方面，政府碳决策行为决定了绿色效率对碳排放的要求，而且也对企业碳决策行为产生影响；另一方面，企业碳决策行为也要从碳减排前提下考虑利润最大化目标，并间接对政府碳决策目标产生影响。因此，在理论上，双方碳决策目标不一致性和碳决策行为关联性决定了碳决策行为的结果，并且在演化博弈过程中双方逐渐从混沌状态达成一种相对均衡状态。

在政府与企业之间碳决策行为的演化博弈过程中，低碳规制以环境成本为调控方向，迫使企业采取碳减排措施，实质上体现了政府追求减碳控排目标，并不排斥企业获取更多利润，期望环境绩效与经济绩效兼而有之。所以，为实现绿色创新绩效提升，既要考虑政府绿色效率目标，也要考虑企业经营效益目标，而且，双方利益契合点就在于促进绿色全要素生产率协调增长，进而实现企业减碳增效并恢复韧性的目标。这样一来，政府与企业之间碳决策目标差异，就体现在不同碳决策模式上呈现出异同结果，集中表现为不同的低碳规制工具对绿色创新、碳排放、碳减排及企业效益的差异化影响上。本书重点探讨了低碳规制、绿色创新和碳市场化三种决策模式下碳决策的目标差异，如表 5 – 1 所示。

表 5 – 1 　　　　　　　　政府与企业之间碳决策的目标差异

决策行为	低碳规制		绿色创新	碳市场化
政府目标	对碳排放加征碳税，促使企业碳排放最小化	对碳减排予以适度碳补贴，鼓励企业碳减排最大化	对企业绿色创新成果予以适度补贴，鼓励企业开展绿色创新活动	对企业碳配额增加支付环境成本，迫使其加大碳减排
企业目标	降低碳排放所缴纳的碳税	增加碳减排获取的碳补贴	增加绿色创新获得的碳补贴	降低自身为碳配额支付环境成本

在数理模型构建中，假定以碳配额作为减碳控排对象，政府碳决策目标是希望通过企业为碳配额支付环境成本，在给定碳税前提下达到碳排放最小化及在给定碳补贴前提下实现碳减排最大化。由于模型中无法使用利润函数或成本函数对政府决策目标进行简单解释，需要从促进碳减排的视角来模拟政府绿色效率目标函数，因此，将碳配额、碳排放和碳减排的复

合函数作为衡量政府绿色效率目标函数的替代方案。同时，对企业而言，在本质上仍期望利润最大化目标，希望在减碳前提下继续维持绩效增加的结果，而不期望因减碳导致企业利润过度下降甚至出现亏损，故而，通过利润最大化来构建企业经营效益目标函数。也就是说，绿色创新绩效目标函数包含政府绿色效率目标函数和企业经营效益目标函数两个部分。

5.1.2　碳决策的影响效应

根据前面分析，低碳规制以碳配额为主线、环境成本为调控方向，通过作用于企业绿色创新，然后形成政府主导碳配额市场和企业主导碳减排市场，这一模型主要考虑低碳规制、绿色创新及碳市场化三种影响因素。由于政府与企业之间碳决策目标差异，使低碳规制对绿色创新绩效的影响，在这三种不同决策模型下呈现差异化影响效应。

5.1.2.1　低碳规制驱动效应

低碳规制从激励和约束两个方面对企业绿色创新绩效发挥驱动作用。一方面，政府采用奖励方式，对实施绿色创新企业超额碳减排量给予一定补贴，使企业可以得到额外收益，运用利益诱导方式，促使企业实施绿色创新活动，利用技术升级、工艺改造、设备更新、流程再造等变革，促进资源利用效率提升，进而达到碳减排目的。例如，王旭和王非（2019）的实证结果显示，在适度的薪酬激励条件下，政府补贴对绿色创新具有最优驱动作用；范丹丹和徐琪（2018）研究了制造商和零售商不同主导模式，认为政府补贴策略与企业减排决策存在差异性结果。另一方面，政府采用惩罚方式，制定碳排放标准，并对企业超出标准的碳排放量征收碳税。如果企业从事生产活动所产生碳排放量超出了标准，应向政府缴纳一定的碳税，导致企业环境成本上升。当这种环境成本超出了企业为此获得的利润，企业就可能采取关停高碳业务缩减开支，或者通过提高减碳效率来降低单位产量支付的环境成本。张汉江等（2015）发现，在碳减排研发投入上，供应商与制造商之间是一种合作与竞争的关系，通过实施碳税政策，不仅有助于增加研发投入，也有利于碳减排；熊中楷等（2014）分析了两种渠道结构下碳税和消费者环保意识对制造商单位碳排放量和供应链成员利润的影响。另外，朱建峰等（2015）发现，政府奖惩政策均能有效激励绿色技术创新，进而通过绿色技术创新促进环境绩效提升，但政府奖惩政策对经济绩效的影响效果存在一定差异。曹斌斌等（2018）表明，在不同销售渠道模式下，政府价格补贴、一次性补贴和碳税等政策对低碳减排决策也有差异性影响。朱庆华等（2014）研究了政府与企业之间减碳的静态博弈问题，运用双方成本收益矩阵设置，分析了政府惩罚和补偿对系统稳定性的影响。由此可见，低碳规制对绿色创新绩效的驱动效应主要体现为，采用异质性低碳规制工具将会产生差异化影响，并通过作用于绿色创新水平提升，间接使其呈现阶段性变化趋势。

5.1.2.2 绿色创新补偿效应

绿色技术创新作为企业自主减排措施，不仅可以促进节能减排，而且对企业绩效产生一定的影响。张李浩等（2017）表明，绿色技术创新对两级供应链成员的订货量、收益及契约参数有着重要影响，产生最优碳减排率；而且，增加碳税可以降低碳减排率，同时促使单位碳排放量呈下降趋势。解学梅等（2019）实证结果显示，绿色技术创新可以显著促进企业财务绩效的提升。李卫红和白杨（2018）通过构建双寡头博弈模型，发现环境规制强度对企业研发（R&D）投入水平产生影响，在政府补贴政策激励下，利用绿色技术创新可以促使企业增加经济绩效，在一定程度上补偿了环境成本。李维安等（2019）实证结果显示，企业绿色治理水平越高，越有助于降低风险承担水平和融资约束条件，也有利于获得更高的企业成长能力和长期价值。因此，在低碳规制作用下，企业采取绿色创新方式，推动绿色技术、工艺、设备转型升级，促使绿色全要素生产率提升，进而实现企业效益与绿色效率协同发展，也就是绿色创新补偿效应。

5.1.2.3 碳市场化调节效应

碳市场化对企业利润与碳减排的影响研究中，唐文之等（2019）比较了碳价市场化和碳交易对企业利润的影响，在严格限制碳配额条件下，考虑了企业出售多余碳配额可以获取收益；将配额以内的碳交易设置为利润增函数，将超过配额的碳交易设置为利润减函数。张济建等（2019）研究了阶梯式碳税和碳交易对企业减排决策的影响，建立了企业经济效益最大化函数，比较分析了碳税和碳交易之间的替代效应。石敏俊等（2013）设计了单一碳税、单一碳排放交易以及碳税与碳交易相结合的复合政策等不同情景，模拟分析了不同政策的减排效果、经济影响与减排成本。宋之杰和孙其龙（2012）考虑研发补贴和污染排放补贴，建立了企业利润最大化模型。还有，夏良杰等（2018）从供应链角度研究信息共享对碳减排及利润的影响。另外，碳市场化也作用于企业绿色创新水平，对绿色创新绩效产生调节影响，徐等（Xu et al.，2016）在碳配额和碳交易背景下，研究了制造商绿色创新对供应链协调的影响；齐绍洲等（2018）发现，碳排放权交易试点政策能诱发企业采取绿色创新措施，从而使试点地区污染行业绿色创新水平有所提升。

在市场价格机制作用下，政府通过设定碳配额发行量，限定初次分配的碳配额价格，促使企业为生产经营活动支付碳配额的环境成本，从而构建了由政府主导初次分配的碳配额市场。企业不仅要考虑消费者需求，而且还要根据碳配额数量开展生产经营活动，在碳配额不足情况下，首先要被迫关停碳排放超标业务，或者利用市场化手段从其他多余碳配额企业手中购买部分碳配额；其次若有剩余的部分碳配额，也会流转到碳配额市场上参与交易活动，进而根据企业碳减排与碳配额的要求，在企业间进行碳配额的二次分配，也就是形成了企业主导二次分配碳减排市场；最后逐渐在政府与企业碳决策行为的演化博弈中，形成政府初次碳配额分配与企业二次碳配额分配的市场价格机制，发挥了碳市场化调节作用。

5.1.2.4　博弈模型研究

以往研究成果，还通过政府与企业间碳决策博弈构建数理模型，分析了低碳规制对绿色创新绩效的影响。例如，张盼和熊中楷（2018）研究了政府和两个厂商间两阶段博弈，将碳交易和碳补贴作为减碳策略，建立了政府利润最大化模型，以及由企业利润和碳排放构成的社会福利最大化模型；李媛等（2013）研究考虑了产品低碳度、消费者低碳偏好、碳税税率等因素，构建了政府和企业之间的三阶段博弈模型；蔡乌赶和李广培（2018）也通过设置三阶段博弈模型，建立了利润最大化函数和福利最大化函数，对比了不同生态过程创新研发策略下企业最优创新水平、产量及政府最优碳排放基准之间的关系；骆瑞玲等（2014）设置了碳配额价格需求函数，研究了供应链碳减排技术投资对供应链成员协同决策的博弈模型。本书借鉴前人的数理建模思想，利用演化博弈方法分析政府与企业间碳决策目标差异所导致碳决策行为变化，用于比较低碳规制驱动效应、绿色创新补偿效应和碳市场化调节效应，进而分析企业韧性的内在本质（见图5－1）。

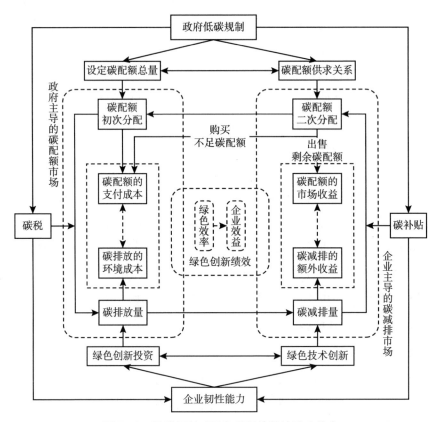

图5－1 低碳规制对绿色创新绩效的影响效应

5.1.3 碳决策的假定条件

为了使理论研究结果尽可能接近现实情境，设定相关假设如下。

（1）在碳配额初次分配中，政府发售初始碳配额均等，以便在相同原始碳配额基础上，对企业异质性造成的决策结果进行比较分析。

（2）在碳配额二次分配中，碳市场价格应小于单位碳排放量获得收益，以此限制企业通过直接出售碳配额方式来攫取利润。

（3）随着碳配额交易市场逐步完善，碳市场价格取决于企业间供求关系，假定碳配额需求函数满足一般商品供求规律，也就是碳价格与需求量满足线性负相关关系。

（4）由于政府在实践上暂未对碳配额交易量设置补贴，而是对企业绿色技术创新设置了补贴，故而在理论上将这种补贴设定为对碳减排量的补贴。

（5）在考虑碳补贴后，为鼓励碳配额市场交易来控制碳排放量，将单位碳配额交易量所获得补贴设定为小于单位碳排放量获得利润。

综上所述，为解决企业碳减排负外部性问题，基于企业韧性能力的低碳规制对绿色创新绩效的影响因素主要表现在三个方面：首先，政府实施低碳规制对企业改进绿色创新绩效起着驱动作用；其次，为补偿企业因环境成本导致自身韧性损失问题，关键要激发企业自主绿色创新减碳意愿；最后，由政府主导初次分配碳配额市场和企业主导二次分配碳减排市场中，碳市场化对绿色创新绩效起着调节作用。因此，本书基于演化博弈视角研究了低碳规制、绿色创新和碳市场化三种决策模式对碳决策行为的影响，用以刻画低碳规制影响下绿色效率和企业效益的异质性，并通过有限理性决策模型推导出相对均衡解，进而搜寻绿色创新绩效的韧性拐点。

5.2 低碳规制驱动绿色创新协同

5.2.1 低碳规制的创新协同模型

在碳市场未形成前，假定政府将碳配额作为减碳控排对象，通过拟定碳配额发行总量，限定初次分配碳配额市场价格来确定控制碳排放标准。然后，采用优化绿色产业结构、应用节能降耗技术及调整能源消耗结构等措施，对企业为碳排放量相应的碳配额支付必要环境成本，使其减少碳排放量、增加碳减排量。同时，对于碳减排企业剩余的碳配额，采用碳补贴等方式，鼓励其在企业间进行碳配额交易活动。

在低碳规制作用下，企业进行碳排放决策的行为准则，取决于政府给予碳配额数量及为此支付的环境成本。企业先要考虑的是用于生产的消耗碳配额能否满足碳排放标准，如果自身条件达不到环保政策要求，将面临碳决策选择有：一是暂停碳排放超标生产经营活动；二是对于碳排放超标部分，企业被迫向政府支付额外环境成本，取得生产经营许可权限；三是寄希望于碳配额交易市场，从市场上购买所需碳配额数量。实际上，企业决策多数是在擅长领域内采取核心优势调整战略，尽量缩减碳排放量较高的业务项目，留出更多资金用于低碳产业，尤其是在碳补贴利益诱导下，企业也逐渐向低碳产业投放更多的绿色创新投资，例如，新能源汽车补贴促使更多企业开发出液化天然气（LNG）汽车、电能汽车及氢能汽车等。此时，低碳规制尚未成型，构建碳配额市场机制初步尝试，使企业话语权取决于其在行业中碳排放强度的领先地位，也就是单位经济产值相对碳排放量的竞争优势。

在这种情境之下，根据"波特假说"研究内容，企业生产成本必先呈增长趋势，待到绿色技术创新逐渐取得一些成果之后，跨越了绿色创新绩效韧性拐点，可以促成企业效益反弹。因此，有必要探讨在低碳规制作用下，企业应在什么条件、什么节点实现绿色创新绩效协同增长双赢目标。

假定低碳规制不考虑企业异质性因素、决策顺序与市场主体博弈情况。设碳配额为 G，则包括两个部分：一部分是用于生产的消耗碳配额，设为 G-q，满足必备原材料经过生产设备加工到产成品这一系列环节；另一部分是用于交易的剩余碳配额，设为 q，在企业满足必备生产经营条件后，仍有部分剩余碳配额，则会考虑将这部分碳配额拿到市场上去出售，从而获得市场交易的额外收益。这种情况下，如果实际消耗量 G-q>G，则"q<0"表示从碳配额交易市场上购买更多碳配额量。由于碳价格与碳配额数量有关，因而设碳价格需求函数满足 P=a-bq，a，b>0。企业在生产经营过程中，通过消耗掉一定的碳配额转化为产品与服务，并利用其销售额获得收入，这样，设 R 为单位碳配额消耗量带来的利润，则企业经营效益目标函数为：

$$\Pi(q_t) = R(G-q_t) + Pq_t \qquad (5-1)$$

政府考虑企业在碳配额约束下减碳，为鼓励减碳企业拿出部分剩余碳配额放到市场上交易，则给予碳减排企业剩余碳配额相应补贴，以奖励企业在碳减排与碳市场的贡献，并起到示范作用。企业选择将碳配额用于生产或交易决策时，不仅取决于自身碳排放条件，更多地考虑低碳规制的影响，尤其当政府给予适当碳补贴时，将吸引更多碳减排生产者和碳市场交易者。因此，考虑到碳补贴的激励因素，从减碳控排目标出发，对碳减排效果显著企业给予一定奖励，并鼓励其将剩余碳配额拿到碳市场上交易。若 S 为单位交易配额获得补贴，同时要求 S<R，即交易碳配额获得碳补贴要小于碳配额获得利润，以此限制企业通过出售碳配额获得补贴方式增加利润，则企业经营效益目标函数为：

$$\Pi(q_{t+1}) = R(G-q_{t+1}) + Pq_{t+1} + Sq_{t+1} \qquad (5-2)$$

在碳补贴激励与碳配额约束作用下，企业开始倾向于实施绿色创新战略，一方面，通过绿色工艺、产品等创新活动，在生产投入产出过程中，使用节约能耗的原材料，改进落后生产工艺、设备及流程，提升末端治理技术，从而改善了碳减排水平；另一方面，节约碳配额可以获得两部分收益，即从市场上出售碳配额获得交易收益和从政府获得减碳补贴。企业开展绿色技术创新活动，也需要支出额外创新成本，包括研发人员、研发设备及研发耗材投入等，而且在绿色创新中可能较长一段时间内存在沉没成本，也就是说，企业实施绿色创新存在概率问题，可能会成功，也可能失败，而且绿色创新即使获得了成功，所取得的绿色技术成果也未必立刻就能满足企业真正需要。所以，假设 θ 部分利润作为绿色创新活动需要支付的成本，将创新成功概率设定为 λ，绿色创新成功后可使碳消耗量降低了 μ 倍，即为原来的 $1 - \mu$ 倍。同时，对于剩余碳配额，企业需要考虑是用于生产还是交易，也就存在两部分：设 η 部分为用于交易的碳配额，$1 - \mu$ 部分为用于生产的碳配额，其中，θ、λ、μ 和 η 均属于 $(0, 1)$。在碳补贴基础上，企业实际的碳配额消耗量变为 $(1 - \lambda\mu)(G - q_{t+1})$，而开展绿色创新活动所带来的碳配额节约量为 $\lambda\mu(G - q_{t+1})$，进而得到总消耗量和总交易量分别为：$G - q_{t+2}$ 和 $q_{t+2} = q_{t+1} + \lambda\mu\eta(G - q_{t+1})$，则企业经营效益目标函数为：

$$\Pi(q_{t+2}) = (1 - \theta)[R(G - q_{t+2}) + Pq_{t+2} + Sq_{t+2}] \qquad (5-3)$$

首先，通过优化式 (5-1)，得均衡解 $q_t = -\dfrac{R}{2b}$，最优利润为 $\Pi_t = R\left(G - \dfrac{a}{2b}\right) + \dfrac{R^2}{4b}$；

其次，优化式 (5-2)，得均衡解 $q_{t+1} = \dfrac{S-R}{2b}$，最优利润为 $\Pi_{t+1} = R\left(G - \dfrac{a}{2b}\right) + \dfrac{S(2a + S - 2R)}{4b} + \dfrac{R^2}{4b}$；

最后，通过对 q_{t+2} 的整理得 $q_{t+2} = \dfrac{S-R}{2b} + \lambda\mu\eta\left(G - \dfrac{S-R}{2b}\right)$，并将其代入式 (5-3)，整理得：$\Pi_{t+2} = (1 - \theta)(1 - \lambda\mu\eta)R\left(G - \dfrac{a}{2b}\right) + (1 - \theta)\lambda\mu\eta G(a - \lambda\mu\eta(bG - S)) + (1 - \theta)(1 - (\lambda\mu\eta)^2)\dfrac{(R-S)^2}{4b}$。

由此不难发现，企业经营效益目标函数的均衡解和最优利润，均与单位利润 R、碳配额 G、单位碳补贴 S 等多个参数相关。

5.2.2 三种效应的创新协同分析

通过对企业经营效益目标函数的均衡解进行比对分析，可以得到以下结论。

结论1：当满足一定条件的情况下，低碳规制既可以实现政府减碳要求，也可以达到企业增效需求，从而实现了绿色创新绩效协同增长双赢目标。

（1） $q_t < 0$， $q_{t+1} < 0$， $q_t < q_{t+1}$，说明：碳补贴要比碳市场化方式更能减缓企业对碳排放权的需求，因为在完全市场条件下，企业倾向于理性追求利润最大化目标，需要有低碳规制的约束条件，才可能促使企业调整内部资源利用方式，从而改善碳减排量。

（2） 无论 G 取值范围，都有 $q_{t+1} < q_{t+2}$ 恒成立，说明：企业开展绿色创新活动比政府实施碳补贴的效果更加明显，通过绿色创新方式改造企业生产设备、升级生产工艺，并激发企业自主创新减碳意愿，可以有效改善绿色要素投入产出效率。

（3） $S > 2(R-a)$ 时，则有 $\Pi_{t+1} > \Pi_t$，说明：在碳配额交易过程中实施碳补贴，不仅降低了企业对碳排放权的需求量，促使碳排放量有所下降，而且还增加了企业利润额，即实现了企业减碳增效的绿色创新协同目标。

（4） 如果 $A > B$，则有 $\Pi_{t+2} > \Pi_{t+1}$，说明：如果在碳配额交易过程中，企业已经开展绿色创新活动，有效提升生产经营效率，不仅促使企业的碳排放权需求有所降低，降低了碳排放量，而且增加了企业利润额，同时也实现了低碳规制与绿色创新协同。

由此可见，以碳配额为控制对象的模型中，政府对碳减排企业实施碳补贴，及企业开展绿色创新活动，均有利于降低企业对碳排放权需求量，并提高企业利润，表明在一定条件下，既可以满足政府减碳要求，也可以达到企业增效需求，从而实现了绿色创新绩效协同增长的双赢期望。

5.3 绿色创新补偿低碳路径选择

5.3.1 绿色创新的路径选择模型

在政府和企业之间碳决策行为的演化博弈过程中，政府追求环境绩效最大化目标，企业追求经济绩效最大化目标，双方围绕自身利益最大化进行碳决策，使决策顺序出现先后之别：首先，在初次分配中，由政府决定碳配额决策，确定初次碳配额定价权及碳配额总量；其次，企业依次决定碳减排量、绿色创新投资水平，及剩余或不足的碳配额在企业间进行交易，形成了二次分配的碳配额决策，确定二次碳配额定价权及碳配额在企业间流通量。如此，可以将企业碳排放量、绿色创新投资水平及碳配额分配比例等决策因素，优化为碳税和碳补贴作用下绿色创新绩效目标函数。进而，可以根据绿色创新及碳排放的数量，将企业划分为两种类型：一种是高碳企业，未实施绿色创新战略，并且碳排放量相对较多、碳减排量相对较少；另一种是低碳企业，已实施绿色创新战略，并且碳排放量相对较少、碳减排量相对较多。政府区分两种不同类型的企业之后，可以有针对性地实施不同强度的低碳规制政策。

设 G_i 表示企业 i 获得的碳配额，q_i 表示企业 i 碳减排量，则 $G_i - q_i$ 表示企业 i 实际碳排放量，政府对碳排放量征收碳税、对碳减排量进行补贴。参考本杰法等（Benjaafar et al.，2012）的研究结论，认为碳配额作为一种商品，遵循一般商品价格需求规律，设政府主导初次分配碳配额市场价格需求函数为：$P_G = a - bG - \alpha T$，a，b > 0，α 表示碳税对碳配额市场的影响系数，且 $\alpha \in (0, 1)$；企业主导二次分配碳配额市场价格需求函数为：$P_{C_i} = c - d(q_1 + q_2) + \beta S + \mu I_i$，c，d > 0，$\beta$ 和 μ 分别表示碳补贴和绿色创新投资对碳配额市场的影响系数，且 β 和 $\mu \in (0, 1)$。i = 1，2 分别代表高碳企业 1 和低碳企业 2。由以上需求函数可知，在碳配额的价格给定时，增加碳税 T，可以促使碳配额 G 降低；而增加碳补贴 S 和企业绿色创新投资，则可以促使碳减排量 q_i 提高。

首先，设定政府绿色效率目标函数为：

$$E(S, T) = P_G G - T(G - q) + Sq \qquad (5 - 4)$$

其中，$E(\cdot)$ 表示政府绿色效率目标函数，包含三个部分：$P_G G$ 表示政府发行碳配额获取的收益；$T(G - q)$ 表示对碳排放企业征收的碳税；Sq 表示对碳减排企业给予适当的碳补贴。

其次，设定企业经营效益目标函数为：

$$\Pi_i(S, T) = R(G_i - q_i) + P_{C_i} q_i + Sq_i - P_G G_i - T(G_i - q_i) - rI_i^2 \qquad (5 - 5)$$

其中，$\Pi_i(\cdot)$ 表示企业经营效益目标函数，包括六个部分：$R(G_i - q_i)$ 表示企业碳排放获得的利润；$P_{C_i} q_i$ 表示企业碳减排后进行碳配额二次交易获得的收益；Sq_i 表示碳减排获得的碳补贴；$P_G G_i$ 表示企业为碳配额支付的环境成本；$T(G_i - q_i)$ 表示碳排放企业缴纳的碳税额；rI_i^2 表示企业绿色创新投资活动产生的创新成本。另外，r 表示绿色创新投资产出率倒数。已有研究发现，企业绿色创新水平与获得利润之间呈非线性关系，例如 "U" "N" "V" 等形状（李斌等，2013；童健等，2016；余典范等，2021），也就是说，当前研究对两个变量之间的关系尚未有完全确切的界定，所以，暂时不考虑企业绿色创新对单位利润的影响，而是换一种角度来看，企业只要开展绿色创新投资活动，必定会增加绿色创新成本。故而，将企业碳排放获得的单位利润设置为外生变量（R），将绿色创新投资导致创新成本增加的情形，设置为两个变量之间存在二次函数关系，表示绿色创新成本呈现边际递减规律。

在由高碳企业与低碳企业组成的碳配额市场中，碳配额总量等于两类企业碳配额之和，碳排放总量也等于两类企业碳排放量之和，即 $G = G_1 + G_2$，$q = q_1 + q_2$。在式（5 - 4）和式（5 - 5）中，由政府决定碳配额发行量后，分别运用古诺博弈和斯坦克尔伯格博弈，依次对高碳企业和低碳企业的碳减排量 q_i 及绿色创新投资 I_i 进行优化，可得到不同决策模式的均衡解，如表 5 - 2 所示。

表 5-2 绿色创新绩效的均衡解

模型	碳配额	碳排放	绿色创新投资	绿色效率	企业效益
古诺模型	$G^C = \dfrac{a-(1+\alpha)T}{2b}$	$G^C - q^C = \dfrac{\begin{pmatrix}3d(a-(1+\alpha)T)\\-4bA(1+\mu^2E)\end{pmatrix}}{6bd}$	$I_1^C = I_2^C \\ = \mu AE$	$E^C = \dfrac{\begin{pmatrix}3d(a-(1+\alpha)T)^2\\+8bA(S+T)(1+\mu^2E)\end{pmatrix}}{12bd}$	$\Pi_1^C = \Pi_2^C = \dfrac{\begin{pmatrix}9d(a-(1+\alpha)T)(2R-a-(3-\alpha)T)\\+8bA(1+8\mu^2E)^2-72bdr\mu^2A^2E^2\end{pmatrix}}{72bd}$
斯坦克尔伯格模型	$G^S = \dfrac{a-(1+\alpha)T}{2b}$	$G^S - q^S = \dfrac{\begin{pmatrix}2d(a-(1+\alpha)T)\\-bAD\end{pmatrix}}{4bd}$	$I_1^S = 2\mu AB \\ I_2^S = 3\mu AC$	$E^S = \dfrac{\begin{pmatrix}d(a-(1+\alpha)T)^2\\+bAD(S+T)\end{pmatrix}}{4bd}$	$\Pi_1^S = \dfrac{\begin{pmatrix}d(a-(1+\alpha)T)(2R-a-(3-\alpha)T)\\+bA^2(4-D+8\mu^2B)(1+4\mu^2B-3\mu^2C)\\-32bdr\mu^2A^2B^2\end{pmatrix}}{8bd}$ $\Pi_2^S = \dfrac{\begin{pmatrix}2d(a-(1+\alpha)T)(2R-a-(3-\alpha)T)\\+bA^2(4-D+12\mu^2C)(1+9\mu^2C-4\mu^2B)\\-144bdr\mu^2A^2C^2\end{pmatrix}}{16bd}$

由表 5 - 2 可知，所有决策模式下的均衡结果均由碳税 T 和碳补贴 S 决定。其中，

$A = c + (1 + \beta)S + T - R,$

$B = \dfrac{(4rd - 3\mu^2)(8rd - 3\mu^2)}{rd(16rd - 9\mu^2)^2 - 2\mu^2(8rd - 3\mu^2)^2},$

$C = \dfrac{rd(16rd - 9\mu^2) - 2\mu^2(8rd - 3\mu^2)}{rd(16rd - 9\mu^2)^2 - 2\mu^2(8rd - 3\mu^2)^2},$

$D = 3 + 4\mu^2 B + 3\mu^2 C,$

$E = \dfrac{1}{9rd - \mu^2}。$

在古诺模型中，高碳企业与低碳企业的信息速度没有快慢之分，决策顺序也没有先后之别，即两类企业同时做出决策，因而企业间碳决策结果近似于相等。

在斯坦克尔伯格模型中，由于高碳企业多数是重工业、高污染、大型企业，减碳政策敏感度较强，猎取信息能力也具有优势，能够快速捕捉到低碳规制信息，先做出决策行为，以获取先动优势。而低碳企业一般已经占据碳减排优势地位，不需要保持减碳政策较高的敏感度状态，在获取低碳规制信息后，也未必积极做出判断。由此造成了高碳企业先动决策与低碳企业后动决策的差异。

5.3.2　三种效应的路径选择分析

政府在完全理性时，根据自身利益考虑，做出绿色效率最大化决策行为，进而可得到期望的企业绿色创新投资、利润水平及碳排放量。但政府一般并不能完全掌握市场环境和企业的全部信息，需要在有限理性下根据边际效应信号做出碳决策。参考比斯基和拉曼蒂亚（Bischi and Lamantia，2004）研究的有限理性假设条件，当 t 期低碳规制的作用下，边际绿色效率目标函数大于零时，政府就会在 t + 1 期加大低碳规制强度，期望获得更大绿色创新绩效；反之，当 t 期低碳规制的作用下，边际绿色效率目标函

数小于零时，政府也会在 $t+1$ 期减小低碳规制强度，尽量避免不必要的财政支出浪费。因此，低碳规制动态博弈系统可用差分方程表示如下：

$$\begin{cases} S^j(t+1) = S^j(t) + \theta_S S^j(t)\dfrac{\partial E^j}{\partial S^j} \\ T^j(t+1) = T^j(t) + \theta_T T^j(t)\dfrac{\partial E^j}{\partial T^j} \end{cases} \quad (5-6)$$

其中，$j=C$，S 分别表示古诺博弈和斯坦克尔伯格博弈；$\dfrac{\partial E^j}{\partial S^j}$ 是关于碳补贴 S^j 的边际绿色效率目标函数，θ_S，$\theta_S > 0$ 表示碳补贴调整速度；$\dfrac{\partial E^j}{\partial T^j}$ 是关于碳税 T^j 的边际绿色效率目标函数，θ_T，$\theta_T > 0$ 表示碳税调整速度。并且，碳税和碳补贴调整速度反映了低碳规制强度的变化幅度。由表 5-2 中绿色效率目标函数，可得到关于碳税和碳补贴的边际绿色效率目标函数，并代入式（5-6），进而得到动态方程：

$$\begin{cases} S^C(t+1) = S^C(t) + \dfrac{\theta_S S^C(t)}{3d}(2(1+\mu^2 E)((1+\beta)(S^C(t) \\ \qquad + T^C(t)) + A)) \\ T^C(t+1) = T^C(t) + \dfrac{\theta_T T^C(t)}{6bd}(4b(1+\mu^2 E)(S^C(t) + T^C(t) \\ \qquad + A) - 3d(1+\alpha)(a-(1+\alpha)T^C(t))) \end{cases}$$

$$(5-7)$$

$$\begin{cases} S^S(t+1) = S^S(t) + \dfrac{\theta_S S^S(t)}{4d}(D((1+\beta)(S^S(t) \\ \qquad + T^S(t)) + A)) \\ T^S(t+1) = T^S(t) + \dfrac{\theta_T T^S(t)}{4bd}(bD(S^S(t) + T^S(t) + A) \\ \qquad - 2d(1+\alpha)(a-(1+\alpha)T^S(t))) \end{cases}$$

式（5-7）动态方程描述了政府进行碳决策的主要依据，其中，低碳规制调整速度 θ_S 和 θ_T 相对于其他参数而言，更容易受到主观因素的影响而发生变化，故而，将 θ_S 和 θ_T 作为重点考察对象。然后，令 $S^j(t+1) = S^j(t)$，$T^j(t+1) = T^j(t)$，则在古诺博弈和斯坦克尔伯格博弈两种模型中，均可以得到四个均衡点，且有（S^{C*}，T^{C*}）和（S^{S*}，T^{S*}）是非零 Nash 均衡点：

$$
\begin{cases}
S^{C*} = \dfrac{R - c - (2 + \beta) T^{C*}}{2(1 + \beta)} \\[2mm]
T^{C*} = \dfrac{2b\beta(1 + \mu^2 E)(R - c) + 3ad(1 + \beta)(1 + \alpha)}{3d(1 + \beta)(1 + \alpha)^2 - 2b(1 + \mu^2 E)\beta^2}
\end{cases}
$$

$$
\begin{cases}
S^{S*} = \dfrac{R - c - (2 + \beta) T^{S*}}{2(1 + \beta)} \\[2mm]
T^{S*} = \dfrac{b\beta D(R - c) + 4ad(1 + \beta)(1 + \alpha)}{4d(1 + \beta)(1 + \alpha)^2 - bD\beta^2}
\end{cases}
\tag{5-8}
$$

可见，低碳规制调整速度 θ_S 和 θ_T 不会对政府与企业之间博弈均衡点产生影响。由于政府绿色效率目标函数和企业经营效益目标函数均凸向原点，所以，当碳税或碳补贴跨过式（5-8）均衡点后，可实现政府与企业双方绿色创新绩效目标函数的协同增长。同时，因为低碳规制非零均衡点处于绿色效率目标函数最低点，由函数性质可知，政府无论增加碳税，还是碳补贴，均可以有效促进绿色效率的提升。因此，在一定程度上讲，碳税和碳补贴对促进绿色效率的提升作用方向与程度均为一致的。

令 $T^C \geqslant S^C$ 和 $T^S \geqslant S^S$，也就是保证碳补贴在碳税可支付额度范围之内，进而取 $T^C = S^C$ 和 $T^S = S^S$，使碳税与碳补贴两个变量值近似于相等，则表明，通过碳补贴对绿色创新绩效的最大化作用，即可以实现绿色效率最大化目标。

5.3.3　低碳规制强度的调节效应

为了便于展示政府碳决策行为调整速度即低碳规制强度对企业碳决策行为的影响，更好地阐释低碳规制强度对绿色创新绩效的调节效应，可以利用数值算例方式予以模拟变量的变化趋势。首先，取参数值 $a = 12$，$b = 2.5$，$c = 14$，$d = 3.4$，$R = 14.5$，$\alpha = 0.5$，$\beta = 0.2$，$\mu = 0.6$，$\gamma = 0.16$，代入式（5-7）。由式（5-7）可得其对应的 Jacobian 矩阵，根据非线性动力系统均衡点稳定性的 Jury 判定条件，可以确定以上参数取值满足均衡点稳定充要条件。然后，根据各变量分岔图，可得到有限理性条件下政府和企业碳决策行为一般规律①，如图5－2－a～图5－2－d所示。随着低碳规制强度增加，碳税、绿色创新投资、碳排放及企业效益的分岔图依次经过稳定、2倍周期及发散状态，分别在古诺博弈模型和斯坦克尔伯格博弈模型中，各变量相对变化幅度呈现明显差异性特征，具体如下。

（1）碳税政策的变化趋势，如图5－2－a所示。在稳定期内，古诺博弈和斯坦克尔伯格博弈的碳税水平基本相同。从2倍周期开始，碳税在古诺博弈中呈现增长趋势，而在斯坦克尔伯格博弈中并没有明显增加。

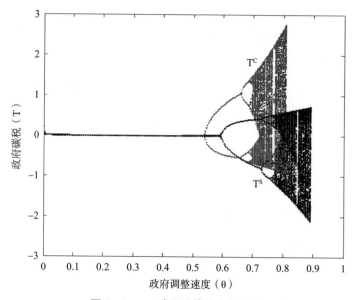

图5－2－a　碳税政策的变化趋势

（2）绿色创新投资的变化趋势，如图5－2－b所示。在稳定期内，古诺博弈下的企业并没有明显绿色创新投资倾向。而在斯坦克尔伯格博弈

---

①　由于政府目标函数与碳税和补贴呈正"U"型变化，且本书在该目标函数的最低点处，讨论政府决策的变化及其对企业决策的影响，故有些决策变量的图像延伸到负区间。对此，本书重点在于揭示低碳规制工具通过影响企业绿色创新，进而影响碳排放量和企业利润的一般规律；对于可能存在的非正数，本书不予过度表述。

下，两家企业都有绿色创新投资，并从 2 倍周期开始，均呈现出明显快速增长的趋势，且企业 1 的绿色创新投资相对于企业 2 更高。这说明低碳规制可以激发异质性企业开展绿色创新投资意愿。

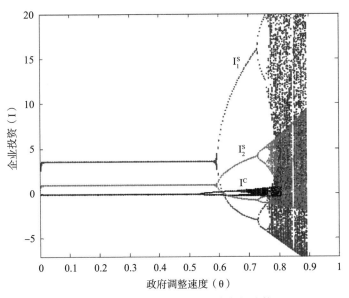

图 5 - 2 - b　绿色创新投资的变化趋势

（3）碳排放的变化趋势，如图 5 - 2 - c 所示。在稳定期内，斯坦克尔伯格博弈的碳排放量比古诺博弈的碳排放量相对较小一些。在 2 倍周期后，两者的比例关系均呈现快速下降趋势，这与绿色创新投资变化趋势一致，说明低碳规制促使企业开展绿色创新投资活动，进而加快了企业碳减排可能性。

（4）企业效益的变化趋势，如图 5 - 2 - d 所示。在稳定期内，虽然企业 1 的绿色创新投资较高，但其利润有所降低。同时，企业 2 也有绿色创新投资，但其利润相对来说并没有降低。从 2 倍周期开始，企业 1 利润下降和企业 2 利润上升越发明显，两者变动幅度均呈增长趋势。这与绿色创新投资变化趋势一致，说明企业绿色创新投资可以在一定条件下实现"创新补偿"，促进了企业效益的提升。

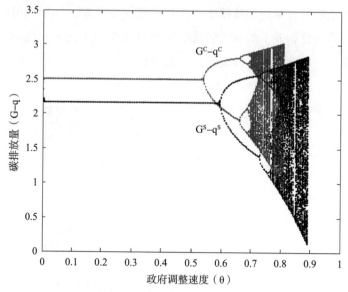

图 5 – 2 – c　碳排放的变化趋势

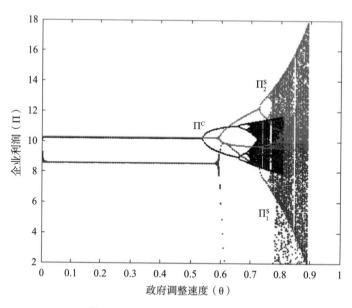

图 5 – 2 – d　企业效益的变化趋势

综上所述，运用演化博弈对政府与企业碳决策行为的分析结果显示，在斯坦克尔伯格模型下，政府采用相对较低的碳税水平，就可以让企业感知外部环境的冲击，并根据低碳规制要求有针对性地开展降碳减排行动，有效地促使企业绿色创新投资水平有所提高，从而在控制碳排放基础上实现企业利润增长。也就是说，不同的企业在绿色创新投资、碳减排和利润方面的作用表现不同，绿色创新先行企业会获得较多的竞争优势。这表明，在低碳规制作用下，若是针对异质性企业因素采用不同的低碳规制工具，考虑激发企业自主开展绿色创新意愿，可以在实现碳减排目标基础上同时促进企业效益不断提高。

5.4　碳市场化调节企业韧性拐点

在政府与企业之间碳决策行为的演化博弈过程中，逐渐形成了两个市场：一个是政府主导初次分配碳配额市场，也就是碳配额发行的初级市场；另一个是企业主导二次分配碳减排市场，也就是碳配额流通的二级市场。在初次分配的碳配额市场中，政府通过发行固定碳配额，辅以奖惩措施来控制碳排放量，期望实现绿色效率的提升；在二次分配的碳减排市场中，企业通过购买碳配额获得碳排放权，辅以绿色创新活动实现碳减排的同时，期望获得经营效益的提升。

假定所有参与碳决策的企业均为同质的，无决策先后顺序，且平分碳配额和预期利润。由此，企业与政府之间博弈的决策顺序如下。

（1）在"双碳"战略目标推进过程中，政府先根据减碳控排目标来设定碳配额发行总量 G，该碳配额与企业已有碳排放量、未来碳减排量密切相关，重点关注能耗密集型产业，并形成初次分配的碳配额市场。

（2）在碳配额市场中，企业自主决定碳配额使用权。

（3）为鼓励企业减碳，由政府制定奖惩机制，对企业自主减碳量 q 予以碳补贴奖励，并对碳排放超标量予以征收碳税。

（4）减碳量 q 作为节约碳配额，由企业自主决定处置，并且遵循价格需求规律在企业间进行碳配额的二次分配。

（5）企业根据自身因素和市场条件，按照利润最大化目标对自主碳减排量 q 进行优化，同时决定是否开展绿色创新投资活动，而绿色创新投资又作用于碳减排量变动。由此可知，企业决策行为不仅决定企业碳排放目标，也影响政府碳减排目标。

5.4.1　碳市场化的韧性拐点模型

考虑到政府与企业之间碳决策目标差异，结合碳市场化、低碳规制和绿色创新三种决策模式对绿色创新绩效的影响效应，构造绿色创新绩效目标函数，包括两个方面：一方面，用配额成本最大化、碳排放最小化和碳减排最大化组合表示政府绿色效率目标函数；另一方面，用利润最大化表示企业经营效益目标函数，如下所示。

5.4.1.1　碳市场化

采用碳配额 G、碳减排量 q、碳排放量 G $-$ q 刻画绿色效率 E_1 和企业效益 Π_1 的变化。设定参数 i $=$ 1、2 和 3，分别表示碳市场化、低碳规制和绿色创新，其他参数设定与上述研究设计一致。设政府主导碳配额市场价格需求函数为：$P_{G_1} = a - bG_1$，a，b $>$ 0，企业主导碳减排市场价格需求函数为：$P_{C_1} = c - dq_1$，c，d $>$ 0。构造绿色创新绩效目标函数表示为：

$$\begin{cases} E(G_1) = P_{G_1} G_1 \\ \Pi(q_1) = R(G_1 - q_1) + P_{C_1} q_1 - P_{G_1} G_1 \end{cases} \quad (5-9)$$

5.4.1.2　低碳规制

增加低碳规制后，模型中设置了政府对碳排放量征缴税收和对碳减排量给予补贴。同时，还考虑了碳税和碳补贴对碳配额市场需求函数的影响，设政府主导初次分配碳配额市场中的价格需求函数为：$P_{G_2} = a - bG_2 - \alpha T$，$\alpha \in (0, 1)$，企业主导二次分配碳减排市场中的价格需求函数为：$P_{C_2} = c - dq_2 + \beta S$，$\beta \in (0, 1)$。在价格不变前提下，碳税 T 的增加有利于抑制碳配额 G_2，碳补贴 S 的增加则有利于提高碳减排量 q_2。因此，在碳配额市场基础上设置低碳规制，将有利于降低碳减排量 $G_2 - q_2$。以此构造绿色创新绩效目标函数表示为：

$$
\begin{cases}
E(G_2) = P_{G_2}G_2 - T(G_2 - q_2) + Sq_2 \\
\Pi(q_2) = R(G_2 - q_2) + P_{C_2}q_2 - P_{G_2}G_2 - T(G_2 - q_2) + Sq_2
\end{cases}
\tag{5-10}
$$

5.4.1.3　绿色创新

增加绿色创新后，模型中设置了政府对绿色创新给予补贴、绿色创新投资对碳减排的影响及绿色创新对单位生产成本的影响。同样地，设政府主导初次分配碳配额市场中的价格需求函数为：$P_{G_3} = P_{G_2}$，企业主导二次分配碳减排市场中的价格需求函数为：$P_{C_3} = c - dq_3 + \beta S + \eta I$，$\eta \in (0, 1)$。研究表明，随着绿色创新投资 I 增加，将有利于提高碳减排量 q_3。因此，构造绿色创新绩效目标函数表示为：

$$
\begin{cases}
E(G_3) = P_{G_3}G_3 - T(G_3 - q_3) + (1+\mu)Sq_3 \\
\Pi(q_3) = R(1+\theta)(G_3 - q_3) + P_{C_3}q_3 - P_{G_3}G_3 \\
\qquad\quad - T(G_3 - q_3) + (1+\mu)Sq_3 - \dfrac{I^2}{2r}
\end{cases}
\tag{5-11}
$$

5.4.2　碳市场化对韧性拐点影响

首先确定碳决策顺序，即先由政府基于绿色效率最大化目标进行碳决策，决定了碳配额 G_i 之后，再由企业基于利润最大化目标进行碳决策，来决定碳减排量 q_i。其次遵循以上决策顺序，分别对式（5-9）~ 式（5-11）进行优化，可以得到不同决策模式的均衡解，即韧性拐点，如表 5-3 所示。若 $q_i < 0$，则取值 $q_i = 0$，也就是企业碳减排量为零，碳排放量即为碳配额。考虑企业开展绿色创新活动后，通过对绿色创新投资进行优化，可以得到：$I = \dfrac{r\eta(c + (1+\beta+\mu)S + T - (1+\theta)R)}{2d - r\eta^2}$。当 $I > 0$ 时，$q_3 \geq 0$；否则，$q_3 = 0$。可见，在碳税或碳补贴作用下，企业绿色创新投资呈现线性递增趋势。也就是说，只有企业开展绿色创新活动，才能使其碳排量有所降低。

表5-3　绿色创新绩效的韧性拐点

效应	碳配额	碳减排量	碳排放量	市场价格	目标函数
碳市场化	$G_1 = \dfrac{a}{2b}$	$q_1 = 0$	$G_1 - q_1 = \dfrac{a}{2b}$	$P_{G_1} = \dfrac{a}{2}$ $P_{c_1} = c$	$E_1 = bG_1^2$ $\Pi_1 = \dfrac{a(2R-a)}{4b}$
低碳规制	$G_2 = \dfrac{a-(1+\alpha)T}{2b}$	$q_2 = 0$	$G_2 - q_2 = \dfrac{a-(1+\alpha)T}{2b}$	$P_{G_2} = \dfrac{a+(1-\alpha)T}{2}$ $P_{c_2} = c+\beta S$	$E_2 = bG_2^2$ $\Pi_2 = G_2\,\dfrac{2R-a-(3-\alpha)T}{2}$
低碳规制		$q_2 = \dfrac{c+(1+\beta)S+T-R}{2d}$	$G_2 - q_2 = \dfrac{a-(1+\alpha)T}{2b}$ $-\dfrac{c+(1+\beta)S+T-R}{2d}$	$P_{G_2} = \dfrac{a+(1-\alpha)T}{2}$ $P_{c_2} = \dfrac{R+c-(1-\beta)S-T}{2}$	$E_2 = bG_2^2+(T+S)q_2$ $\Pi_2 = G_2\,\dfrac{2R-a-(3-\alpha)T}{2}$
绿色创新	$G_3 = \dfrac{a-(1+\alpha)T}{2b}$	$q_3 = 0$	$G_3 - q_3 = \dfrac{a-(1+\alpha)T}{2b}$	$P_{G_3} = \dfrac{a+(1-\alpha)T}{2}$ $P_{c_3} = c+\beta S+\eta I$	$E_3 = bG_3^2$ $\Pi_3 = G_3\,\dfrac{2R-a-(3-\alpha)T}{2}$
绿色创新		$q_3 = \dfrac{\left(\begin{array}{c}c+(1+\beta+\mu)S+T\\+\eta I-(1+\theta)R\end{array}\right)}{2d}$	$G_3 - q_3 = \dfrac{a-(1+\alpha)T}{2b}$ $-\dfrac{\left(\begin{array}{c}c+(1+\beta+\mu)S+T\\+\eta I-(1+\theta)R\end{array}\right)}{2d}$	$P_{G_3} = \dfrac{a+(1-\alpha)T}{2}$ $P_{c_3} = \dfrac{\left(\begin{array}{c}(1+\theta)R+c+\eta I-\\(1-\beta+\mu)S-T\end{array}\right)}{2}$	$E_3 = bG_3^2+(T+(1+\mu)S)q_3$ $\Pi_3 = dq_3^2+G_3\dfrac{\left(\begin{array}{c}2(1+\theta)R-a\\-(3-\alpha)T\end{array}\right)}{2}$ $-\dfrac{I^2}{2r}$

由表 5-3 可知，碳配额、碳减排量、碳排放量、市场价格和目标函数的均衡解在三种决策模式中呈现不同的变化趋势，且与多个参数有关。

（1）单位碳排放量获得的利润 R、绿色创新对单位利润的影响系数 θ 和绿色创新投资产出率 r 三个参数均受到企业综合经营能力的影响，且在短时间内较难做出改变。

（2）单位碳减排量获得碳补贴 S、单位碳排放量缴纳碳税 T 和实施绿色创新后获得碳补贴 μ 三个参数均由政府决定。显然，随着 S、T 和 μ 的增加，将有助于促进企业绿色创新投资的提升，从而提高碳减排量，达到控制碳排放量的目的。

（3）碳税、碳补贴和绿色创新投资对碳配额市场的影响系数分布为 α、β 和 η，反映了企业对碳配额市场变化的敏感程度。随着 α、β 和 η 的增加，碳配额呈现下降趋势，同时也有利于提高碳减排量和控制碳排放量。

（4）绿色创新绩效目标函数与低碳规制、绿色创新及碳市场化三个变量之间均有二次非线性的关系。

5.4.3　绿色创新对韧性拐点影响

以上理论证明了碳配额市场机制有利于控制碳配额和碳排放，但在完全竞争市场条件下，企业缺乏自主减碳动机（$q_1 = 0$），存在市场失灵的问题。当考虑低碳规制后，碳配额数量有所下降，同时碳减排量则呈增加趋势，表明企业自主减碳意愿开始显现。而且，此时碳排放量也明显呈现下降趋势，表明低碳规制可以有效促进企业绿色创新水平提升。由此可知，绿色创新绩效目标函数受到多种因素影响，使政府与企业双方碳决策最优解并非线性的，具体分析如下。

结论2：碳配额、碳减排量、碳排放量、配额市场价格和目标函数均衡解的变化，满足以下条件。

（1）由 $G_3 = G_2 \leqslant G_1$ 恒成立，可知，在碳税影响下，碳配额出现下降趋势，且碳税 T 和碳配额市场敏感程度 α 越高，则碳配额越小。

（2）由 $q_3 \geqslant q_2 \geqslant q_1$ 恒成立，可知，碳市场化、低碳规制和绿色创新逐渐刺激了企业减碳自觉性。当企业绿色创新投资 $I \geqslant 0$ 时，有 $q_3 > q_2 \geqslant q_1$ 成立，说明如果低碳规制能够刺激企业绿色创新活动，那么，企业自主创新减碳动力将会明显得到提升。

（3）由 $G_3 - q_3 \geqslant G_2 - q_2 > G_1 - q_1$ 恒成立，可知，碳市场化、低碳规制和绿色创新可逐渐抑制企业碳排放量。当企业绿色创新投资 $I \geqslant 0$ 时，有 $G_3 - q_3 > G_2 - q_2 > G_1 - q_1$ 成立，说明如果低碳规制能够刺激企业自主绿色创新活动，那么企业碳排放量将会明显有所降低。

（4）由 $P_{G_3} = P_{G_2} > P_{G_1}$ 恒成立，可知，在碳税制度的影响下，政府主导初次分配碳配额市场中的碳配额价格会随着碳税有所增加，也就是说，通过碳排放权交易市场的价格机制调节作用，可以控制企业碳配额数量上限；由 $P_{C_3} > P_{C_2} > P_{C_1}$ 恒成立，可知，受到低碳规制和绿色创新的影响，企业主导二次分配碳减排市场中的碳配额价格随之增加，也就是说，通过市场价格机制调节作用，可以控制碳配额的二次交易量。

（5）当 $q_3 = q_2 = 0$ 时，$E_3 = E_2 < E_1$ 成立；且当 $q_3 > q_2 > 0$ 时，$E_3 > E_2 > E_1$ 成立，说明单独采用碳税降低碳配额的方式，并不能很好地实现绿色效率目标，需要结合企业自主减碳动机，激发企业内在减碳意愿，才有益于实现绿色效率目标。当 $q_3 = q_2 = 0$ 时，$\Pi_3 = \Pi_2 < \Pi_1$ 成立，说明单独采用碳税降低碳配额的方式，并不能实现企业效益增加。当 $q_3 > q_2 > q_1$ 时，合理配置相关参数，则可以促进企业效益的提升。

（6）若将市场价格机制作为参照点，存在两种情况：

当 $b(c(1 + \beta)S + T - R)(c + (3 + \beta)S + 3T - R) \geqslant 2dT((1 + \alpha)(R - 2T) + 2a)$ 时，$E_2 + \Pi_2 \geqslant E_1 + \Pi_1$ 成立；

当 $br(c + (1 + \beta + \mu)S + T + \eta I - (1 + \theta)R)(c + (3 + \beta + 3\mu)S + 3T + \eta I - (1 + \theta)R) \geqslant (2rdT(1 + \alpha)((1 + \theta)R - 2T) + 4ardT - 2\theta adrR) + 2bdI^2$ 时，$E_3 + \Pi_3 \geqslant E_1 + \Pi_1$ 成立。

这说明，考虑低碳规制和企业绿色创新后，在一定条件下可以促进绿色效率和企业效益共同提升，即实现了碳决策目标一致，进而促进了绿色创新绩效协同增长。

综上所述，在不同的条件下，碳配额市场价格机制、碳税、碳补贴及绿色创新投资可以降低碳配额，通过刺激企业自主创新减碳意愿，能够有效抑制企业碳排放量，促进碳减排量，且有益于提升绿色效率。当 $4bdq_2^2 \geqslant a(3-\alpha)T + T(1+\alpha)(2R - a - (3-\alpha)T)$，且 $r((q_2 + q_3)(\mu S + \eta I - \theta R) + \theta RG_2) \geqslant I^2$ 时，$\Pi_3 \geqslant \Pi_2 \geqslant \Pi_1$ 成立，可以认为低碳规制能够刺激企业自主绿色创新减碳意愿，并在一定条件下实现了"创新补偿效应"。

5.4.4　低碳规制对韧性拐点影响

5.4.4.1　低碳规制下绿色创新绩效的韧性拐点

以上理论分析表明，碳税和碳补贴与绿色创新绩效目标函数之间呈现正"U"型关系，也就是说，随着低碳规制强度增大，绿色创新绩效最优解表现为先减小后增加的趋势。因此，搜寻正"U"型曲线的极值点，即"波特拐点"[①]，是分析低碳规制对绿色创新绩效影响效应的关键。由于韧性拐点位置受到多个因素的影响，其中，碳税或碳补贴的作用是政府和企业都比较关注的问题，故而，现对碳税和碳补贴对绿色创新绩效的作用机制分析如下：

（1）由 $\dfrac{\partial E_2}{\partial T} = 0$ 和 $\dfrac{\partial E_2}{\partial S} = 0$，得到：

$$T_{E_2} = \frac{\beta b(R - c) + 2(1 + \beta)(1 + \alpha)ad}{2(1 + \beta)(1 + \alpha)^2 d - \beta^2 b},$$

$$S_{E_2} = \frac{((1 + \alpha)^2 d - \beta b)(R - c) - (2 + \beta)(1 + \alpha)ad}{2(1 + \beta)(1 + \alpha)^2 d - \beta^2 b};$$

（2）由 $\dfrac{\partial \Pi_2}{\partial T} = 0$ 和 $\dfrac{\partial \Pi_2}{\partial S} = 0$，得到：

---

① "波特拐点"是指曲线由递减到递增的转折点，即数学中的最小值点；而非严格意义上的经济学拐点。

$$T_{\Pi_2} = \frac{R(1+\alpha) + (1-\alpha)a}{(1+\alpha)(3-\alpha)},$$

$$S_{\Pi_2} = \frac{(R-c)(1+\alpha)(3-\alpha) - (1+\alpha) - (1-\alpha)a}{(1+\alpha)(3-\alpha)(1+\beta)};$$

（3）由 $\frac{\partial E_3}{\partial T} = 0$ 和 $\frac{\partial E_3}{\partial S} = 0$，得到：

$$T_{E_3} = \frac{(\beta bN((1+\theta)R - c) + 2Mad \times (1+\mu)(1+\beta+\mu)(1+\alpha))}{2(1+\mu)(1+\beta+\mu)(1+\alpha)^2 Md - \beta^2 bN},$$

$$S_{E_3} = \frac{\begin{pmatrix} ((1+\mu)(1+\alpha)^2 Md - \beta bN)((1+\theta)R - c) \\ - Mad(2+\beta+2\mu)(1+\alpha) \end{pmatrix}}{2(1+\mu)(1+\beta+\mu)(1+\alpha)^2 Md - \beta^2 bN};$$

（4）由 $\frac{\partial \Pi_3}{\partial T} = 0$ 和 $\frac{\partial \Pi_3}{\partial S} = 0$，得到：

$$T_{\Pi_3} = \frac{R(1+\alpha)(1+\theta) + (1-\alpha)a}{(1+\alpha)(3-\alpha)},$$

$$S_{\Pi_3} = \frac{((1+\theta)R - c)(1+\alpha)(3-\alpha) - R(1+\alpha)(1+\theta) - (1-\alpha)a}{(1+\alpha)(3-\alpha)(1+\beta+\mu)}。$$

其中，$M = 2d - r\eta^2$，$N = 2d - r\eta^2 + 2dr\eta^2$。在低碳规制和绿色创新模型中，绿色效率目标函数的韧性拐点分别是：$(T_{E_2}, 0)$、$(S_{E_2}, 0)$、$(T_{E_3}, 0)$ 和 $(S_{E_3}, 0)$，企业效益目标函数的韧性拐点分别是：$(T_{\Pi_2}, 0)$、$(S_{\Pi_2}, 0)$、$(T_{\Pi_3}, 0)$ 和 $(S_{\Pi_3}, 0)$。

5.4.4.2　低碳规制对绿色创新绩效韧性拐点的影响

结论3：碳税和碳补贴对绿色效率及企业效益的作用有所不同，也就是说，在低碳规制作用下，绿色创新绩效的韧性拐点呈现差异性特征。

（1）$T_{\Pi_3} > T_{\Pi_2} > 0$ 恒成立，说明考虑绿色创新后，在碳税作用下，企业效益目标函数的韧性拐点向右移动了。

（2）$T_{E_2} + S_{E_2} > 0$、$T_{E_3} + S_{E_3} > 0$、$T_{\Pi_2} + S_{\Pi_2} > 0$ 和 $T_{\Pi_3} + S_{\Pi_3} > 0$ 恒成立，说明在碳税和碳补贴作用下，绿色创新绩效的韧性拐点至少有一个大于零，也就是说，碳税和补贴对绿色效率和企业效益目标函数影响的结果显示，其韧性拐点至少有一个为正数。

（3）其余各点比较视不同情况而异：若 $S_{E_2} > 0$，则有 $T_{E_2} > 0$；若 $S_{\Pi_2} > 0$，则有 $T_{\Pi_2} > 0$；若 $S_{E_3} > 0$，则有 $T_{E_3} > 0$；若 $S_{\Pi_3} > 0$，则有 $T_{\Pi_3} > 0$；反之，则不成立。也就是说，$T_{E_2} > S_{E_2}$、$T_{\Pi_2} > S_{\Pi_2}$、$T_{E_3} > S_{E_3}$ 及 $T_{\Pi_3} > S_{\Pi_3}$ 均成立的可能性比较大，这说明，在碳税作用下，绿色效率和企业效益目标函数的韧性拐点均出现向右移动现象。相对而言，在碳补贴作用下，绿色创新绩效的韧性拐点会来得更早一些。

5.4.5　三种效应的影响效果比较

为了进一步揭示低碳规制、绿色创新和碳市场化对绿色创新绩效韧性拐点的影响，采用数值算例予以直观展示。在政府与企业之间碳决策行为的演化博弈过程中，重点考察低碳规制激励行为对企业决策行为的影响，以及企业决策行为对政府决策目标的关联作用。首先，取参数值为：$a = 25$，$b = 4$，$c = 10$，$d = 1.5$，$R = 18$，$\alpha = 0.4$，$\beta = 0.3$，$\mu = 0.5$，$\eta = 0.4$，$\gamma = 2.5$，$\theta = 0.2$。其次，在横坐标上，分别对碳税和碳补贴进行赋值：当横坐标为碳税 T 时，赋值碳税 $T = (0, 10)$、碳补贴 $S = 6$；当横坐标为碳补贴 S 时，赋值碳补贴 $S = (0, 10)$、碳税 $T = 6$。由此可得，在碳税和碳补贴作用下，碳配额、碳减排、碳排放及双方目标最优解变化趋势，如图 5 - 3 - a、图 5 - 3 - b、图 5 - 3 - c 和图 5 - 4 - a、图 5 - 4 - b 所示。其中，G 和 q 下标数字 1、2 及 3，分别表示碳市场化、低碳规制及绿色创新。

5.4.5.1　三种效应对碳配额的影响

图 5 - 3 - a 反映了三种效应对碳配额的影响。从整体变化来看，在碳市场化、低碳规制和绿色创新的决策模式下，碳配额大小近乎不受碳补贴的影响；但随着碳税增加，碳配额呈现下降趋势。从横向比较速度减小变化来看，将市场价格机制对碳配额的调节作用作为参照，则低碳规制和绿色创新对碳配额的抑制作用相对较强。从纵向比较主次坐标变化来看，碳税作用下碳配额 G(T) 数值较大，而碳补贴作用下碳配额 G(S) 数值较小，因此认为，碳补贴比碳税更能抑制碳配额发行量。

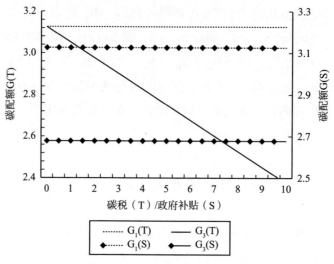

图 5 - 3 - a 三种效应对碳配额的影响

5.4.5.2 三种效应对碳减排的影响

图 5 - 3 - b 反映了三种效应对碳减排的影响。从整体来看，在市场价格机制作用下，企业不仅缺乏节约碳配额的动力，而且在一次分配碳配额

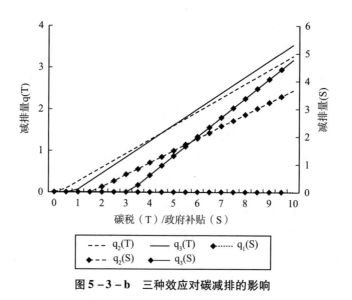

图 5 - 3 - b 三种效应对碳减排的影响

不能满足企业需求的情况下，还需要从二次分配碳配额市场中购买不足部分的碳配额（$q_1 < 0$）。随着碳税和碳补贴逐渐增加，碳减排量随之出现上升趋势，表明碳税和碳补贴均有助于刺激企业自主创新减碳意愿。从横向比较速度增加变化来看，绿色创新要比低碳规制对碳减排的促进作用更大，因此认为，绿色创新比低碳规制更有助于促进企业自主减碳意愿。从纵向比较主次坐标变化来看，碳税作用下碳减排量 $q(T)$ 数值较小，而碳补贴作用下碳减排量 $q(S)$ 数值较大，因此认为，碳补贴比碳税更能激发企业自主减碳意愿。

5.4.5.3　三种效应对碳排放的影响

图 5 - 3 - c 反映了三种效应对碳排放的影响。从整体来看，在市场价格机制作用下，碳排放量相对比较高；同时，随着碳税和碳补贴增加，企业碳排放量均呈现下降趋势。从横向比较速度减小变化来看，绿色创新要比低碳规制对碳排放的抑制作用大，因此认为，绿色创新对抑制企业碳排放的效果相对较好。从纵向比较主次坐标变化来看，碳税作用下排放量 $G(T) - q(T)$ 数值较大，而碳补贴作用下排放量 $G(S) - q(S)$ 数值较小，因此认为，碳补贴比碳税更能有效促进碳排放下降。

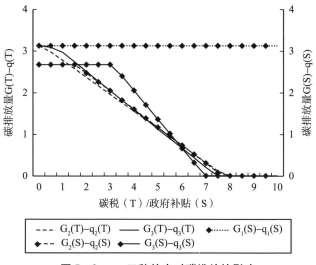

图 5 - 3 - c　三种效应对碳排放的影响

5.4.5.4 三种效应对绿色效率的影响

图 5-4-a 反映了三种效应对绿色效率的影响。从整体来看，市场价格机制没有提高绿色效率；随着碳税和碳补贴增加，绿色效率呈现逐渐上升趋势。从横向比较速度增加变化来看，绿色创新要比低碳规制对绿色效率的促进作用更大，因此认为，绿色创新对促进绿色效率的提升作用更大。从纵向比较主次坐标变化来看，碳税和碳补贴对绿色效率的作用有所不同，分为两种情况予以描述：当 T≤6 或 S≤6 时，碳税作用下绿色效率 E(T) 数值较大，而碳补贴作用下绿色效率 E(S) 数值较小，表明在碳税或碳补贴处于较低阶段时，碳税要比碳补贴更能促进绿色效率的提升；当 T>6 或 S>6 时，碳税作用下绿色效率 E(T) 数值的较小，而碳补贴作用下绿色效率 E(S) 数值较大，表明在碳税或碳补贴处于较高阶段时，碳补贴要比碳税更能促进绿色效率提升。

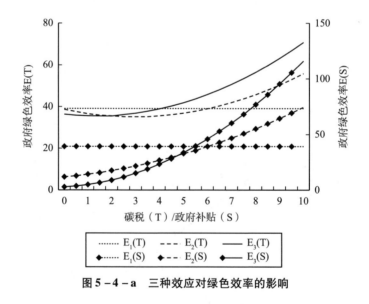

图 5-4-a 三种效应对绿色效率的影响

5.4.5.5 三种效应对企业效益的影响

图 5-4-b 反映了三种效应对企业效益的影响。从整体来看，市场价

格机制在理论上并没有促进企业效益的提升；随着碳税和碳补贴增加，企业效益呈现先减小后增加的变化趋势。从横向比较速度增长变化来看，绿色创新要比低碳规制对促进企业效益的提升作用更加明显，因此认为，绿色创新对促进企业效益的提升作用更大。从纵向比较主次坐标变化来看，碳税和碳补贴对企业效益的作用与图 5－4－a 相似，分为两种情况予以描述；当 T≤6 或 S≤6 时，碳税作用下企业效益 Π(T) 数值的绝对量较大，而碳补贴作用下企业效益 Π(S) 数值的绝对量较小，表明在碳税和补贴处于较低阶段时，碳税要比碳补贴更能促进企业效益的提升；当 T＞6 或 S＞6 时，碳税作用下企业效益 Π(T) 数值的绝对量较小，而碳补贴作用下企业效益 Π(S) 数值的绝对量较大，表明在碳税和补贴处于较高阶段时，碳补贴要比碳税更能促进企业效益的提升。

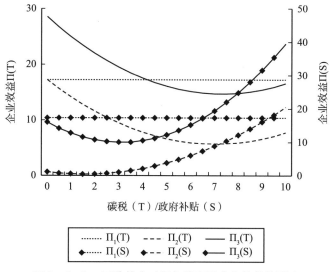

图 5－4－b　三种效应对绿色效率及企业效益的影响

综上所述，根据数值算例结果，可以将低碳规制、绿色创新及碳市场化对绿色创新绩效的影响进行整理，如表 5－4 所示。从表中可知，随着碳税和碳补贴的增加，绿色效率呈递增趋势，企业效益呈正"U"型变化。

而且，当碳税 T 约为 8 时，企业效益降至最低点，而后呈增长趋势；当碳补贴 S 约为 3 时，企业效益降至最低点，而后呈增长趋势。这说明，考虑企业绿色创新后，碳补贴比碳税更容易促使企业跨过韧性拐点，实现绿色创新对企业效益的补偿效应。因此认为，低碳规制、绿色创新和碳市场化对绿色创新绩效的影响效果存在差异性，低碳规制和绿色创新可以推动绿色效率持续提升，而绿色创新对企业效益具有双向作用机制，同时碳市场化起到调节作用。

表 5 - 4　　　　　　　　　三种效应对绿色创新绩效的影响结果

绿色创新绩效	低碳规制				绿色创新			碳市场化
	阶段	碳税	碳补贴					
碳配额	—	↓	—	弱	<	↓	>	弱
碳减排	—	↑	<	↑	<	↑	>	弱
碳排放	—	↓	<	↓	<	↓	>	弱
绿色效率	低	↑	>	↑	<	↑	>	弱
	高	↑	<	↑	<	↑	>	弱
企业效益	低	U	>	U	<	U	>	弱
	高	U	<	U	<	U	>	弱

注：↓表示下降，↑表示上升，<表示小于，>表示大于，—表示空值，U 表示正"U"型。

总体来说，从低碳规制、绿色创新和碳市场化对绿色创新绩效的影响比较来看，首先，绿色创新的作用最大，但需要以低碳规制作为前提条件，因为没有低碳规制驱动效应，企业自主实施绿色创新的意愿不强；其次，低碳规制本身是外生性助推动力，单纯靠环境成本的作用也产生负外部性问题，故而需要激发企业内生性绿色创新动力；最后，由于企业在完全市场下不愿意主动减碳，目前碳配额市场也未形成有效机制，使碳市场化的调节作用相对较弱，而且是以低碳规制作为前提条件、绿色创新作为必要条件。

5.5　本章小结

本章运用演化博弈方法对政府与企业之间碳决策行为进行模拟，分析了低碳规制工具的选择及企业适应低碳规制的能力，进而探讨了基于企业韧性能力的低碳规制对绿色创新绩效的影响效应，主要体现在低碳规制驱动效应、绿色创新补偿效应和碳市场化调节效应三个方面。利用政府绿色效率目标函数与企业经营效益目标函数，构造绿色创新绩效目标函数，对三种影响效应进行数理分析：首先，假定政府为控制企业碳排放而采用碳配额方式，通过核定并发放给碳配额来决定企业的产量，分析适当的低碳规制工具能否实现绿色效率与企业效益协调创新，在适度的低碳规制与绿色创新发挥作用下可以起到协同创新的双赢期望效果，也就是政府环境绩效与企业经济绩效协调增长；其次，假定存在实施绿色创新的低碳企业和未实施绿色创新的高碳企业，利用古诺模型与斯坦克尔伯格模型进行均衡求解，分析绿色创新是否能够补偿企业绩效的韧性，使其可以获得预防性资金补偿，通过低碳规制强度的调节效应，可以实现绿色创新的路径选择；最后，在政府与企业决策行为的演化博弈过程中，形成了政府主导的碳配额分配市场和企业主导的碳配额交易市场，二级市场运行机制分析碳排放交易机制，探讨了碳市场化对绿色创新绩效韧性拐点的调节作用，进而比较分析了低碳规制、绿色创新和碳市场化对绿色创新绩效的作用差异，为下一步构建理论框架与提出研究假设奠定基础。

第6章 低碳规制与绿色创新协同的理论假设

在企业成长理论分析、演化博弈均衡求解的基础上，已阐释低碳规制下企业韧性能力的形成机理、内在本质、外在表现，及两者相互作用对绿色创新绩效的协同增长、路径选择、韧性拐点的影响效应。根据上述理论研究推论，即低碳规制冲击了企业绩效，导致企业韧性能力产生抵抗力，进而通过绿色创新改进企业绩效，表现为绿色全要素生产率增长曲线呈现阶段性变化，并跨越绿色创新绩效韧性拐点，恢复至新的发展路径上。以此为基础，本章构建了理论框架，也就是将企业绿色创新绩效作为被解释变量，低碳规制工具作为解释变量，绿色技术创新与绿色创新投资作为中介变量，并结合低碳规制强度和碳市场化指数的交互作用作为调节变量；然后，针对政府低碳规制与企业绿色创新的协同效应分别提出研究假设。

6.1 低碳规制与绿色创新协同的理论框架

从企业成长理论的外生发展与内生增长两个范式对相关文献进行细致梳理，可以发现，学者们解决外部性问题的研究思路主要是从外部性衍生交易成本方面对低碳规制解决负外部性问题进行产业层面研究，目前仍缺乏揭示企业内部能力应对低碳规制产生负外部性问题的反作用研究。实际上，低碳规制提供了企业绿色低碳转型外部助推动力，并试图刺激企业内生性绿色创新动机，给企业创造了低碳转型的变革机会，同时也滋生了影响外部环境变化的动荡性因素，为企业低碳转型之路埋下潜在隐患。在这种动荡的环境中，企业如何抵御外部冲击形成的低碳转型困境，并转危为安以延续企业生命周期复生路径，已成为当前亟须解决的现实问题。然而，由于低碳规制研究较多侧重于企业同质性因素，将企业视为"黑箱"放置于产业经济与产业结构层面进行研究，较少考虑企业异质性因素，基本上较少涉及企业韧性能力的反作用，导致企业低碳转型失败风险频发，这显然对企业低碳管理实践活动缺乏精准的指导性理念。另外，在以绿色创新为核心的战略管理研究中，学者也没有注意到低碳规制对企业绩效的根本性冲击，即使已经意识到今后一段时间内企业生产方式需要依赖于低碳优势发展路径，却较少提及企业应对低碳环境变化的内部抵抗力，缺少对绿色创新绩效韧性恢复路径的理论解释。这是因为，动态能力理论相关研究，从满足市场需求导向出发，通过内部资源整合、知识协调创新及制度流程再造等方面进行研究，将环境适应性纳入新的核心优势构建中，但动态能力的模糊性和抽象性又容易引发"能力悖论"问题，在实际操作中并没有较好地发挥指引性作用，进而使这种动态适应性研究也没有触及企业抵抗力与恢复力的韧性表现。因此，本书充分考虑了企业内生性与外生性相互作用的影响因素，从内部知识性资源学习与再造过程，分析企业应对外部环境变化做出反应的韧性能力，在动态适应环境变化中开展绿色创新活动以突破原有路径依赖性，并搜寻可持续发展的低碳优势的新发展路径，进而从企业韧性能力视角，探讨了低碳规制对绿色创新绩效的影响效应，这对于企业绿色创新绩效韧性能力构建具有重要的现实意义。

总而言之，政府与企业之间碳减排目标并非总是一致的，容易造成减碳与增效之间的矛盾，使企业受制于低碳规制外部压力而采取可能有碍于自身利益的低碳措施，但这无法改变企业在本质上追求低成本与高收入的利润最大化需求，只有通过绿色创新提升效率来降低环境成本，不断促进企业绩效增加，方能激发企业自主创新减碳意愿，所以，政府与企业碳决策行为一致性目标嵌合在绿色全要素生产率的提升上，进而使企业获取绿色创新绩效表现出双元性特征。按照王敏和陈继祥（2008）的组织双元性理论研究内容，企业在低碳知识学习与绿色技术创新过程中，存在探索性与利用性的悖论，表现为两种截然不同的目标要求。就企业战略来说，一般认为战略关注远期规划，但实际上企业战略的成功，更多地取决于长期规划和短期策略相结合，且与外部环境相匹配，也就是说，企业应着眼于未来发展远景，利用现有知识结构与潜在知识创造，通过探索式创新寻找绿色低碳发展新机会，研制绿色低碳新技术、新产品，借助组织学习、试错及再试验过程，不断地提高绿色技术创新水平；同时，企业还需要着手于当前稳定发展，通过利用式创新把握已有机会，改进已有产品，满足已有顾客需求，在短期内借助冗余资源，以企业现有资本作为绿色创新投资，体现了冗余资源构成的缓冲作用。

根据上述理论分析，在低碳规制的作用下，一方面，采用命令型控制工具，强迫企业实施碳减排措施；另一方面，采用市场调节型工具，激发企业自主绿色创新减碳意愿，推动减碳的同时不断改善企业绩效。同时，绿色创新在低碳规制对绿色创新绩效的影响中发挥着重要的中介作用，并受到碳市场化调节影响。由于低碳规制调控企业环境成本，导致绿色创新绩效先呈现下降趋势，碳决策的关键任务是通过搜寻韧性拐点找到新的发展路径，实现减碳增效目标。因此，本书的理论框架设定如下。

第一，解释变量为低碳规制，分为市场调节型工具和命令控制型工具。市场调节型工具包括碳税、碳补贴、碳排放权交易机制等；命令控制型工具主要体现在低碳规制强度上。

第二，被解释变量为绿色创新绩效，包含绿色全要素生产率、企业全要素生产率、碳排放及企业价值等经营效益方面的补充考虑。

第三，中介变量为绿色创新，本书将企业韧性能力外在表现的两个方面，即绿色创新投资和绿色技术创新，作为低碳规制对绿色创新绩效影响的中介变量。

第四，调节变量。本书充分考虑了碳市场化对绿色创新投资的作用、低碳规制强度对绿色技术创新的作用，将碳市场化指数与低碳规制强度及其交互项作为调节变量，表征低碳规制的市场调节型和命令控制型两种工具的影响效应，用来分析政府采用不同的规制工具间交互作用所起的调节作用。

综上所述，可以绘制本书的具体理论框架，如图 6-1 所示。

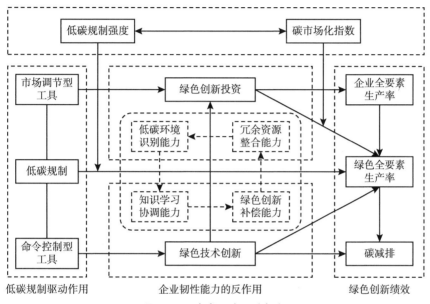

图 6-1 本书研究理论框架

6.2 低碳规制与绿色创新协同的研究假设

根据解释变量、中介变量、调节变量与被解释变量之间的关系分析，进一步可以划分为三种效应：一是低碳规制驱动效应，以低碳规制对绿色全要素生产率的直接影响效应来表征低碳规制对绿色创新绩效的驱动作用；二是绿色创新补偿效应，以绿色创新投资和绿色技术创新作为中介变量，表明绿色创新在低碳规制与绿色创新绩效关系中的间接影响效应，用来表征企业韧性能力反作用于低碳规制进而对绿色创新绩效产生间接影响；三是碳市场化调节效应，以低碳规制强度和碳市场化指数的交互作用作为调节变量，考察其在低碳规制与绿色创新绩效关系中的调节影响。基于以上三种效应分析，结合理论框架，并借鉴现有相关研究结论，提出以下研究假设。

6.2.1　低碳规制驱动效应研究假设

低碳规制通过激励约束机制的作用，在促进企业碳减排的同时，也对绿色创新绩效产生重大冲击，表现为绿色全要素生产率呈非线性变化趋势。首先，需要低碳规制强度与企业碳排放情况进行合理匹配，王杰和刘斌（2014）表明，环境规制对全要素生产率呈倒"N"型影响，实施强制减碳措施在短期内即可见到效果，但也容易滋生负面效应，又使全要素生产率呈现波动性。其次，碳配额市场交易机制也需要适当地选择核算方式，汤铃等（2014）认为，采用以祖父准则核算法则为主的碳排放权配置政策，对经济产生冲击相对较小，故而可以利用碳交易价格灵敏度，针对碳排放量大的企业达到减碳控排目的。最后，低碳价值链定位也可能造成企业能耗比存在差异，廖诺等（2018）研究发现，随着碳交易价格上升，各节点企业利润呈下降趋势，而减碳效果则随着碳配额下降而出现上升趋势。低碳规制工具对绿色创新绩效形成的差异性影响，主要表现在以下几个方面：

6.2.1.1　碳税和碳补贴对绿色创新绩效的影响

国外采用碳税政策取得了一些值得借鉴成果，例如，日本针对燃油、煤炭及气态氢进行分类征税，逐步递增税率，既保障了碳税政策执行，也使企业获取了较好绩效（刘家松，2014）；德国针对产品及所处行业实行差别化的碳税率，以降低退休金等方式将大部分碳税额精准补贴给绿色创新企业，促进了企业绿色创新水平提升。也就是说，实施碳税的作用体现在两个方面：一方面，借助价格机制对企业超额碳排放量征收碳税，推高了企业能耗成本，使其支付额外环境成本，相对抬高了采掘业和制造业等高耗能产业的生产成本（管治华，2012）；另一方面，碳税也增加了高碳产品的价格，使生产者和消费者转向购买清洁能源或低碳产品，推动了产业结构优化调整，进而可以促进行业绿色效率提升，不仅达到减碳目的，而且增加了社会福利。

与碳税增加企业成本不同，碳补贴是政府无偿资助企业的一种财政专项资金，通过影响碳产品价格结构，使低碳产品价格能够吸引更多客户需求，从而改善碳资源配置的供需结构，扩大消费者对低碳产品的需求，增强企业绿色创新投资意愿，有利于低碳产业转型发展，进而有效抑制碳排放量。现阶段企业碳减排较多采用关停、限停等方式，较少运用碳减排技术实现清洁生产。给予碳减排技术及绿色创新适当补贴，可以引导企业增加碳减排技术研发投入（沈洪涛等，2017），加快企业向绿色低碳转型发展，尤其是对电力、采矿等高碳敏感行业给予碳补贴，在一定程度上可以减少低碳规制对绿色创新绩效的负向影响效应（闫冰倩等，2017）。

因此，本书提出以下研究假设。

H1a：不同低碳规制工具对绿色创新绩效具有差异化影响。

H1b：碳补贴对绿色全要素生产率具有非线性影响。

H1c：碳税对绿色全要素生产率具有非线性影响。

6.2.1.2 碳交易对绿色创新绩效的影响

中国碳市场的实践显示，碳交易通过优化能源消费结构，可以显著影响产业结构优化调整，不仅能降低碳排放强度，而且获得了环境红利（任亚运和傅京燕，2019）。在碳交易市场中，以碳配额作为基准，企业碳配额的供求关系决定了碳交易价格，当碳配额小于碳需求时，会抬高碳减排耗费的环境成本，倒逼企业生产技术转型升级，从而促进减碳效果；当碳配额较大时，则可能使企业减碳效果不佳。若将企业异质性纳入碳交易分配规则，还可以提高碳交易的活跃度与持久度，增强企业相对竞争力（曹翔和傅京燕，2017）。众多研究表明，碳交易增加了技术效率进而产生减碳效应，有利于降低整体碳排放量，但也存在诸如不可预测的碳泄漏、对人均排放量的减排效果不显著等问题，使碳交易政策未必能够起到节能减排、促进经济发展的效用，从而影响全要素生产率提升（Venmans，2012）。杨长进等（2021）认为，碳交易市场机制具有两面性，既有正面效应，可以增进碳减排效果、发现碳价成本、促进全球一体化减碳机制及倒逼企业减碳科技创新，又有出于碳市场非自愿性原因而产生的负面效应，从而增加了市场主体间的不公平性、转嫁给消费者负担成本及造成地区间碳转移等问题。范丹等（2017）进一步研究发现，碳交易政策虽然有助于推动试点地区技术进步、降低碳排放量，但同时环境规制强度也对各省份工业全要素生产率及技术进步率有显著的负效应。也就是说，从整体来看，碳交易不仅可以优化资源配置，而且能够提升企业效益，促进绿色全要素生产率的提升；从个体来看，碳交易也可能会出现阶段性的非期望效果。因此，本书提出以下研究假设。

H2a：低碳规制对绿色创新绩效具有非线性影响。

H2b：碳交易对企业全要素生产率具有非线性影响。

H2c：碳交易对绿色全要素生产率具有非线性影响。

6.2.1.3 低碳规制对绿色创新的影响

"波特假说"研究认为，适当的低碳规制可以刺激绿色创新，迫使企业加大绿色投资，选择自主创新或者合作创新等方式，建立利益共享、成本共担机制，开发绿色低碳新技术、新模式，改善企业碳减排收益（汪明月等，2019）。同时，绿色创新通过效率提升与技术进步，增强了企业相对竞争优势，使低碳规制对绿色创新绩效的作用方向存在不确定性（雷明和虞晓雯，2013）。在利益诱导与高压政策共同影响下，企业寻求经济绩效与环境绩效协调发展，开展绿色创新动力更多地来自外部减碳压力和内部减碳动力有机结合，如樊等（Fan et al.，2007）所说，不同产业碳减排呈显著异质性，重点碳源行业受较大减碳压力，相对增加了企业对低碳规制敏感度。因此，低碳规制对绿色创新、节能减排和企业利润具有辐射作用，低碳规制是企业创新韧性得以发挥的刺激性因素，企业面对低碳规制工具的压力，通过绿色创新达到节能减排和增加利润的目的。也就是说，低碳规制驱动企业开展绿色创新活动，可以间接产生良好的绿色创新绩效。

综上所述，有必要设计一个互动共融的低碳政策链，使各项政策间相互协同、有效搭配，从而更有效地契合碳减排的阶段性与行业差异性特征（林永居，2014）。易明和程晓曼（2018）认为，碳税、碳补贴及碳交易共同决定了企业绿色创新的水平，按碳补偿比上限进行补贴，这样既可以减缓企业利润下降幅度，也能够提升减排效果。所以，政府应采取不同的低碳规制工具，充分考虑低碳规制的多样性与协调性，发挥多种工具的综合效应。因此，本书提出以下研究假设。

H3a：低碳规制可以促进绿色技术创新的提升。

H3b：碳税对绿色技术创新具有正向影响。

H3c：碳补贴对绿色技术创新具有正向影响。

H4a：低碳规制可以促进绿色创新投资的提升。

H4b：碳税对绿色创新投资具有正向影响。

H4c：碳补贴对绿色创新投资具有正向影响。

6.2.2 绿色创新补偿效应研究假设

6.2.2.1 绿色技术创新与绿色创新绩效的关系

由于经济发展与资源环境矛盾日趋尖锐，中国绿色全要素生产率增长趋缓，使提高绿色技术创新水平成为驱动绿色发展主要动力（王林辉等，2020）。面向生态环境的企业绿色技术创新，延续了熊彼特创新理论范式，为减少环境污染和降低能源消耗而进行技术、工艺或产品转型升级，对绿色全要素生产率产生重要影响（朱军，2017）。实际上，绿色技术创新对绿色全要素生产率的影响方向并不一致，不同的技术创新路径表现出异质性特征，绿色技术创新的节能降耗绩效较高，而能源消耗结构的碳减排绩效较高（钱娟和李金叶，2018）。也就是说，绿色技术创新与绿色创新绩效之间表现为一种非线性关系。基于此，本书提出以下研究假设。

H5a：绿色创新对绿色创新绩效具有非线性影响。

H5b：绿色技术创新对绿色全要素生产率具有非线性影响。

H5c：绿色创新投资对绿色全要素生产率具有非线性影响。

6.2.2.2 绿色技术创新与绿色创新投资的关系

企业绿色技术创新将要素资源转化为绿色产出过程，受到资金、人才、知识等资本投入的制约，与绿色创新投资之间存在显著相关性。兰茹等（Lanjouw et al.，1996）实证结果显示，环境污染治理投资对绿色专利数量有显著正向促进作用，表明绿色创新投资越多，绿色技术创新水平越高。企业开展绿色技术创新活动确实需要消耗大量的人、财、物及信息资源，最为直接地需要绿色资金大力扶持，但邹小芃等（2019）发现，投资者持有绿色证券基金不能督促企业履行环境责任，他们更期望通过持有基金实现个体收益最大化。而且大多数企业开展绿色技术创新的资金并不富裕，故借助于绿色技术成果转化可以吸引更多资金参与绿色低碳项目，如郭滕达和赵淑芳（2019）认为，应针对绿色创新投资领域建立相应的绿色银行，以绿色技术成果转化与绿色投融资作为主营业务，为绿色技术创新提供金融服务。因此，本书提出以下研究假设。

H6：绿色技术创新与绿色创新投资之间具有正相关关系。

6.2.2.3 绿色创新投资与绿色创新绩效的关系

绿色创新投资对绿色全要素生产率的影响呈阶段性特征，政府采用减税或补贴等方式，引导更多资金流向绿色产业，有利于增加绿色福利（廖显春等，2020）。王艺明等（2014）表明，保持财政支出规模不变，提高非生产性公共品支出或降低生产性公共品支出，有助于提升碳减排的效果；雷明和虞晓雯（2013）指出，政府增加科技财政支出可以促进绿色全要素生产率增长，而征收排污费及污染治理投资不利于绿色全要素生产率。因此，绿色创新投资须有持续的绿色技术创新，促成绿色技术成果转化，以抵消不利的影响效应，促进绿色效率的提升。

绿色创新投资是提升绿色全要素生产率的关键环节，但目前企业绿色创新投资效率总体偏低，原因在于：首先，企业绿色创新投资人才缺乏，环境投资管理方式粗放，忽视绿色要素资源优化配置，出现绿色资本过度冗余问题；其次，纯技术效率与规模效率支撑乏力，绿色技术管理水平较低，使绿色资源虚耗过多；最后，企业绿色创新投资具有多重效应，对绿色技术进步的要素配置效率有正向作用，而对绿色要素投入产出增长的规模效率有负向效应，导致绿色效率呈阶段性下降趋势。因此，如果企业绿色创新投资单纯聚焦利益回报，有可能会造成绿色效率不断下降；当企业绿色创新更多专注于低碳治理水平提升，才可以减少不必要的非期望产出，并持续改善低碳技术的约束条件。基于此，本书提出以下研究假设。

H7a：绿色创新在低碳规制与绿色创新绩效关系中发挥中介效应。

H7b：绿色技术创新在低碳规制与绿色全要素生产率关系中发挥中介效应。

H7c：绿色创新投资在绿色技术创新与绿色全要素生产率关系中发挥中介效应。

6.2.3　碳市场化调节效应研究假设

在理论框架中，碳市场化在低碳规制与绿色创新绩效关系中发挥着调节作用，主要包括两个变量即碳市场化指数与低碳规制强度。

6.2.3.1　低碳规制强度对绿色技术创新与绿色创新绩效关系的调节效应

由于企业外部环境的不确定性，低碳规制产生的作用越发复杂，促进绿色技术创新的同时，也促进了非绿色技术创新；解决企业碳排放外部性问题的同时，也产生了环境成本导致逆向选择的碳减排负外部性问题，使低碳规制的效力打折扣，而偏离初定战略目标。因此，需要注意低碳规制强度的调节效应，主要考虑：第一，不同的低碳规制强度影响企业采用绿色技术创新方式，规制强度较大的命令控制型工具促使企业采取较果断而短视的减碳方式，而规制强度较缓和的市场调节型工具则更能促进企业改善绿色技术研发投入，推动企业自主绿色创新和引进绿色技术，进而促进绿色全要素生产率提升（刘祎等，2020）。第二，调整低碳规制强度对绿色创新绩效的影响呈现非线性特征，采用严格的低碳规制可以促使企业绿色技术创新水平提升，间接对制造业转型升级产生正"U"型影响（原毅军和陈喆，2019）。第三，调整低碳规制强度在短期内有利于刺激企业绿色技术创新，而在长期则需要调整低碳规制强度作用于绿色创新投资，使企业绿色创新水平得以不断提升，才能更好地提高绿色创新绩效（张旭和王宇，2017）。第四，加大对高碳企业的低碳规制强度，也有助于绿色技术研发提升能源使用效率，从而平衡低碳规制惩罚政策给企业绩效带来的消极影响。

6.2.3.2 碳市场化指数对绿色创新投资与绿色创新绩效关系的调节效应

低碳规制促进绿色创新对绿色创新绩效产生间接效应，也受到碳市场化的调节作用（李瑞琴，2020）。增加企业投资可以促进技术创新，但结合低碳规制并不能促进绿色技术创新，因为企业追求短期利润最大化而不期望长期沉没成本，故而需要营造良好的投资环境，保障绿色创新投资有效供给，方能有效促进企业获取更多绿色创新绩效（裴潇等，2019）。以往研究表明，不同程度的碳市场化指数对绿色技术创新呈现差异化影响：一方面，较低的碳市场化指数限制了要素在地区内自由流动，造成企业间低效竞争和要素资源配置扭曲，产生负面示范效应，从而抑制了企业绿色技术创新（刘锦和王学军，2014）；另一方面，较高的碳市场化指数能够改进要素配置方式，提高绿色创新投资效率，促进绿色技术创新水平提升。所以，利用碳市场化手段改善绿色创新投资环境，通过简化行政审批程序，界定不同碳配额主体的所有权，可以提高资源配置与资本使用效率；同时，在保证碳排放权充足情况下，利用碳配额市场交易价格变动，也可以增加企业绿色创新投资，获得更好的减碳收益（黄帝等，2016）。因此，发挥低碳规制工具对绿色创新绩效有效的影响效应，需要处理好碳市场化指数与低碳规制强度的交互作用，毕竟碳排放权交易机制是当前大家公认的降碳协同增效的有效方式，尤其是在碳边境调节机制实施之后，务必要动态地适应本地区碳市场化进程来选择较为合适的低碳规制强度。所以，本书提出以下研究假设。

H8：低碳规制强度较高，强化了绿色技术创新与绿色全要素生产率的关系。

H9：碳市场化指数较高，削弱了绿色创新投资与绿色全要素生产率的关系。

6.3　本 章 小 结

低碳规制与企业韧性能力相互作用的结果，表现在政府与企业双方协同推动绿色全要素生产率提升上，进而使企业获取可持续发展的低碳优势。企业绿色创新绩效不仅取决于低碳规制驱动效应，而且取决于企业韧性能力对低碳规制反作用水平，表现为绿色创新在低碳规制与绿色创新绩效关系中发挥着中介效应，还受到低碳规制强度与碳市场化指数交互作用的调节影响。因此，基于企业韧性能力的低碳规制对绿色创新绩效影响效应，本章构建了基本的理论框架，并从直接效应、间接效应及调节效应三个方面分别提出了本书的主要研究假设（见表 6 -1）。

表 6 -1　　　　　　　　　　　　假设关系

作用关系	具体假设
低碳规制驱动效应（直接效应）	H1a：不同低碳规制工具对绿色创新绩效具有差异化影响
	H1b：碳补贴对绿色全要素生产率具有非线性影响
	H1c：碳税对绿色全要素生产率具有非线性影响
	H2a：低碳规制对绿色创新绩效具有非线性影响
	H2b：碳交易对企业全要素生产率具有非线性影响
	H2c：碳交易对绿色全要素生产率具有非线性影响
	H3a：低碳规制可以促进绿色技术创新的提升
	H3b：碳税对绿色技术创新具有正向影响
	H3c：碳补贴对绿色技术创新具有正向影响
	H4a：低碳规制可以促进绿色创新投资的提升
	H4b：碳税对绿色创新投资具有正向影响
	H4c：碳补贴对绿色创新投资具有正向影响

作用关系	具体假设
绿色创新 补偿效应 （中介效应）	H5a：绿色创新对绿色创新绩效具有非线性影响
	H5b：绿色技术创新对绿色全要素生产率具有非线性影响
	H5c：绿色创新投资对绿色全要素生产率具有非线性影响
	H6：绿色技术创新与绿色创新投资之间具有正相关关系
	H7a：绿色创新在低碳规制与绿色创新绩效关系中发挥中介效应
	H7b：绿色技术创新在低碳规制与绿色全要素生产率关系中发挥中介效应
	H7c：绿色创新投资在绿色技术创新与绿色全要素生产率关系中发挥中介效应
碳市场化 调节效应	H8：低碳规制强度较高，强化了绿色技术创新与绿色全要素生产率的关系
	H9：碳市场化指数较高，削弱了绿色创新投资与绿色全要素生产率的关系

第7章 低碳规制与绿色创新的协同路径

本章利用中国上市公司及所在地区经验数据，对本书的理论框架与研究假设进行计量分析。首先，简要说明研究设计，对样本选取、数据来源、变量测度及数据统计等进行描述性分析；其次，利用三重门槛、双重差分及中介调节等计量方法，分别对低碳规制驱动效应、绿色创新补偿效应和碳市场化调节效应的研究假设一一进行实证检验；最后，进一步讨论全要素生产率与碳排放的关系，分析低碳规制影响下绿色全要素生产率增长曲线变化趋势，阐述其韧性拐点特征及韧性能力体现。

7.1 研究设计

7.1.1 样本选择与数据来源

鲍健强等（2008）指出，在工业化进程中主要以碳氢化合物组成的化石能源作为支撑，形成了钢铁、建材、机械、电子等高耗能工业化产业，这些化石能源高碳产业增加值与生产过程中产生的 CO_2 排放量之间呈线性相关关系。也就是说，碳排放企业重点分布在消耗化石能源的行业或领域，而低碳规制也重点选择这些高污染、高耗能、高排放行业相关企业，作为减碳控排的主要对象。因此，本书选择样本与数据来源主要考虑以下三个方面。

首先，根据碳税、碳补贴及碳交易等低碳规制的理论研究与实践研究情况，再结合数据可获得性、使用双重差分方法等因素考虑，本书将2006～2017年作为研究时间，从国泰安数据库、锐思数据库、《中国统计年鉴》、各省统计年鉴及上市公司年报等数据库，选取中国省际及重点碳源行业上市公司面板数据，经过匹配与均衡处理，可获得样本为11532个，以此作为碳税、碳补贴及碳交易对绿色创新绩效影响的整体研究样本。

其次，为确保变量序列稳定性与有效性，将无法满足面板平衡及缺失值数据剔除后，按照（5%，95%）进行缩尾处理，以保证数据不至于出现过大偏差，从而得到样本为10092个，以此作为碳税、碳补贴对绿色创新绩效影响的主要研究样本。

最后，按照高碳产业碳排放标准，结合我国碳排放试点范围，以北京、天津、上海、重庆、深圳、广东、湖北七个地区为试点区域，以化工、建材、有色、造纸、石化、钢铁、电力和航空八个重点碳源行业为基础，最终选取上市公司244家，其中，实验组企业58家、参照组企业186家，获得样本数2928个，以此作为碳交易对绿色创新绩效影响的主要研究样本。

综上所述，本书的计量分析主要基于以上样本数据进行实证检验，由三组抽样数据的实证检验得出结果，然后比对验证分析研究结果进而归纳结论，并给出了主要研究样本的检验结果。

7.1.2 变量测量

7.1.2.1 被解释变量

本书以政府与企业碳决策行为的演化博弈为基础，构造兼有绿色效率与经营效益的绿色创新绩效目标函数及理论框架。在实证检验中，将绿色创新绩效设定为被解释变量，既包含绿色全要素生产率及碳排放等绿色效率指标，也包含企业全要素生产率及企业价值等经营效益指标，具体如下。

（1）绿色全要素生产率（GTFP）。根据赵佳风和马占新（2018）的研究，使用包络分析方法（DEA）对企业环境效率、工业绿色全要素生产率及农业绿色全要素生产率等进行测评做法，本书采用 DEAP – Malquist 指数方法，利用软件 DEAP2.1 测量绿色全要素生产率，主要使用以下指标：一是投入方面，按照陈超凡（2018）的研究，将企业投入要素设定为包括劳动力、资源消耗和固定资产投入的指标，分别用员工人数、企业能源消耗比及固定资产存量表示。以 2005 年作为初始值，采用永续盘存法对资本存量进行计算。二是期望产出方面，主要以企业工业总产值表示，利用收入法计算获得。三是非期望产出方面，以 CO_2、SO_2 和废水排放量表示，借鉴崔兴华和林明裕（2019）的做法，将企业污染物排放量以地区各污染指标的调整系数（地区所占全国污染物排放量的比值/地区所占全国工业总产值的比值）和企业工业产出系数（企业与地区工业产出的比值）的乘积计算。企业数据来源于国泰安数据库、污染物数据来源于各省统计年鉴。

（2）企业全要素生产率（ETFP）。参考鲁和于（Lu and Yu, 2015）的 OP 方法，利用 Stata 中 opreg 命令程序计算获得。主要变量为主营业务收入、固定资产、公司购买商品、接受劳务实际支付的现金、资本性支出、是否退出市场、公司成立时间以及企业性质虚拟变量。数据主要来源于国泰安与锐思数据库，辅助同花顺、新浪财经等数据库。

（3）碳排放总量（TCE）。从 IPCC Sectoral Approach 直接检索到 2006 ~ 2016 年各省份碳排放总量的数据。2016 年和 2017 年省份碳排放量数据进行平滑测算：中国碳排量 2016 ~ 2018 年变动系数为 – 0.5%、3.5% 和 2.5%，然后以 2015 年数据为基数，根据变动系数测算碳排放总量。进而，利用相关分析法，以各地区年度能源消耗核算系数，与本年度碳排放总量平衡后，可得 2016 年和 2017 年地区碳排放总量。

（4）碳排放强度（ICE）。地区碳排放强度可以通过省份碳排放总量与所在省份地区生产总值（GDP）之间比值进行计算获得。企业碳排放强度则按照绿色全要素生产率中非期望产出的测算污染指标的调整系数方法获取。

（5）企业价值（EV），主要用来反映企业潜在或预期的获利与成长能力，以股权价值与企业负债之和计算，数据来源于国泰安财务报表。

7.1.2.2 解释变量

本书以低碳规制作为解释变量,并根据资源调节方式不同将其分为两种工具:市场调节型工具包括碳税、碳补贴及碳交易等指标;命令控制型工具主要考虑低碳政策调整速度造成企业碳减排强度发生变化,用以分析低碳规制对绿色创新绩效的直接效应。

(1)碳交易(Ctra)。本书将试点地区八个行业企业作为实验组,非试点地区八个行业企业作为参照组,treated 表示位于试点地区八个行业企业,赋值为1;非试点地区八个行业企业,赋值为0。time 为试点碳交易政策,以2013年为界限,实施政策之后赋值为1,实施政策之前赋值为0。以 treated × time 衡量,若取值为1,表示实施碳交易试点政策;若取值为0,则表示未实施碳交易试点政策。

(2)碳补贴(Csub)。借鉴李政等(2019)做法,从国泰安报表提取节能、减排、绿色、环保、清洁、能源、环境、废气及碳排放、碳交易字段的数据,若空值则为0。

(3)碳税(Ctax),以大气排污费作为代理变量。中国自2018年实施环境保护税之前收取排污费,首先,根据《排污费征收标准管理办法》相关规定,大气污染物当量价格为0.6元/千克,水污染物当量的价格为0.7元/千克,固体废弃物当量的价格为25元/吨,分别用工业二氧化硫排放量、工业氧化物排放量和工业固体废弃物排放量乘以单价,求得全国和各地区大气污染排污费比例系数 δ_C^1 和 δ_P^1;其次,根据2005～2010年《生态环境统计年报》中大气污染排污费实际占比,利用标准差调整全国2011～2017年全国大气污染排污费比例系数,得到校正系数 δ_C^2;最后,利用公式 $\frac{\delta_C^2}{\delta_C^1} \times \delta_P^1$,可以得到调整之后各地区大气污染排污费系数 δ_P^2,将之与各地区排污费金额相乘即为估算碳税。

7.1.2.3 中介变量

根据"波特假说"的研究内容,本书以绿色创新作为政府低碳规制工具与企业绿色创新绩效之间关系的中介变量,并将该变量分为绿色技术创新及绿色创新投资两个指标，用来阐述企业开展绿色创新活动可以扭转低碳规制导致的经营效益下降趋势，且在资本与技术因素的共同影响下对绿色全要素生产率产生积极作用。

（1）绿色技术创新（Gtec），借鉴毕克新等（2011）投入产出法，结合任亚运和傅京燕（2019）碳硫协同减排研究结论，将绿色技术创新以 CO_2 和 SO_2 污染物排放量与工业增加值之比进行衡量。

（2）绿色创新投资（Ginv），主要针对工业污染治理问题所进行的投资，以中国各城市工业污染治理完成投资额来衡量各地区工业污染治理资本要素投入。

7.1.2.4　调节变量

主要考虑低碳规制强度和碳市场化指数两个指标及其交互作用对绿色创新绩效产生的调节效应。

（1）碳市场化指数（Mark）。本书以市场化指数作为代理变量，主要研究市场化进程中企业外部营商环境条件变化对企业绿色创新投资及碳排放活动的影响。参考《中国分省份市场化指数报告》的研究，为统一口径以 2008 年和 2009 年为基数，相除此后年份数据可得两组系数求平均值，辅以趋势分析法修正，并用城市所在省份碳排放量与 GDP 占比进行折算。

（2）低碳规制强度（Regu），根据董直庆和王辉（2019）研究方法，通过计算各城市 CO_2 和 SO_2 污染排放量综合指数的平均值来衡量。步骤如下：首先，以城市 GDP 所占省份比值作为系数，分别计算城市 CO_2 和 SO_2 污染物排放量；其次，利用最大最小值方法分别对城市 CO_2 和 SO_2 污染物排放量进行标准化处理；再次，分别将样本区域内 CO_2 和 SO_2 污染物排放量的平均水平设定为调整参数；最后，计算 CO_2 和 SO_2 污染排放量综合指数的平均值，即为低碳规制强度的代理变量。

7.1.2.5　控制变量

考虑到绿色创新绩效的影响因素是多方面的，在低碳规制影响模型中选取控制变量（见表 7-1），主要考虑以下五个方面。

表 7 - 1   **变量测量方法及说明**

类型		变量名称	符号	测量方法及说明
被解释变量	1	绿色全要素生产率	GTFP	采用 DEAP - Malquist 指数方法，利用软件 DEAP2.1 测算投入、期望产出及非期望产出
	2	企业全要素生产率	ETFP	参考鲁和于（Lu and Yu）的 OP 方法，利用 Stata 中 opreg 命令程序计算获得
	3	碳排放总量	TCE	从 IPCC Sectoral Approach 直接检索 2006~2016 年各省份碳排放总量的数据。然后，对 2016 年和 2017 年省份碳排放量数据进行平滑测算
	4	碳排放强度	ICE	地区碳排放强度可以通过省份碳排放总量与所在省份地区生产总值（GDP）之间的比值进行计算获得
	5	企业价值	EV	以股权价值与企业负债之和计算，反映企业潜在或预期的获利与成长能力
解释变量	6	碳交易	Ctra	试点地区八个行业企业为实验组，赋值为 1；以 2013 年为界限，实施政策之后赋值为 1。两者的乘积若取值为 1，表示实施碳排放权交易试点政策；若取值为 0，则表示未实施碳排放权交易试点政策
	7	碳补贴	Csub	借鉴李政等（2019）的做法，从国泰安报表提取节能、减排、绿色、环保、清洁、能源、环境、废气及碳排放、碳交易字段的数据，若空值则为 0
	8	碳税	Ctax	以大气排污费作为代理变量，采用工业二氧化硫排放量、工业氧化物排放量和工业固体废弃物排放量及价格测算
中介变量	9	绿色技术创新	Gtec	以碳硫排放量与工业增加值之比进行衡量
	10	绿色创新投资	Ginv	以各城市工业污染治理完成投资额衡量各地区工业污染治理资本要素投入
调节变量	11	碳市场化指数	Mark	以市场化指数作为代理变量，参考樊纲等对《中国分省份市场化指数报告》的研究
	12	低碳规制强度	Regu	根据董直庆和王辉（2019）的研究方法，通过计算各城市 CO_2 和 SO_2 污染排放物综合指数的平均值来衡量
控制变量	13	就业岗位	Size	以雇员数量表示就业岗位
	14	纳税税额	Tax	以企业应交税费表示纳税
	15	企业性质	SOE	以国有企业与民营企业表示企业性质
	16	产业融合度	EI	以熵指数法计算产业融合度表征城市绿色产业集聚水平

类型		变量名称	符号	测量方法及说明
控制变量	17	生态环境质量	EQ	以 SO_2 排放量表征生态环境质量，SO_2 排放量越少表示生态环境质量越高
	18	资本结构	CS	利用灰色关联度方法，以国有资本为参照列计算工业企业实收资本结构
	19	人力资本存量	HRC	利用城市劳动力数量和平均受教育年限之积测算

（1）参考武运波等（2019）、毕克新等（2013）、董直庆和王辉（2019）的研究，本书将就业岗位（Size）、纳税税额（Tax）及企业性质（SOE）作为控制变量，分别采用以雇员数量衡量表示就业岗位、以企业应交税费表示纳税、以国有企业与民营企业表示企业性质。

（2）贾军和张伟（2014）认为，区域绿色产业集聚有助于绿色技术创新，以熵指数法计算产业融合度（EI）表征城市绿色产业集聚水平。

（3）廖显春等（2020）表明，绿色治理投资通过减少 CO_2 和 SO_2 等环境污染物排放来改善环境质量，以 SO_2 排放量表征生态环境质量（EQ），SO_2 排放量越少表示生态环境质量越高。

（4）陈羽桃和冯建（2020）认为，环境规制对非国有企业绿色治理投资效率的影响更显著，故而，本书利用灰色关联度方法，以国有资本为参照列计算工业企业实收资本结构（CS）。

（5）周明和李宗植（2011）证实研究了人力资源对高技术产业创新产出的作用显著，利用城市劳动力数量和平均受教育年限之积计算人力资本存量（HRC）。

7.1.3　数据分析

在实证分析前，首先对所有变量取指数进行无量纲化（non-dimensional method，NDM）处理，因门槛变量需观察变化情况而使用原始数据；其次将变量间的交互项去中心化（mean centered，MC）处理，避免因交互作用出现共线性问题；最后，运用方差膨胀因子（variance inflation factor, VIF）对变量关系进行检验，得到模型 VIF 均值范围为 1.75 ~ 2.88，且单个变量 VIF 值都小于 10，由此可以判定不存在严重的多重共线性问题。

7.1.3.1 描述性统计与相关性分析

核心变量的描述性统计分析，结果如表 7 - 2 所示，碳排放总量与碳排放强度的均值和标准差都很大，说明样本个体差异比较明显。核心变量的简单相关性分析，结果如表 7 - 2 所示，除了碳补贴与企业全要素生产率的关系不显著，其他变量之间均有显著的相关性。

表 7 - 2　　　　　　　　　　　　描述性与相关性分析

变量	均值	方差	最小值	最大值	lnGTFP	lnETFP	lnGtec	lnCsub	TCE
lnGTFP	1.366	0.108	0.239	1.722	1				
lnETFP	0.016	0.365	-2.198	3.301	-0.047 **	1			
lnGtec	10.679	0.539	9.684	12.235	-0.204 ***	0.062 ***	1		
lnCsub	-11.638	8.683	-14.571	20.570	0.065 ***	-0.012	-0.033 *	1	
TCE	348.175	191.366	19.200	842.200	0.054 ***	-0.036 *	-0.203 ***	0.060 ***	1
ICE	5.051	3.091	1.606	20.449	-0.172 ***	0.060 ***	0.950 ***	-0.037 **	-0.206 ***

注：* 表示 $p < 0.05$，** 表示 $p < 0.01$，*** 表示 $p < 0.001$。

7.1.3.2 平稳性分析与协整性分析

为避免非平稳的伪回归，首先对核心变量采用 LLC、IPS 和 ADL 方法进行平稳性检验，结果如表 7 - 3 所示，LLC 检验偏差校正 t^* 统计量均显著为负，IPS 检验统计量均显著为负，故拒绝面板单位根检验，可确定各核心变量是平稳的，且为零阶单整。其次，利用 Kao、Pedroni 和 Westerlund 方法考察核心变量间协整关系，以碳补贴、绿色技术创新分别对企业全要素生产率（模型 1）和绿色全要素生产率（模型 2）进行协整检验，再将企业全要素生产率加入模型 2，可得模型 3 的协整检验，如表 7 - 3 所示，显著性 p 值均小于 0.001，可以判断核心变量之间存在协整关系。

表 7 - 3　变量平稳性与协整性分析

变量	平稳性检验				协整性检验			
	LLC	IPS	ADL	结论	检验类型	(1) lnETFP	(2) lnGTFP	(3) lnGTFP
lnETFP	-13.577***	-1.570#	768.990***	基本平稳	ADF - Kao	-10.078***	-29.104***	-26.069***
lnGTFP	-51.853***	-36.274***	3322.823***	平稳	DF - Kao	-10.347***	-43.868***	-42.251***
lnGtec	-24.214***	-4.496***	644.507***	平稳	ADF - Kao	-6.244***	-19.516***	-17.962***
lnCsub	-28.688***	-20.431***①	1562.691***	基本平稳	UMDF - Kao	-12.895***	-46.730***	-46.495***
TCE	-21.686***	-6.635***	707.227***	平稳	UDF - Kao	-11.561***	-48.059***	-47.687***
ICE	-41.442***	-17.867***	1622.714***	平稳	MPP - Pedroni	18.389***	17.905***	22.005***
lnTCE	-32.586***	-15.117***	1234.948***	平稳	PP - Pedroni	-22.599***	-44.506***	-47.054***
lnICE	-24.134***	-4.438***	641.530***		ADF - Pedroni	-28.484***	-39.351***	-40.457***
					VR - Westerlund	4.330***	-3.394***②	5.787***

注：#表示 $p < 0.1$，* 表示 $p < 0.05$，** 表示 $p < 0.01$，*** 表示 $p < 0.001$；以上单位根检验均采用 lags（0），①加入 demean。②加入 allpanels。

7.2 低碳规制驱动效应实证检验

7.2.1 绿色创新绩效的单变量检验

采用欧普等（Opler et al., 1999）的研究方法，针对上市公司所处 12 类 60 个行业，分别考察了低碳规制工具对绿色创新绩效影响的时间序列效应，按以下公式回归：

$$GIP = \beta_0 + \beta_1 Cgov + \varepsilon \qquad (7-1)$$

其中，被解释变量 GIP 是以绿色全要素生产率表征的绿色创新绩效；Cgov 表示低碳规制工具，包括碳税（Ctax）和碳补贴（Csub），还包括绿色创新投资（Ginv）。

运用 60 个行业 2006~2017 年的时间序列，通过估计式（7-1），得到碳税、碳补贴及绿色创新投资对每一个行业的绿色全要素生产率估计系数（β_1），绘制各系数比例分布，如图 7-1 所示。可知，低碳规制和绿色创新对不同行业绿色全要素生产率估计系数存在差异性，就其正向促进作用而言，碳税为 65%、碳补贴为 48%，绿色创新投资为 55%。也就是说，在半数以上行业中，体现在制造、交通运输等行业，尤其是制造业明显高于平均水平，低碳规制和绿色创新对绿色全要素生产率的影响系数均为正。但同时，也有一些行业，比如建筑、地产、金融、餐饮住宿等行业，低碳规制和绿色创新对绿色全要素生产率的影响系数为负。可知，低碳规制和绿色创新对不同行业的绿色全要素生产率作用方向并非一致，也就是说，采用异质性低碳规制工具所产生影响程度也有不同的结果。

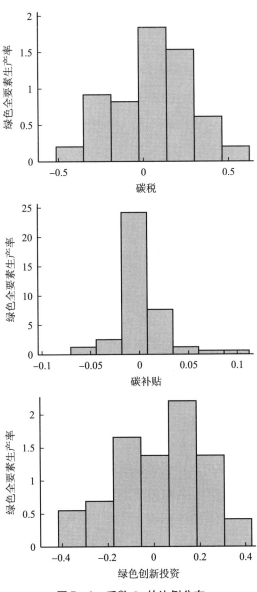

图 7 - 1　系数 β_1 的比例分布

　　然后，根据高碳排放标准，将 12 大类 60 个行业分成两组：一组为碳排放量较多行业，包括造纸、石化、化工、建材、钢铁、有色、电力和民航八个行业，作为重点碳源组；另一组为其他 52 个行业，作为非重点碳源组，用来检验各变量在两个样本组间均值差异，回归结果如表7-4所示。

表7-4　　　　　　　　　单变量检验及解释力结果

项目	碳税	碳补贴	绿色创新投资	绿色技术创新	绿色全要素生产率	碳排放总量	资本生产率	劳动生产率
非重点碳源组	10.171	2.796	11.412	5.873	2.927	7.164	1.239	13.763
重点碳源组	10.344	6.117	11.509	6.215	2.949	8.258	1.564	13.885
t值	-7.392	-26.951	-4.131	-15.988	-13.209	-27.146	-12.190	-4.969
p值	0.000	0.000	0.000	0.000	0.0037	0.000	0.000	0.000
单变量解释力	0.895	0.903	0.895	0.894	0.896	0.904	0.894	0.895

注：单变量解释力根据被解释变量绿色全要素生产率给出，并控制时间、地区、行业及企业固定效应。

从表7-4可知，单变量检验的p值均小于0.01的显著水平，表明在两个样本组间，低碳规制和绿色创新对绿色全要素生产率的影响效果具有明显差异。从单个变量均值来看，重点碳源行业组均值都大于非重点碳源行业均值，其中，碳补贴和碳排放量在两组间均值差异最大，然后为绿色技术创新和资本生产率，这比较符合C-D生产函数的要求。再从单个变量对绿色全要素生产率的解释力来看，当控制时间、地区、行业及企业固定效应后，各变量解释力均达到较好效果，平均值为89.6%，尤其是碳排放量、碳补贴及绿色技术创新均超过90%。因此，可以初步判定，低碳规制对绿色创新绩效产生关键性影响，同时绿色创新也制约着低碳规制对绿色创新绩效的作用方向。

7.2.2　碳税和碳补贴对绿色创新绩效的影响

为进一步确定低碳规制对绿色创新绩效的差异性影响，借鉴汉森（Hansen，1999）的研究，以碳排放为门槛变量，构建三重门槛效应模型如下：

$$\ln\mathrm{GIP}_{it} = \beta_0 + \beta_1 \ln\mathrm{Cgov}_{it} \times \mathrm{I}(\mathrm{CE} \le \gamma_1) + \beta_2 \ln\mathrm{Cgov}_{it} \times \mathrm{I}(\gamma_1 < \mathrm{CE} \le \gamma_2)$$

$$+ \beta_3 \ln\mathrm{Cgov}_{it} \times \mathrm{I}(\gamma_2 < \mathrm{CE} \le \gamma_3) + \beta_4 \ln\mathrm{Cgov}_{it} \times \mathrm{I}(\mathrm{CE} > \gamma_3)$$

$$+ \beta_5 \ln\mathrm{Controls} + f + \varepsilon \qquad (7-2)$$

其中，i 和 t 分别表示样本和年限。CE 表示碳排放，作为门槛变量，包含碳排放总量（TCE）和碳排放强度（ICE）。Congtrols 表示控制变量组。f 为年份固定效应，ε 为误差项。I(·) 表示示性函数，γ 表示门槛阈值，当 $\gamma_1 = \gamma_2 = \gamma_3$ 时，表示存在单一门槛；当 $\gamma_1 = \gamma_2 \ne \gamma_3$ 时，表示存在双重门槛；当 $\gamma_1 \ne \gamma_2 \ne \gamma_3$ 时，表示存在三重门槛。其他变量符号与式（7-1）一致。在三重门槛效应模型中，首先采用组内去均值方法，消除个体效应的影响；其次通过估计式（7-2），得到相应参数估计值和残差平方和；再进一步使用格栅搜索法，挑选出对应的门槛估计值。三重门槛效应模型主要进行显著性检验、真实性检验及参数估计检验三个步骤的实证检验，具体如下。

首先，门槛模型显著性检验，通过 p 值小于 0.1 的显著水平和 F 统计量大于 10，可以确定模型拒绝原假设 H_0：$\beta_1 = \beta_2$，也就是验证了门槛阈值划分的两个样本组存在显著差异。借鉴王（Wang，2015）的研究，采用自抽样法运用式（7-2）进行门槛个数及显著性检验，得到碳排放量在不同显著性水平下 F 统计量与 p 值，如表 7-5 所示，碳税、碳补贴及绿色创新投资对绿色全要素生产率的影响均通过了双重门槛效应。

其次，门槛估计值真实性检验，通过运用极大似然估计（LR）检验方法，以门槛阈值位于 LR 图虚线之下及 95% 置信水平对应置信区间较小，来判断门槛阈值的有效性。表 7-5 报告了碳税的门槛估计值为 9.838 和 7.259，且 95% 置信区间分别为 ［9.733，9.885］ 和 ［7.244，7.263］；碳补贴的门槛估计值为 4.280 和 4.392，且 95% 置信区间分别为 ［4.029，4.362］ 和 ［4.362，4.438］；绿色创新投资的门槛估计值为 9.838 和 7.259，且 95% 置信区间分别为 ［9.733，9.885］ 和 ［7.241，7.259］，从中可以看出，置信区间都比较小，说明估计的门槛阈值基本准确，表明本书进行门槛效应实证检验准确有效。

最后，门槛模型参数估计检验，在确定门槛个数及门槛阈值后，进行双重门槛效应模型参数估计，结果如表 7-5 所示。当 CE≥9.84 时，随着碳减排程度逐渐加大，碳税与绿色创新投资对绿色全要素生产率的作用随之增大，表明低碳规制工具对绿色效率的影响越大，而且前者的强度要比后者高出 0.09 个单位；当 7.26≤CE<9.84 时，随着碳减排程度加大，碳税仍促进绿色全要素生产率提升，只是规制强度比上一阶段有所缓和，但绿色创新投资在此阶段则促使绿色全要素生产率不断降低；当 CE<7.26 时，碳税随着碳减排程度加大，对绿色全要素生产率的作用又比上一阶段有所增强，此时绿色创新投资继续维持着促使绿色效率持续降低趋势。当 4.28≤CE<4.39 时，随着碳减排程度加大，碳补贴对绿色全要素生产率的影响逐渐增大；否则，碳补贴的作用呈相反趋势，也就是说，在碳减排基础上实现碳补贴的效用最大化，需要在碳减排达到一定的低值后方可奏效。

表 7-5 低碳门槛效应检验结果

变量	碳税		碳补贴		绿色创新投资	
显著性检验结果	F 统计量	p 值	F 统计量	p 值	F 统计量	p 值
单一门槛	1868.66 ***	0.000	31.03 ***	0.007	2225.73 ***	0.000
双重门槛	952.04 ***	0.003	22.57 **	0.050	936.66 ***	0.000
真实性检验结果	置信区间	门槛阈值	置信区间	门槛阈值	置信区间	门槛阈值
Th-21	[9.733, 9.885]	9.838	[4.029, 4.362]	4.280	[9.733, 9.885]	9.838
Th-22	[7.244, 7.263]	7.259	[4.362, 4.438]	4.392	[7.241, 7.259]	7.248
参数估计检验结果	系数	t 值	系数	t 值	系数	t 值
$\ln Cgov_{it} \cdot I(CE \leq \gamma_1)$	-0.066 ***	-11.65	0.007 ***	3.04	0.024 ***	6.80
$\ln Cgov_{it} \cdot I(\gamma_1 < CE \leq \gamma_2)$	-0.034 ***	-6.12	-0.045 ***	-6.05	0.052 ***	14.96
$\ln Cgov_{it} \cdot I(CE > \gamma_2)$	-0.098 ***	-17.02	0.001 *	1.76	-0.009 ***	-2.56
常数项	-0.098 ***	-17.02	4.447 ***	5.02	4.305 ***	5.43
控制变量	Y		Y		Y	

变量	碳税	碳补贴	绿色创新投资
时间效应	Y	Y	Y
F	209.67	67.07	220.23
ΔR^2	0.284	0.112	0.294

注：* 表示 $p<0.1$，** 表示 $p<0.05$，*** 表示 $p<0.01$。

以上研究结论表明，在不同的碳排放阶段，采用不同低碳规制工具对绿色创新绩效的影响存在显著差异性效果；如低碳规制工具使用不当，结果可能适得其反。故假设 H1a、假设 H1b 和假设 H1c 得证。

7.2.3 碳交易对绿色创新绩效的影响

引入碳交易排放权试点政策，设定实验组与参照组两个样本组，采用双重差分方法分析碳交易试点政策前后所造成绿色创新绩效的影响变化趋势。借鉴鲁和于（Lu and Yu，2015）的做法，构建多期双重差分模型如下：

$$\ln GIP = \beta_0 + \beta_1 treated \times time + \beta_2 treated + \beta_3 time$$
$$+ \beta_4 \ln Controls + \alpha_f + \gamma_t + \eta_i + \lambda_j + \varepsilon \qquad (7-3)$$

其中，被解释变量为绿色创新绩效（lnGIP），包括企业全要素生产率（lnETFP）、绿色全要素生产率（lnGTFP）、碳排放总量（lnTCE）及碳排放强度（lnICE）等。α 为企业固定效应；γ 为年份固定效应；η 为行业固定效应；λ 为地区固定效应；ε 为随机误差项。Controls 表示控制变量组，主要包括碳市场化指数（lnMark）、碳补贴（lnCsub）、绿色技术创新（lnGtec）等。

回归结果如表 7-6 所示，碳交易政策与企业全要素生产率、绿色全要素生产率之间均有显著负相关关系，说明碳交易虽然可以实现碳减排，却抑制了全要素生产率的提升。因为绿色技术创新虽增加了企业利润，但也导致绿色创新成本增加，进而不利于全要素生产率提升。加入碳市场化指数变量后，碳市场化显著对企业全要素生产率正影响、对绿色全要素生产率负影响，说明随着碳市场化程度提高，企业通过市场获得碳排放权促进企业全要素生产率提升，同时也有利于促进绿色效率向韧性拐点推进。从模型结果可知，碳市场化、低碳规制和绿色创新对碳减排的效果逐渐凸显，同时它们与绿色全要素生产率的关系逐渐由负相关转为正相关，这与数理分析部分取得的结论一致。也就是说，碳交易在一定条件下可以实现绿色效率与企业效益双赢目标，但并没有实现绿色全要素生产率与企业全要素生产率同步提升。由此可知，一方面，碳交易与碳排放总量及碳排放强度均为负相关关系，促进了碳减排的绿色效率提升；另一方面，碳交易通过提升资本生产率，促使企业收入与资产提高，增加了企业利润，促进了企业效益与绿色效率同步提升。故假设 H2a、假设 H2b 和假设 H2c 得证。

表 7 - 6　　　　　　　　　碳交易对绿色创新绩效的影响检验结果

变量	(1)	(2)	(3)	(4)	(5)	(6)	(7)
	lnProfit	lnCost	lnETFP	lnTCE	lnICE	lnGTFP	lnGTFP
treated × time	3.926 ** (3.17)	0.156 *** (3.40)	-0.010 * (-2.00)	-0.056 *** (-7.36)	-0.081 *** (-7.99)	-0.083 * (-2.39)	-0.068 # (-1.90)
lnGsub	-0.096 * (-2.47)	0.002 * (2.22)	-0.000 * (-2.03)	-0.000 (-1.16)	0.000 (0.12)		0.000 (0.46)
lnMark	7.082 (1.44)	0.178 (0.84)	0.055 # (1.65)	-0.077 # (-1.95)	-0.378 *** (-5.73)		-0.416 *** (-2.74)
lnGtec	8.964 * (2.29)	0.348 * (2.11)		0.549 *** (19.62)		0.099 # (1.76)	
控制变量	Y	Y	Y	Y			
固定效应	Y	Y	Y	Y	Y	Y	Y
ΔR²	0.306	0.888	0.612	0.983	0.942	0.106	0.187
F	14.455	487.609	44.925	1225.797	434.536	2.602	2.54

注：#表示 $p < 0.1$，＊表示 $p < 0.05$，＊＊表示 $p < 0.01$，＊＊＊表示 $p < 0.001$，括号内为 t 值。固定效应包含控制企业、地区、行业及年份等。控制变量加入了绿色产品创新（能源消耗量与新产品销售收入之比）及其与绿色技术创新的交互项。另外，Profit 表示企业利润；Cost 表示企业成本。

7.2.4　稳健性检验

前面已检验三重门槛与双重差分模型，确定了不同碳阶段的低碳财政工具作用差异性，为检验模型稳健性与内生性问题，构建动态面板系统 GMM 模型如下：

$$\ln GIP_{it} = \beta_0 + \beta_1 \ln GIP_{it-1} + \beta_2 \ln Cgov + \beta_3 \ln Car + \beta_4 \ln Car^2$$
$$+ \beta_5 \ln Controls + f + \lambda + \phi + \xi + \varepsilon_{it} \qquad (7-4)$$

其中，$t-1$ 为滞后 1 期；λ 为地区固定效应；φ 为企业固定效应；ξ 为行业固定效应，其他符号与前述公式表示一致。为克服因时间变化而遗漏变量的内生性问题，将碳税、碳补贴及绿色创新投资的滞后一期作为工具变量，利用式（7-4）进行面板工具变量广义矩阵（IV-GMM2S）回归，实证结果如表 7-7 所示。

表 7-7　　　　　　　　　动态面板系统 GMM 回归结果

变量	绿色技术创新	企业全要素生产率	绿色全要素生产率	资本生产率	劳动生产率
碳税	-0.052 *** (-2.44)	0.002 *** (3.45)	0.037 ** (2.27)	0.03 (1.03)	-0.032 *** (-3.55)
碳补贴	-0.007 (-1.63)	-0.0005 *** (-4.24)	0.001 *** (2.89)	-0.004 (-0.7)	0.008 *** (4.25)
绿色创新投资	-0.075 *** (-3.52)	-0.002 *** (-4.08)	-0.005 (-0.29)	-0.002 (-0.06)	0.032 *** (3.54)
碳排放强度二次项	-0.010 ** (-2.49)	-0.0005 *** (-5.11)	-0.013 *** (-4.39)	-0.003 (-0.52)	0.007 *** (4.28)
常数项	1.501 * (1.88)	1.747 *** (187.64)	-0.11 (-0.18)	-21.266 *** (-19.01)	-26.744 *** (-138.00)
控制变量	Y	Y	Y	Y	Y
固定效应	Y	Y	Y	Y	Y
Canon LM	89.926 ***	94.176 ***	91.725 ***	90.123 ***	94.643 ***
C-D Wald F	16.44	17.223	16.771	16.476	17.309

注：* 表示 $p<0.1$，** 表示 $p<0.05$，*** 表示 $p<0.01$；括号内为 z 值；控制变量根据被解释变量进行一一对应调整；固定效应包含控制时间、地区、行业与企业的固定效应。

从表 7-7 可知，首先，碳排放二次项系数具有显著性，它对绿色全要素生产率的影响在 0.01 的显著水平上系数为 0.013，表明存在先降低后提升的影响趋势。其次，在工具变量检验中，Canon LM 统计量都在 86 以上，且在 0.01 的水平上显著，说明不存在识别不足问题；C-D Wald F 统计量都在 16 以上，均拒绝弱工具变量原假设，可确定不存在弱工具变量问题，说明本书选择工具变量有效；在控制内生性问题之后，除碳补贴不显著之外，碳税与绿色创新投资均具有显著正向作用，表明它们对绿色全要素生产率的影响依然稳健。

另外，本书利用双重差分方法进行实证检验，还需要做平行趋势及安慰剂检验如下：首先，做平行趋势检验，由于碳交易在试点地区进行，不直接影响非试点地区，可认为实验组与参照组在政策试点前，应满足双重差分平行趋势假设。在碳交易试点前，实验组与参照组各项指标演变基本一致；政策实施后，两组企业特征演变产生分化，这说明本书选取碳交易的两个组满足平行趋势假设。其次，做安慰剂检验，参考陶佩露（Topalova，2010）做法进一步检验稳健性，对事件发生前样本进行安慰剂检验。假设碳交易试点时间为 2011 年，将 2010 年赋值为 0，2011 年和 2012 年赋值为 1。实证结果显示，除区域碳排放总量外，treated × time 回归系数均不显著，说明企业效益受碳交易的影响，再次验证了本书研究结论的有效性。

7.3　绿色创新补偿效应实证检验

7.3.1　脉冲响应分析

借鉴连玉君（2009）的做法，将碳补贴、绿色技术创新对企业全要素生产率和绿色全要素生产率进行 PVAR 分析，得到 AIC、BIC 和 HQIC 均为滞后一阶最小，可以选择一阶脉冲响应分析。以碳补贴为初始点，绿色全要素生产率为最终被解释变量，逐个加入中介因素可得到多条脉冲响应路径，并从中选择有效路径进行分析。

首先，对企业全要素生产率一个标准差冲击的脉冲响应，当绿色技术创新给出冲击后，在第 2 期达到最大负响应点，第 6 期开始逐渐收敛；碳补贴在第 2 期达到最大正响应点，约第 6 期后逐步收敛。可见两个核心变量对企业全要素生产率均有积极的冲击效应。

其次，对绿色全要素生产率一个标准差冲击的脉冲响应，当绿色技术创新、碳补贴给出冲击后，均在第 1 期达到最大负响应点，然后逐步收敛。随着碳补贴的提升，虽降低了绿色全要素生产率水平，但到第 2 期就已经开始收敛。

最后，碳补贴对绿色技术创新的冲击效应，在第 2 期达到最大负响应点，约 6 期后收敛。企业全要素生产率对绿色全要素生产率的冲击，第 1 期达到最大负响应点，约 6 期后收敛。

从脉冲响应可以看出，绿色技术创新对企业全要素生产率和绿色全要素生产率都有积极作用；碳补贴也有利于企业全要素生产率，但需要通过作用于绿色技术创新及企业全要素生产率，进而对绿色全要素生产率产生间接影响。因此，碳补贴对绿色全要素生产率的间接作用主要有三条路径传递，第一条是 Gsub→ETFP→GTFP；第二条是 Gsub→Gtec→GTFP；第三条是 Gsub→Gtec→ETFP→GTFP。也就是说，碳补贴若要实现绿色效率目标，必先注重企业效益，在刺激企业全要素生产率提升的前提下，能够更好地促进绿色全要素生产率的提高。

7.3.2　绿色创新中介效应模型

由以上理论分析可知，绿色创新比低碳规制对绿色创新绩效的影响更大，不仅是企业韧性能力外在表现，而且在低碳规制对绿色创新绩效影响关系中起到中介作用，故而，结合以上基本模型及中介效应检验方法，构建绿色创新中介模型如下：

$$\ln Gtec_{it} = \beta_0 + \beta_1 \ln Ctax_{it} + \beta_2 \ln Csub_{it} + \beta_3 \ln Controls_{it} + f + \lambda + \varepsilon \quad (7-5)$$

式（7-5）表示低碳规制对绿色技术创新的影响。若考虑绿色技术创新对绿色创新绩效产生影响，则在式（7-5）中加入绿色技术创新二次项，表示绿色创新绩效与绿色技术创新之间存在非线性关系，则有：

$$\ln GIP_{it} = \beta_0 + \beta_1 \ln Gtec_{it} + \beta_2 (\ln Gtec_{it})^2 + \beta_3 \ln Controls_{it} + f + \lambda + \varepsilon \quad (7-6)$$

然后，考虑低碳规制及绿色创新两个变量对绿色创新绩效的影响，将式（7-6）代入式（7-5），则有：

$$\ln GIP_{it} = \beta_0 + \beta_1 \ln Ctax_{it} + \beta_2 \ln Csub + \beta_3 \ln Ctax_{it} \times \ln Csub + \beta_4 (\ln Ctax_{it})^2$$
$$+ \beta_5 (\ln Csub_{it})^2 + \beta_6 \ln Controls_{it} + f + \lambda + \varepsilon \quad (7-7)$$

式（7-5）、式（7-6）、式（7-7）中，被解释变量为 GIP 表示绿色创新绩效，包括企业效益（以企业价值衡量）和绿色效率（以碳排放衡量）。解释变量为低碳规制工具，Ctax 表示碳税；Csub 表示碳补贴。中介变量 Gtec 表示绿色技术创新。Controls 表示控制变量组，f 为年份固定效应，λ 为企业固定效应，ε 为误差项。

7.3.3　绿色技术创新的中介效应检验

由表 7-8 可知，首先，假设 H4 说明碳税与碳补贴对绿色技术创新有积极作用，利用公式（7-5）进行固定效应模型检验，模型 1 结果显示，碳补贴与碳税均在 0.01 的显著水平上对绿色技术创新有显著负向影响，系数分别为 -0.003 和 -0.122，表明随着碳补贴与碳税的增加，使企业绿色技术创新水平不断提高，而且，碳税的规制强度比碳补贴高一些。因此，假设 H4a、假设 H4b 和假设 H4c 均得到支持。

其次，假设 H5b 说明绿色技术创新对绿色创新绩效的积极作用，利用式（7-6）及带有二次项的 OLS 检验，模型 2 和模型 3 结果基本一致，碳排放量与绿色技术创新显著正相关，表明随着绿色技术创新水平提升，碳排放量逐渐降低；其中，模型 3 显示两者之间关系处于正"U"型曲线拐点后一个阶段，体现了绿色技术创新对碳排放的边际递减规律。模型 4 显示企业效益与绿色技术创新之间存在正 "U" 型关系，表明随着绿色技术创新水平提升，企业效益由于治理碳排放所付出成本而先出现逐渐降低趋势，但在得到创新补偿效应后，体现出一定的企业创新韧性，从而使企业效益不断增加。进而，假设 H5b 得到支持。

再次，假设 H7 说明绿色创新作为中介变量，在低碳规制与绿色创新绩效的关系中起到中介作用。模型 5 和模型 6 显示，碳税和碳补贴二次项系数均显著为正，表明它们都与碳排放量和企业效益之间存在正 "U" 型关系，也就是说低碳规制先使碳排放量和企业效益降低而后又使其不断增加。模型 7 和模型 8 显示，低碳规制工具和绿色技术创新对碳排放量和企业效益显著相关，模型 4 和模型 8 说明低碳规制导致企业效益呈先减少后增加的趋势，体现了绿色创新的韧性补偿效应。基于以上分析，结合模型1 和模型 5 至模型 8，假设 H7b 也获得支持。

最后，以企业全要素生产率为被解释变量，检验绿色创新在碳补贴与绿色全要素生产率关系的中介效应，结果显示，碳补贴对绿色全要素生产率具有显著负向影响（$\beta = -0.027$），碳补贴对绿色技术创新具有显著的正向影响（$\beta = 0.017$），而绿色技术创新对绿色创新绩效的影响系数（0.155）为显著正相关，也可以确定绿色技术创新是碳补贴与绿色全要素生产率关系的中介变量，且在绿色技术创新中介作用下，低碳规制对绿色全要素生产率的影响效果更加明显。

表 7 - 8　　　　　　　　　绿色技术创新的中介效应检验结果

变量	(1) 绿色技术创新	(2) 碳排放量	(3) 碳排放量	(4) 企业效益	(5) 碳排放量	(6) 企业效益	(7) 碳排放量	(8) 企业效益
碳补贴	- 0.003 *** (- 4.33)				- 0.006 (- 1.24)	- 0.034 *** (- 10.09)	- 0.014 (- 0.91)	- 0.017 * (- 1.67)
碳税	- 0.122 *** (- 12.45)				- 0.091 *** (- 7.21)	- 0.034 *** (- 4.39)	0.003 ** (2.06)	- 0.000 (- 0.01)

续表

变量	(1) 绿色技术创新	(2) 碳排放量	(3) 碳排放量	(4) 企业效益	(5) 碳排放量	(6) 企业效益	(7) 碳排放量	(8) 企业效益
绿色技术创新		0.542 *** (43.44)	0.465 *** (32.74)	−0.106 *** (−11.12)			0.289 *** (18.44)	−0.053 *** (−5.27)
绿色技术创新二次项			0.084 *** (9.53)	0.023 *** (3.94)				
碳补贴二次项					0.002 *** (3.23)	0.005 *** (9.12)		
碳税二次项					0.015 ** (2.16)	0.022 *** (5.17)		
碳补贴×碳税					0.005 *** (2.78)	0.004 *** (3.43)		
控制变量	Y	Y	Y	Y	Y	Y	Y	Y
常数项	1.194 *** (3.84)	0.440 *** (3.90)	0.297 *** (2.63)	18.190 *** (248.50)	1.063 *** (8.62)	17.922 *** (224.16)	0.824 *** (3.14)	20.454 *** (121.92)
ΔR^2	0.851	0.639	0.642	0.651	0.565	0.652	0.212	0.634
F	163.033	264.236	262.935	419.210	225.385	396.634	240.069	1231.089
A. C. LM	1001.57 ***	7681.60 ***	8091.09 ***	8091.09 ***	922.75 ***	974.14 ***	1558.66 ***	1558.66 ***
C–D Wald F	912.75	26000.00	17000.00	17000.00	250.91	266.38	605.03	605.03

注：* 表示 $p<0.1$，** 表示 $p<0.05$，*** 表示 $p<0.01$；括号内为 t 值。

7.3.4 绿色创新投资的中介效应检验

根据巴伦和肯尼（Baron and Kenny，1986）提出的中介变量四个方程进行检验，考察绿色创新投资在绿色技术创新与绿色全要素生产率之间是否具有中介作用。表 7 –9 模型 2 显示，绿色技术创新对绿色创新投资具有显著的正向作用（β = 0.191，$p<0.001$），这是因为绿色技术成果的转化与应用需要大量的绿色创新投资，取得良好收益的绿色技术成果能吸引更多绿色资本，该结果支持了本书的研究假设 H6。

表 7 - 9   绿色创新投资的中介效应检验结果

类型	变量	(1)	(2)	(3)	(4)	(5)	(6)
		lnGinv	lnGTFP	lnGTFP	lnGTFP	lnGTFP	lnGTFP
控制变量	产业融合	-9.080*** (-17.30)	-6.618*** (-13.10)	0.249 (1.14)	-0.314 (-1.47)	-0.394* (-1.73)	-0.518** (-2.35)
	资本结构	0.405*** (15.46)	0.162*** (6.15)	0.005 (0.50)	0.061*** (6.08)	0.041*** (4.03)	0.070*** (6.77)
	人力资本	-0.080*** (-5.71)	-0.059*** (-4.65)	-0.002 (-0.37)	-0.007 (-1.22)	-0.007 (-1.14)	-0.008 (-1.35)
	环境质量	0.350*** (13.48)	0.320*** (12.51)	0.007 (0.82)	0.013 (1.53)	0.023** (2.41)	0.016* (1.79)
解释变量	lnGtec		0.191*** (23.27)		-0.041*** (-12.09)		-0.034*** (-8.61)
	$(\text{lnGtec})^2$				-0.003** (-2.35)		-0.001 (-0.55)
中介变量	lnGinv					-0.063*** (-7.24)	-0.029*** (-2.85)
	$(\text{lnGinv})^2$					-0.020*** (-4.52)	-0.018*** (-4.20)
时间效应		Y	Y	Y	Y	Y	Y
VIF		1.75	1.76	1.75	1.73	1.88	1.99
ΔR^2		0.496	0.593	0.004	0.056	0.040	0.067
F		120.609	170.795	1.580	11.363	7.372	11.326

注：* 表示 $p < 0.1$，** 表示 $p < 0.05$，*** 表示 $p < 0.01$，括号内为 t 值。

模型 3 回归结果表明，四个控制变量对绿色全要素生产率的影响不显著，在此基础上，将自变量绿色技术创新及其二次项放入回归方程（模型 4），结果发现，绿色技术创新及其二次项系数均显著为负（$\beta = -0.041$，$p < 0.001$；$\beta = -0.003$，$p < 0.01$），表明绿色技术创新与绿色全要素生产率之间存在倒 "U" 型关系，也就是说，增加绿色技术成果可以促进绿色全要素生产率的提升，但随着绿色技术成果付出成本提高而效率有所下降，所以本书的假设 H5c 也成立。同时，绿色创新投资与绿色全要素生产

率之间也呈显著的倒"U"型关系（模型5），绿色创新投资及其二次项的系数分别为 -0.063 和 -0.020，p < 0.001，故而，企业绿色创新投资对绿色全要素生产率的影响同样具有先增后减特征，该结果验证了假设 H5c。

另外，考察绿色技术创新与绿色创新投资共同对绿色全要素生产率的影响，如模型 7 所示，绿色创新投资及其二次项均有显著的负向影响，系数分别为 -0.029 和 -0.018，p < 0.001；此时，绿色技术创新的系数也有显著性（β = -0.034，p < 0.001），但二次项系数不再显著。上述实证结果表明，绿色创新投资在绿色技术创新与绿色全要素生产率关系中发挥着部分中介作用，这意味着绿色技术在提升绿色创新效率的过程中，需要绿色资本要素参与并承担重要传递作用，从而假设 H7c 得到证实。

通过上述检验，可确定绿色创新在低碳规制与绿色创新绩效的关系中存在中介效应，即假设 H5 和假设 H7 均得到支持。

7.3.5　稳健性检验

由于核心解释变量采用代理变量可能有误差，导致模型中可能有内生性问题。为进一步处理稳健性和内生性问题，本书引入绿色创新绩效滞后项，构建动态面板模型。首先，利用两阶段系统 GMM 模型方法，将碳税和碳补贴及绿色技术创新滞后一期作为工具变量，分别置于相应模型中，结果显示通过了弱工具变量检验与识别不足检验，解释了内生性问题。其次，在系统 GMM 检验中，得到显著性结果与方向均与上述实证结果保持一致，表明了本书研究结论的稳定性。

7.4　碳市场化调节效应实证检验

7.4.1　碳市场化调节效应模型

根据上述分析，借鉴于尔丹等（Hulten et al.，2006）的研究，将绿色要素配置效率参数作为多元函数组合。在变量选取上，参考陶长琪和周璇（2015）的研究，选择技术要素、物质资本要素和知识资本要素为主要变量，用于解释绿色全要素生产率的变化。在测度方法上，参考张成等（2011）、童健等（2016）对绿色全要素生产率的测度方法。基于 Cobb – Douglas 生产函数特征，本书将绿色全要素生产率模型设定为：

$$GTFP_{it} = A_{i0} e^{\mu_i t} T_{it}^{\mu_i} W_{it}^{\delta_i} M_{it}^{\rho_i} \qquad (7-8)$$

其中，T 为绿色技术要素；W 为物质资本要素；M 为知识资本要素，分别用绿色技术创新（Gtec）、绿色治理投资（Ginv）和低碳规制（Cgov）表示。i、t 分别代表样本和年份变量，A_{i0} 是期初生产率，μ_i、δ_i 及 ρ_i 为相应要素对绿色要素配置效率的影响系数。然后，借鉴王建民和杨力（2020）的研究方法，运用超越对数生产函数检验这些要素对绿色全要素生产率的影响，将式（7-8）扩展为：

$$lnGTFP_{it} = \alpha + \mu_1 lnGtec_{it} + \frac{1}{2}\mu_2 (lnGtec_{it})^2 + \delta_1 lnGinv_{it} + \frac{1}{2}\delta_2 (lnGinv_{it})^2$$

$$+ \rho_1 lnCgov_{it} + \frac{1}{2}\rho_2 (lnCgov_{it})^2 + \mu_3 lnControls_{it}$$

$$+ \eta_1 lnGtec_{it} \times lnGinv_{it} + \eta_2 lnGinv_{it} \times lnCgov_{it} + \varepsilon_{it} \qquad (7-9)$$

其中，被解释变量 lnGTFP 表示绿色全要素生产率，解释变量 lnGtec 表示绿色技术创新，中介变量 lnGinv 表示绿色创新投资。调节变量 lnCgov 表示低碳规制，包括碳市场化指数（lnMark）、环境规制强度（lnRegu）及两者的交互项（lnMark × lnRegu）。Controls 表示控制变量组，ε 为随机扰动项。

7.4.2 低碳规制强度的调节效应检验

本书假设 H8 提出，随着低碳规制强度不断增大，绿色技术创新对绿色创新绩效的影响也越来越强。我们采用阶层调节回归方式，利用交互项进行调节效应实证检验，按照温忠麟的研究方法，对低碳规制强度的"有中介的调节效应"检验如下。

根据表7-9实证结果，绿色技术创新与绿色全要素生产率之间具有显著的倒"U"型关系。进一步结合表7-10，我们发现，低碳规制强度与绿色技术创新交互项系数显著为正（β=0.024，p<0.001，模型1）。

表7-10　　　　　　　　　　有中介的调节效应检验结果

类型	变量	(1) lnGinv	(2) lnGinv	(3) lnGTFP	(4) lnGTFP	(5) lnGTFP	(6) lnGTFP	(7) lnGTFP	(8) lnGTFP
调节变量	lnMark	1.154*** (12.05)	1.243*** (13.50)	0.008 (0.17)	0.078 (1.54)	-0.004 (-0.08)	0.059 (1.16)	-0.005 (-0.10)	0.064 (1.25)
	lnRegu	0.270*** (9.51)	0.238*** (8.05)	0.080*** (6.33)	0.086*** (6.42)	0.078*** (6.10)	0.083*** (6.13)	0.095*** (7.19)	0.099*** (7.03)
	lnMark × lnRegu	-0.026 (-0.51)	-0.120** (-2.27)	-0.098*** (-4.44)	-0.067*** (-2.79)	0.006 (0.26)	0.025 (1.02)	-0.091*** (-4.16)	-0.064*** (-2.70)
解释变量	lnGtec	0.117*** (12.92)	0.112*** (12.55)	-0.050*** (-12.26)	-0.043*** (-10.37)	-0.045*** (-11.25)	-0.039*** (-9.53)	-0.043*** (-9.89)	-0.038*** (-8.57)
	$(lnGtec)^2$			-0.008*** (-5.48)	-0.007*** (-4.89)	-0.000 (-0.19)	0.001 (0.36)	-0.007*** (-4.35)	-0.006*** (-4.00)
	lnGtec × lnRegu	0.024*** (4.95)		0.015*** (5.44)	0.017*** (6.35)			0.015*** (5.56)	0.017*** (6.42)
	lnGtec × lnMark		0.253*** (7.71)			-0.093*** (-5.31)	-0.081*** (-4.68)		
	$(lnGtec)^2$ × lnRegu							-0.003*** (-3.78)	-0.002*** (-2.98)
中介变量	lnGinv			-0.052*** (-4.78)		-0.044*** (-3.99)		-0.050*** (-4.63)	
	$(lnGinv)^2$			-0.017*** (-3.40)		-0.012** (-2.32)		-0.016*** (-3.04)	
控制变量		Y	Y	Y	Y	Y	Y	Y	Y
时间效应		Y	Y	Y	Y	Y	Y	Y	Y
VIF		2.53	2.54	2.54	2.61	2.54	2.61	2.63	2.69
ΔR^2		0.653	0.658	0.083	0.100	0.082	0.092	0.088	0.103
F		215.245	211.117	13.518	15.348	12.830	13.675	13.770	14.981

　　注：*表示p<0.1，**表示p<0.05，***表示p<0.01，括号内为t值。控制变量为产业融合、资本结构、人力资本与环境质量。

然后，在绿色全要素生产率为解释变量的模型 3 中，加入绿色技术创新与低碳规制强度的交互项，该交互项系数显著为正（β = 0.015，p < 0.001）。

继续将绿色创新投资及其二次项加入方程，实证结果显示，绿色创新投资及其二次项均对绿色全要素生产率具有显著负向影响，系数分别为 -0.052 和 -0.017，均在 0.001 的水平上显著（模型 4）；而且，模型 6 和模型 8 也确定绿色创新投资与绿色全要素生产率之间呈显著倒 "U" 型关系。

由此可以确定，低碳规制强度是有中介的调节变量，显著弱化了绿色技术创新对绿色全要素生产率的负效应，也就是说，适度增加低碳规制强度，可以促进绿色全要素生产率提升，故假设 H8 得到支持。

7.4.3　碳市场化指数的调节效应检验

假设 H9 提出，碳市场化指数水平越高，绿色创新投资对绿色全要素生产率的影响越强，也就是 "有调节的中介效应"。按照温忠麟方法进行检验，结果如表 7 – 11 所示。

表 7 – 11　　　　　　　　　　有调节的中介效应检验结果

类型	变量	(1) lnGinv	(2) lnGTFP	(3) lnGTFP	(4) lnGTFP	(5) lnGTFP	(6) lnGTFP
调节变量	lnMark	1.236 *** (12.90)	0.025 (0.50)	0.091 * (1.75)	0.030 (0.60)	0.007 (0.13)	-0.009 (-0.17)
	lnRegu	0.265 *** (9.30)	0.072 *** (5.57)	0.078 *** (5.74)	0.081 *** (5.92)	0.080 *** (5.76)	0.081 *** (5.93)
	lnMark × lnRegu	0.077 (1.62)	-0.053 *** (-2.67)	-0.024 (-1.06)	0.041 * (1.67)	-0.010 (-0.28)	0.044 * (1.81)
解释变量	lnGtec	0.114 *** (12.65)	-0.048 *** (-11.94)	-0.041 *** (-10.02)	-0.039 *** (-9.36)	-0.041 *** (-9.63)	-0.039 *** (-9.29)
	$(lnGtec)^2$		-0.004 *** (-2.85)	-0.002 * (-1.78)	-0.002 * (-1.77)	-0.004 *** (-2.92)	-0.003 * (-1.95)

续表

类型	变量	(1) lnGinv	(2) lnGTFP	(3) lnGTFP	(4) lnGTFP	(5) lnGTFP	(6) lnGTFP
中介变量	lnGinv			-0.050^{***} (-4.50)	-0.038^{***} (-3.53)	-0.043^{***} (-3.97)	-0.051^{***} (-4.35)
	$(lnGinv)^2$			-0.013^{**} (-2.52)	0.004 (0.56)	-0.018^{*} (-1.92)	-0.003 (-0.43)
交互项	lnGinv × lnMark				-0.198^{***} (-4.72)	-0.145^{***} (-2.80)	-0.179^{***} (-4.27)
	lnGinv × lnRegu					0.024^{***} (3.18)	
	lnGinv × lnRegu × lnMark					0.041^{***} (3.11)	
	$(lnGinv)^2$ × lnMark						0.043^{***} (2.85)
	控制变量	Y	Y	Y	Y	Y	Y
	时间效应	Y	Y	Y	Y	Y	Y
	VIF	2.56	2.52	2.59	2.72	2.88	2.78
	ΔR^2	0.649	0.071	0.084	0.093	0.102	0.096
	F	218.593	12.048	13.186	13.925	15.926	14.224

注：* 表示 $p < 0.1$，** 表示 $p < 0.05$，*** 表示 $p < 0.01$，括号内为 t 值。控制变量同表 7-9。

具体步骤如下：（1）做绿色创新投资对绿色技术创新、碳市场化指数的回归，模型 1 显示，绿色技术创新对绿色创新投资的影响显著为正（$\beta = 0.114$，$p < 0.001$）；（2）做绿色全要素生产率对绿色技术创新、碳市场化指数的回归，模型 2 显示，绿色技术创新二次项的系数显著为负（$\beta = -0.004$，$p < 0.001$）；（3）做绿色全要素生产率对绿色技术创新、碳市场化指数、绿色创新投资的回归，模型 3 显示，绿色创新投资及其二次项对绿色全要素生产率均有显著的负向影响，系数分别为 -0.050 和 -0.013；（4）做绿色全要素生产率对绿色技术创新、碳市场化指数、绿色创新投资及碳市场化指数与绿色创新投资交互项的回归，模型 4 显示，

交互项系数显著为负（β = − 0.198，p < 0.001）。因此，可判定绿色创新投资是有调节的中介变量，碳市场化指数在绿色创新投资与绿色全要素生产率关系中起到调节作用。再将碳市场化指数与低碳规制强度之积同绿色创新投资的交互项放入回归方程（模型5），该交互项系数仍显著为正（β = 0.041，p < 0.001），也就是说，碳市场化指数强化了绿色创新投资对绿色全要素生产率的负效应，而低碳规制强度则显著弱化了负效应，即加大低碳规制强度更利于促进绿色全要素生产率的提升。可知，假设 H9 也通过检验。

为进一步确定碳市场化指数对绿色全要素生产率非线性关系的调节作用，参考汉斯等（Haans et al.，2016）的"U"型关系研究，引入调节变量与二次项的交互项（表7 – 10模型7），发现绿色技术创新二次项与低碳规制强度的交互项系数显著为负（β = − 0.003，p < 0.001），且模型8中绿色创新投资及其二次项系数均显著为负（β = − 0.050 和 β = − 0.016，p < 0.001），表明低碳规制强度使绿色技术创新与绿色全要素生产率之间的倒"U"型曲线更陡峭，即付出相对较少的绿色技术创新，可以实现更高的绿色全要素生产率。继续将绿色创新投资二次项与碳市场化指数的交互项放入方程（表7 – 11模型6），发现该交互项系数显著为正（β = 0.043，p < 0.001），表明碳市场化指数使绿色创新投资与绿色全要素生产率之间的倒"U"型更平缓，即付出相对较多的绿色创新投资，反而使绿色全要素生产率有所下降。因此，假设 H8 和假设 H9 均得到支持。

碳市场化指数之所以对绿色技术创新与绿色创新投资产生消极的调节作用，主要因为：第一，企业降低污染排放要付出额外成本，而绿色资本逐利本性导致企业从利己角度考虑，在减少政府直接干预导致低碳规制强度减弱的情况下，企业必然减轻履行环境责任的动力；第二，放开市场准入条件，企业更愿意选择投资回报快、获利多、风险小的行业，而不是受制于技术能力而投资回报期长的绿色产业，从而降低了绿色资本的权重；第三，绿色创新企业竞争优势来源于"创新补偿效应"，相较于未实施绿色创新的竞争对手获得额外收益，这种比较优势因市场化程度而发生改变，使企业绿色技术创新与绿色创新投资的意愿降低。因此，在推进碳排放权交易市场的同时，也不可轻易放松低碳规制强度，因为碳配额的市场机制须建立在政府主导分配之上，并没有依赖于价格机制形成企业自主减排动力，更应该强化两者的交互作用，维持经济增长与生态环境平衡发展。

7.4.4 全要素生产率与碳减排的关系

为进一步讨论绿色全要素生产率、企业全要素生产率与碳排放三者之间的关系，首先，以 lnGTFP 为被解释变量，以碳排放总量为门槛变量，将 lnETFP 作为随区制变化的解释变量放入式（7-2），结果显示，lnETFP 对 lnGTFP 的影响有三重门槛效应，但第三重门槛中 lnETFP 的系数不显著；第一门槛和第二门槛模型的估计值及置信区间均通过了 LR 的真实性检验。同时，分别以 lnETFP 和 lnGTFP 为被解释变量，将碳排放总量作为随区制变化的解释变量放入式（7-2），结果显示，碳排放总量分别对企业全要素生产率及绿色全要素生产率的影响具有双重门槛效应。

其次，以 lnGTFP 为被解释变量，将 lnETFP 及其二次项作为解释变量放入式（7-2），如表 7-12 中模型 1 至模型 3 所示，lnETFP 二次项的系数显著为正，表明绿色全要素生产率与企业全要素生产率之间呈正"U"型关系（见模型 1），绘制如图 7-2-a 所示。由此可以判定，碳减排与绿色全要素生产率及企业全要素生产率三者之间都存在非线性关系。然而，为什么碳排放量减少之后，反而使绿色全要素生产率先增后减呢？从门槛效应检验结果来看，碳减排确实对绿色全要素生产率有跨越门槛后的拐点变化，但碳减排达到一定低点后呈现出刺激绿色全要素生产率增加趋势，如碳排总量门槛阈值为 51.133 以下时，碳排放总量的系数显著为负（$\beta = -0.025$，$p < 0.001$），表明碳减排程度越高则绿色全要素生产率的水平越大，显然，这似乎不能完全解释三者之间的逻辑关系与事实情况。因此，将绿色全要素生产率与碳减排的关系做一些调整：在综合考虑碳排放总量二次项影响的拟合图形（见表 7-10 模型 5 至模型 8 和表 7-11 模型 6）之后，以 lnGTFP 为

被解释变量，将碳排放总量的三次项放入方程中（见表 6 - 12 模型 5），结果显示，碳排放总量的三次项系数显著为负（β = - 0.026，p = 0.013），表明绿色全要素生产率随着碳减排程度提高，会出现波动性上升趋势。

表 7 - 12　　　　　　　全要素生产率与碳排放的关系检验结果

变量	(1)	(2)	(3)	变量	(4)	(5)	(6)	(7)	(8)
	lnGTFP	lnGTFP	lnGTFP		lnETFP	lnGTFP	lnGTFP	lnGTFP	lnGTFP
lnETFP	- 2.683 *** (- 3.78)	- 1.331 (- 1.50)	- 1.813 ** (- 2.20)	lnTCE	- 0.174 *** (- 5.21)	- 1.810 ** (- 2.18)	- 1.720 ** (- 2.06)	- 0.160 *** (- 3.45)	0.219 * (1.68)
(lnETFP)²	0.984 *** (3.70)	0.555 * (1.72)	0.779 *** (2.60)	(lnTCE)²	0.016 *** (5.45)	0.380 ** (2.35)	0.356 ** (2.19)	2.507 *** (3.42)	- 0.021 ** (- 1.82)
				(lnTCE)³		- 0.026 ** (- 2.50)	- 0.024 ** (- 2.31)	- 12.734 *** (- 3.37)	
控制变量		Y	Y①	控制变量			Y	Y①	
常数项	1.833 *** (3.84)	0.924 (1.40)	- 2.934 *** (- 2.58)	常数项	1.818 *** (19.71)	2.801 ** (1.99)	2.626 * (1.87)	16.065 *** (2.75)	- 0.538 (- 1.49)

注：控制变量 Y① 与表 8 中第 6 列的变量一致。模型 6 和模型 7 作为模型 5 的参照。

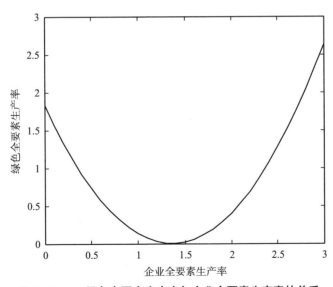

图 7 - 2 - a　绿色全要素生产率与企业全要素生产率的关系

　　最后，根据表7-12模型4和模型5的拟合结果，绘制碳减排与绿色全要素生产率及企业全要素生产率之间关系，如图7-2-b所示。从右往左来看，随着碳排放总量下降即碳减排的过程中，企业全要素生产率因绩效受到影响先呈下降趋势，而绿色全要素生产率则先是快速上升，在此阶段形成了绿色全要素生产率与企业全要素生产率之间显著的负相关关系，表明两者增长趋势并不是协调一致的，这也就是无法实现降碳协同增效目标的主要原因。当绿色全要素生产率跨过碳减排门槛阈值之后，就会开始一段缓慢增长期，此后再跨越一道门槛阈值则又能较快上升；同时，企业全要素生产率逐步跨越门槛阈值后，也进入一段时间的增长期，此时绿色全要素生产率与企业全要素生产率开始同步增长，也就是两者之间存在显著的正相关关系，这符合了绿色全要素生产率与企业全要素生产率之间的正"U"型关系，双方随后进入协同增长阶段。由此可以确定，碳减排与绿色全要素生产率之间呈"S"型关系，表现为先增加、后减少、再上升的变化趋势；碳减排与企业全要素生产率之间呈正"U"型关系，也就是先减少、后增加的趋势；绿色全要素生产率与企业全要素生产率之间也存在正"U"型关系，两者在减少到一定程度之后能够走向协调增长的路径。

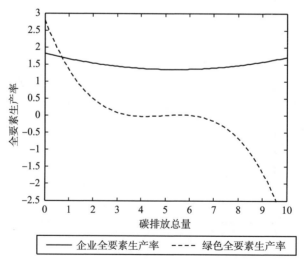

图7-2-b　绿色全要素生产率、企业全要素生产率与碳排放的关系

7.5　绿色全要素生产率增长曲线

"波特假说"研究认为，在低碳规制前提下，企业利用绿色创新方式跨越"波特拐点"，将绿色创新绩效引至新发展路径上，这种变化中存在 1 个韧性拐点和 2 个阶段特征。近年研究表明，绿色全要素生产率呈"U"型"N""V"型等争议，争论焦点有：韧性拐点有几个？发展路径是先正后负，还是先负后正？当前研究对低碳规制与绿色全要素生产率之间非线性关系已达成一致观点，但对于绿色创新绩效曲折变化及韧性拐点的复杂性尚有争议，故而，本书基于企业韧性能力对绿色全要素生产率增长曲线进行深入探讨。

7.5.1　增长曲线的变化趋势分析

在前面检验中，已证实绿色技术创新与绿色治理投资对绿色全要素生产率的倒"U"型关系，与陈超凡等相关学者的研究结论一致，说明当前阶段经济数据支持"遵循成本"假说；实际上，政府规制和企业创新更期望绿色创新绩效协同增长，实现绿色创新补偿效应，也就是说，必然存在某种力量，通过改变倒"U"型曲线的下降速度，到达"波特拐点"；然而，"U"型曲线（二次关系）并不能完整地解释这一问题。为进一步探索绿色创新对绿色全要素生产率的作用方向与变化速度，从理论分析可知，绿色技术创新、绿色治理投资和绿色全要素生产率的关系，既有倒"U"型曲线特征，又兼具正"U"型曲线特征，考虑到理论基础、函数性质和拟合优度等因素，本书选择将绿色技术创新和绿色治理投资的三次项纳入模型（但不排除其他函数形式），可得两者的三次项均在 0.001 的显著水平上显著，系数分别为 −0.002 和 0.008，表明绿色技术创新、绿色治理投资对绿色全要素生产率的影响呈波浪形变化。然后，根据三个变量关系的实证结果，绘制绿色全要素生产率阶段性增长曲面（见图7-3-a）。

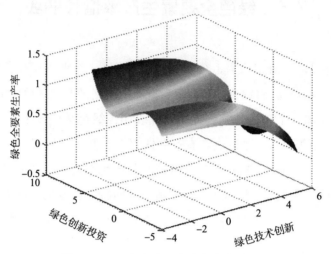

图7-3-a 绿色全要素生产率增长曲面

由图7-3-a可知，随着绿色技术创新水平逐渐增加，由于绿色治理投资自身影响及其传导作用，使绿色全要素生产率呈现先增后减再上升趋势，即倒"S"型变化，前半部分为倒"U"型、后半部分为正"U"型、整体类似"N"型但多了1个拐点，也就是说，倒"S"型曲线继承并发展了倒"U"型、正"U"型及"N"型曲线的相关研究成果，更贴近实际情境。由此可知，在低碳规制驱动作用与企业韧性能力反作用相互结合的影响下，促使绿色创新绩效变化更加复杂，表现为多个拐点与多个阶段特征。

同时，前面也验证了绿色创新投资与绿色技术创新之间正相关，在两个变量逐渐增大过程中，由于绿色创新投资的影响及其传导作用，使绿色全要素生产率呈现出先增加后减少而后再上升趋势，也就是倒"S"型。故而，将绿色全要素生产率的阶段性增长曲面进行截面处理，可以得到，在绿色创新投资中介作用下，绿色全要素生产率的阶段性增长曲线，如图7-3-b所示。

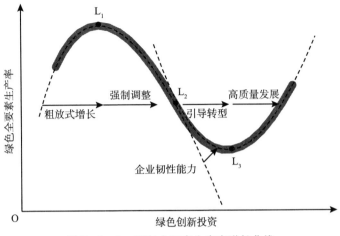

图 7 – 3 – b　绿色全要素生产率增长曲线

7.5.2　增长曲线的韧性拐点特征

7.5.2.1　三个韧性拐点

从图 7 – 3 – a、图 7 – 3 – b 可知，在绿色全要素生产率阶段性增长曲线倒"S"型趋势上，存在三个韧性拐点，即 L_1、L_2 和 L_3。从经济学上讲，L_1 – L_2 曲线服从凹函数性质，L_2 – L_3 曲线服从凸函数性质，故将 L_2 作为经济学上的一个拐点。

首先，韧性第 1 拐点 L_1，由于企业受到低碳规制的影响，使其环境成本增加而经营效益下降，进而导致绿色全要素生产率呈下降趋势，可称为规制拐点。

其次，韧性第 2 拐点 L_2，当企业绩效因受到低碳规制的影响而呈现下降趋势之后，企业也利用冗余资源消耗过程应对低碳规制的冲击，企业试图通过学习能力来吸收与消化低碳知识，通过搜寻韧性拐点尝试找到新的解决办法，而学习效应致使环境成本呈递减趋势，而出现了韧性第 2 拐点，可称为学习拐点。

最后，韧性第 3 拐点 L_3，企业采用绿色创新方式取得一定成果之后，也就跨过了下降趋势的韧性拐点，转至新发展路径上升阶段，体现了创新突破适应性，实现了韧性扭亏为盈效果，可以称为创新拐点，这个拐点与"波特拐点"相吻合。

7.5.2.2 四个发展阶段

根据以上绿色全要素生产率增长曲线的三个韧性拐点，可将绿色创新绩效变化趋势分为四个发展阶段。

第一阶段为粗放式增长期，在韧性第 1 拐点 L_1 之前，基于资源型要素投入的粗放式增长模式，由于传统要素边际效用递减规律，使绿色全要素生产率呈缓慢增长趋势。

第二阶段为强制调整期，跨过韧性第 1 拐点 L_1 之后，由于政府开始重视生态环境质量，低碳规制政策迫使企业采取"限减停"等措施，以减少碳排放污染程度，导致绿色全要素生产率由增长阶段进入了快速下降阶段，在一段时间内呈现负增长态势。

第三阶段为引导转型期，当企业意识到低碳规制的引导作用后，不仅能够补偿绿色创新成本，而且可以提升企业竞争力，激发了企业通过学习能力促进绿色创新动力，使倒"U"型曲线的"尾巴"发生了转变，导致绿色全要素生产率呈现负增长放缓态势，即经过韧性第 2 拐点 L_2，逐渐向拐点韧性第 3 拐点 L_3 靠拢。

第四阶段为高质量发展期，当跨过韧性第 3 拐点 L_3，即"波特拐点"，绿色全要素生产率从下降转为新的上升发展路径阶段，也就是完成从"遵循成本"向"创新补偿"转变，实现了企业韧性恢复过程。

从前两个阶段来看，也就是在韧性第 2 拐点 L_2 之前的粗放式增长期与强制调整期，绿色全要素生产率呈现倒"U"型，与前面实证检验结果一致；当跨过韧性第 2 拐点 L_2 之后，由于政府低碳规制调节作用，引导企业逐渐向绿色低碳转型，扭转了绿色全要素生产率负增长趋势，进而促进了生态环境质量水平的提升。另外，根据实证结果显示，在绿色创新投资中介作用下，当前中国绿色全要素生产率已走到韧性第 3 拐点 L_3，正逐步跨越"波特拐点"向新的上升发展路径迈进。

7.5.3　增长曲线的韧性能力体现

比较图 3-3 和图 7-3-a、图 7-3-b，可以发现，绿色全要素生产率增长曲线的倒"S"型趋势与企业韧性能力的变化趋势基本吻合，而且绿色全要素生产率增长曲线的四个发展阶段与企业韧性能力的四个变化阶段相互对应。

首先，在韧性第 1 拐点之前粗放式增长期，企业对低碳环境洞察能力至关重要，决定着今后发展路径选择问题，此时也是企业韧性能力的动态适应阶段，企业尚未受到外部低碳环境变化的冲击，绿色创新绩效呈递增趋势。

其次，当跨过韧性第 1 拐点进入强制调整期后，由于低碳规制的外部冲击推高了环境成本，致使企业绿色创新绩效下滑。此时，企业通过消耗冗余资源产生了对低碳规制的抵抗力，在一定程度上对绿色创新绩效下降趋势起到缓冲作用。

再次，依靠冗余资源可以解决短时间内冲击，但并不能完全使企业走出转型风险困境，而低碳规制的冲击同时也激发了企业学习改进机制。当跨过韧性第 2 拐点进入引导转型期后，企业在组织学习驱动下，依靠"干中学"与不断试错的学习能力，纠正传统生产方式过度消耗资源与损害环境的发展模式，并在不断适应外部环境变化的过程中，促使企业韧性能力发挥出有效作用，逐渐使绿色创新绩效下滑趋势减缓，这种情况一直在引导转型期持续至已搜寻到韧性第 3 拐点。

最后，企业从学习改进机制中逐步开展绿色技术创新活动，在新产品、新技术、新服务中考虑环境因素，当这种绿色创新补偿能力取得突破性进展时，就跨过了韧性第 3 拐点即"波特拐点"，转而走向新的高质量发展阶段。

由以上分析可以看出，在低碳规制作用下绿色全要素生产率呈现倒"S"型，实际上是企业韧性能力反作用的外在体现，反映了政府与企业碳决策目标差异的演化博弈过程，双方博弈的契合点就在于政府利用适当的低碳规制工具激发企业自主绿色创新意愿，促进绿色全要素生产率协调增长，进而实现绿色效率与企业效益双赢目标。

7.6 本 章 小 结

本章利用中国上市公司及所在地区经验数据，运用三重门槛、双重差分及中介调节效应等方法，对低碳规制驱动效应、绿色创新补偿效应和碳市场化调节效应研究假设进行实证检验。研究结果显示，低碳规制对绿色全要素生产率的影响具有双重门槛效应，不同的低碳规制工具的影响效应具有差异性特征；绿色创新在低碳规制与绿色创新绩效的关系中起着中介效应；低碳规制强度可以强化绿色创新与绿色创新绩效之间的关系，碳市场化指数则弱化了这种关系；企业全要素生产率与绿色全要素生产率在碳排放门槛效应中存在协调增长阶段；绿色全要素生产率增长曲线呈倒"S"型，体现了企业韧性能力的变化，存在三个韧性拐点和四个发展阶段。

第8章 低碳规制下绿色创新绩效提升对策

根据理论分析、数理模型及实证检验的研究结果，当前我国已初步形成低碳治理体系，但由于低碳规制激励约束机制不够完善，企业自主绿色创新动力不足，以致绿色创新补偿效应乏力，碳市场化调节作用较弱，主要是因为缺乏企业韧性能力考虑，从而使企业难以获取绿色创新绩效最优结果。因此，本章基于企业韧性能力的视角，在实现"碳达峰""碳中和"目标驱使下，从约束性、激励性及调节性三个方面提出了低碳规制下绿色创新绩效提升对策，关键在于对企业低碳价值链重新赋能，采取设计融合工具链、优化低碳价值链及改进生态供应链等措施，推动企业顺利实现低碳转型，走向绿色、低碳、高效、循环的高质量发展路径。

8.1 低碳规制的约束性对策

8.1.1 设计融合联动的工具链

8.1.1.1 实施有重点、分阶段、差别化的低碳规制工具组合政策，促进减碳增效的绿色政策效能体系建设

由于异质性低碳规制工具对绿色创新绩效的影响存在明显差异，使企业韧性能力作用下的绿色全要素生产率呈现阶段性变化趋势，所以，应针

对企业所处碳源行业、碳排放数量及碳减排阶段选择适当的低碳规制强度，采用合适的碳税、碳补贴、碳交易等工具，对高碳企业实施强制力的碳税策略，对低碳企业实行吸引力的碳补贴策略，重点做好以下三个方面：（1）选择高碳行业实施有重点地减碳对策，加大碳税、碳补贴等低碳规制工具对碳排放污染的整改力度，促使高碳行业依靠绿色技术创新提升绿色全要素生产率，同时逐步放松低碳行业规制强度，鼓励节能、非碳或零碳等绿色技术创新型企业自主发展。（2）针对碳排放特征实施差别化策略，由于企业规模、技术等专有资产差异，不仅碳排放的产生量与下降空间存在不同，而且对低碳规制的敏感度也有差异，故而需要对异质性企业采用不同的低碳规制工具，防止轻资产型企业韧性过度损耗。（3）根据企业碳排放量分阶段优化低碳规制政策，因为低碳规制工具对不同碳排放阶段企业的作用也存在差异，故而对处于碳排放高位企业，采取增加碳税策略；对于碳排放中位阶段，要刺激企业自主绿色创新减碳动力，适当增加绿色创新投资；对于碳排放低位阶段，应给予企业适度的碳补贴，借助利益诱导方式促使企业绿色创新水平提升。通过变革使用低碳规制工具组合政策，促进生态环境协同治理能力提升，从而增强企业绿色创新绩效韧性。

8.1.1.2　建立政府与企业间互联互动的低碳约束机制，推动经济绩效与环境绩效协同增长

低碳规制引致环境成本上升而企业利润下降，较少考虑企业内部资源与能力等因素，而政府又不可能全程参与生产经营活动，如果企业开展低碳生产所获收益小于生产成本，企业自主创新减碳意愿自然不高，难免会因信息不对称产生负外部性问题。因此，需要从多个方面建立企业绿色创新减碳的约束机制，全面考评企业减碳效果，以调控企业碳决策行为趋于减碳增效方向：（1）增强政府低碳治理能力，采用人工智能设备实时监控企业生产过程，检测每个环节产生的资源消耗、碳排放量等信息，利用大数据方式进行企业碳排放数据收集、整理及分析，建立温室气体排放与气候变化信息系统，消除碳排放、碳减排及碳配额等变量之间信息孤岛，并

积极采取有针对性的"碳中和"举措，促进企业相对碳排放污染压力有效缓解，不断改善碳排放污染程度，进而利用碳排放与碳减排的中和举措促使企业获取绩效韧性最优效果。（2）提高企业低碳管理水平，将政府碳减排目标逐级分解至企业层面，构建专人负责、主次分明、层次清晰的低碳目标管理体系，由外部压力刺激企业内生减碳动力，推动企业经理人业绩考核评价体系形成自我低碳运营机制，从而提升企业适应低碳环境的水平。（3）引导企业提高环境信息披露质量及履行社会责任能力，促使碳排放与碳减排的行为更加透明，减少企业碳排放负外部性与政府碳减排负外部性交互问题，避免发生逆向选择与道德问题，从而以减碳增效为原则优化低碳规制工具组合、设计及强度，促进生态环境与经济系统良性均衡循环发展。

8.1.2　构建韧性低碳治理体系

8.1.2.1　按照绿色、低碳、高效、循环发展要求，构建基于企业韧性能力的低碳治理体系

由政府主导碳减排活动，兼顾绿色效率与企业效益两个方面，通过提升企业韧性能力促进绿色全要素生产率协调增长，推动绿色创新绩效协同发展，进而达到减碳增效双赢目标。因此，构建基于企业韧性能力的低碳治理体系，主要应以解决碳排放负外部问题导向为出发点，涉及治理主体、治理理念及治理内容等因素构成的制度化、流程化、标准化与体系化的有机系统。低碳治理体系首要任务是解决"治理主体是谁"和"治理主体关系"两大问题：从前者考虑，低碳治理主体主要包括政府、企业及市场关系，政府作为低碳规制的制定者及主导者，企业作为低碳规制的执行性及参与者，而碳市场体系则通过碳排放权交易的方式调和了政府与企业之间的"利益"矛盾；从后者考虑，在完全市场条件下，企业出于自利本性，开展自主创新减碳意愿不强，也就是市场难以在低碳治理中发挥决定性作用，需要由政府主导企业碳减排活动，发挥其在低碳治理体系中的关

键作用，也就是通过低碳规制激发企业绿色创新动力，促进绿色全要素生产率提升，以达成政府与企业之间目标一致性共识。

8.1.2.2 利用绿色化改造低碳治理模式，以创新方式变革组织架构、价值理念及行为准则

政府应将推动企业低碳转型与绿色发展作为低碳规制的政策调整方向，以利益引导方式激发企业自主创新减碳动力，不断改善企业生产运营的外部环境条件，促使企业提升学习能力以获取更大绿色价值。（1）构建多方联合协作的低碳研究机构，分析低碳技术研发与应用前景，研究企业碳排放对气候变化的影响，树立绿色发展、低碳转型企业标杆，指导企业进行合规性优化措施。（2）利用智囊机构将企业信息处理与决策机构紧密相连，识别低碳发展动向，预测低碳环境变化路径模型，并拟定与之匹配的战略规划，为决策者提供及时准确的参考信息。（3）推动知识型企业建设，通过吸收知识、存储知识及创造知识，形成合理的知识性冗余资源结构，使企业不断提升冗余资源整合能力，并善于学习、精于创新，改进知识结构、技术专长及学习方法，转化成企业缄默性专有资产、核心优势，借助信息化手段改造成自运行体系。（4）加快推进环境友好型、资源节约型低碳治理立法工作，完善低碳生产与绿色消费制度体系建设，增强绿色创新、低碳生产及绿色消费流程建设，推进企业减碳、纳税、补偿、修复等绿色发展事项，完善低碳规制政策的执行、管理、考评及奖惩机制。

8.2　绿色创新的激励性对策

8.2.1　优化低碳优势的价值链

以"减量化、资源化、绿色化、低碳化"为原则，重构企业低碳价值链，形成低碳循环经济系统。企业低碳转型动力不足和绿色创新绩效韧性

不强，究其原因主要还是低碳元素附加值不高，因而需要改善企业低碳价值链定位，其关键就在于以低碳为原则重新梳理企业价值活动，为企业注入可持续发展的低碳优势。基于波特价值链的指导理念，从企业价值活动产生碳排放的视角，以绿色创新为导向调整企业价值链定位，梳理基本价值活动和辅助价值活动，重新审视企业价值活动每个环节的价值创造能力，识别从原材料投入产品生产，再到市场流通每一个环节的碳价值量，采用碳价格核算企业绿色价值链，找出关键的碳价值活动，并对企业内部生产流程进行再造，提升碳价值高、增值潜力相对大的价值模块比重，同时缩减碳价值低、增值潜力相对小的价值模块比重，减少不必要的碳价值活动，塑造绿色低碳价值块。

然后，将企业生产经营过程改造成为两条价值链小循环，即"资源→产品→废弃物→碳减排"和"再生资源→低碳产品→碳回收"，并且两条价值链小循环构成了一个完整的价值链大循环。也就是，在传统生产过程中增加碳减排流程，通过缩减碳排放对企业价值活动的负外部性影响进行优化处理，然后以提升再生资源利用效率来重构企业低碳价值链，在生产过程中运用碳捕获、封存及再利用技术，将所有不能减量化生产的碳回收起来，减少末端碳排放造成的污染，并充分再利用碳排放量。同时，在资源开采、产品制造、物流运输、产品消费及逆向物流整个过程中，企业注重减碳与增效相结合，增强低碳价值链管理能力，通过优化业务流程、精简多余支出，提高每个价值活动效率，降低企业运营成本，促进可持续发展的低碳优势提升，进而建立企业绿色创新与低碳生产之间的共生关系，逐渐形成良性循环、有序发展、绿色低碳的社会生态系统。

另外，在企业业绩考核评价目标体系中设定与环境适应性相匹配的多套备选方案。企业制定业绩目标之初，应考虑战略期望目标与外部环境变化因素之间的匹配度，考虑各种可能变化的情境因素，设计一套符合环境变化要求的备选方案，即使面临突发情形，战略目标仍能有效执行，不至于出现转型失败风险。一般来说，高管出于自身业绩回报考量可能会高估企业能力与低估未来环境变化，而且战略期望目标与预期环境变化之间并不总是契合的。因此，企业战略绝对有必要提前考虑可能发生转型失败后，待原有核心优势消失殆尽时，如何采取措施来提升企业韧性能力，扭转岌岌可危的绩效局势并缓解外部冲击烈度，以待新优势出现。

8.2.2　搭建绿色创新协同平台

8.2.2.1　创建绿色技术研发平台，促进绿色技术交流、成果转化及应用水平提升

本书已证明了绿色创新在低碳规制与企业绩效之间的中介作用，决定着绿色效率与企业效益的双赢目标实现，所以，应积极推动绿色协同创新，发挥绿色创新补偿效应。绿色创新不同于一般创新，事关社区整体福利，可将其技术模块化处理，把企业非独有技术部分提取出来，借助互联网组建由企业技术人员、高校研发人员、科研创新人才及相关技术应用人才构成的虚拟研发团队，创建公用绿色创新协同研发平台，形成风险共担与利益共享的协同机制：一方面，绿色创新协同平台围绕着减碳、低碳、零碳等绿色技术研发项目，针对碳减排、碳中和技术进行开源研发工作，集中攻破绿色低碳技术性难题，由平台解决研发人才匮乏问题，并分摊企业绿色创新成本，实现转型风险共担。另一方面，绿色创新协同平台以碳价值测算绿色技术专利成果收益，参与研发企业可以优先使用技术成果，未参与研发企业需要支付一定价格购买绿色技术专利成果，或者进一步将绿色技术成果资本化运作，推广绿色技术专利成果转化及应用，在促进企业碳减排与碳价值提升的同时，也获得更多的投资回报，可以向绿色技术研发平台及研发人员分配技术红利，形成利益共享的协同机制。

8.2.2.2　增强绿色创新投资能力，强化核心优势、改善多元布局、优化动态管理

低碳规制引致外部环境变化更为复杂，给企业绿色投资带来碳决策行为的风险问题，使其难以准确预测绿色投资获取企业绩效的可能性。为缩减企业调整绿色投资策略的转化成本，需要决策者合理预估绿色低碳项目

收益区间，准确预测低碳规制对绿色创新绩效的影响范围，以增强企业韧性能力，提高企业应对低碳环境变化水平。因此，应重点考虑以下四个方面：首先，构建绿色技术与资本要素协同创新机制，提升企业自主绿色创新能力及协同绿色创新水平；其次，大力推动高碳企业绿色、循环与低碳发展，加快形成节约资源、保护环境的生产生活方式；再次，企业需要根据现行低碳规制要求，洞察低碳规制政策目标、变化前景及绿色投资的环境影响与环保效果，通过准确绿色创新投资评估报告；最后，确立综合评价优先顺序。

8.3　碳市场化的调节性对策

8.3.1　改进可持续低碳供应链

8.3.1.1　借助数字化手段推进企业低碳生产信息化改造，改善政府与企业之间的信息不对称性与不完全性问题

从原材料采购、绿色产品研发、绿色流程再造、低碳产品质量控制、售后服务保障等全面智能化技术应用，对制造工艺环节进行绿色化、数字化及智能化改进。在生产组织环节，运用企业资源计划（ERP）系统及物联网技术开展绿色成本核算管理，对产出的废弃物、废气等污染物进行无害化处理，推进脱碳、脱硫等技术应用，将碳硫等化合物收集并回收再利用。

8.3.1.2　使用清洁生产工艺技术与高效末端治理设备，构建绿色低碳生产运营体系

采用原料无害化、生产生态化、废物资源化、能源低碳化的绿色制造模式，以资源节约型、环境友好型为导向，打通原材料采购、生产制造、物流运输及逆向回收的碳循环系统，建立可持续发展的绿色供应链管理模

式，把绿色、低碳的理念及技术融入供应链。以最终碳排放量为标准，建立逆向生产计划体系。以预防为主、治理为辅的绿色制造思想，对生产过程中物资、能耗、工艺、技术等进行设计，通过提高生产效率、节约劳动成本、保障产品质量的同时，促进资源利用效率和生态环境质量提升。

8.3.2　完善碳市场化协调机制

8.3.2.1　构建新型碳市场化指标评价体系，促进绿色效率与环境质量同步提升

在政府主导碳配额市场与企业主导碳减排市场中，由于碳交易机制不完备，使企业自主创新减碳动机不强，不仅削弱了低碳规制对绿色创新绩效的强制作用，而且弱化了绿色创新对绿色创新绩效的有效影响，因此，应处理好低碳规制强度与碳市场化指数之间协调关系。（1）要明晰企业碳排放权交易制度，利用碳配额及价格机制调整企业低碳优势，鼓励企业间进行碳配额交易，尽快形成全国统一碳交易市场。（2）重点支持绿色产业发展，倡导绿色技术成果资本化运作，搭建企业主导的绿色基金平台，完善绿色创新投资专管账户服务政策，破除绿色技术、人才流动的限制政策，放宽绿色创新投资准入条件，鼓励民间资本筹建绿色创新发展基金，完善收益和成本风险共担机制。（3）减少政府直接干预绿色产业项目，重点支持企业绿色技术创新项目，同时也要建立非绿色产业负面清单制度，针对高污染、高排放企业实行专人专责制，注重绿色技术创新效率与绿色创新投资效率的提升。

8.3.2.2　积极推进低碳产品的消费市场建设，引导企业低碳生产

由于消费者更倾向于价格低廉的传统产品，没有绿色消费理念和强制意愿的支撑，低碳产品消费市场的规模较小，严重制约了绿色创新与低碳产品的长足发展。因此，政府应运用价格、税收、信贷、补贴等低碳规制工具及其组合，加强对绿色低碳产品消费的引导作用，促进低碳产品消费升级，通过绿色产品需求增加所带来的超额利润，吸引更多企业从事绿色

低碳生产活动。企业在碳市场不完备情况下，应着重突出低碳产品的差异化特色，借助学习能力与创新能力持续进行绿色创新方式，不仅能降低企业生产成本，而且可以利用先动优势占据市场有利地位。

8.4　本章小结

在理论分析、演化博弈与实证分析研究结果基础上，首先构建企业韧性能力的低碳治理体系，分别从低碳治理工具体系、价值体系及结构体系进行阐述。其次提出在低碳规制影响下，提升企业绿色创新绩效的对策，包括低碳规制对企业绩效影响的约束性对策、政府对企业绿色创新效果所进行的激励性对策，以及实施碳排放交易机制的调节性对策。在低碳规制的约束性对策方面，重点在于设计融合联动的工具链，构建绿色创新协同平台，发挥低碳规制工具的协同效应；在绿色创新的激励性对策方面，重点在于重构有低碳优势的价值链，改造绿色化智慧型组织，激发自主创新减碳动力，为企业带来更大的低碳价值；在碳市场化的调节性对策方面，重点在于明晰碳排放权交易制度，形成统一的碳交易市场，并完善低碳产品供应链，打造绿色智能制造系统，形成有序健康、良性循环、绿色低碳的新市场体系。

第9章 研究结论及展望

9.1 研究结论

绿色复苏背景下，为解决企业碳排放外部性问题，从减碳增效的矛盾出发，低碳规制与企业韧性能力相互作用，借助外生性助推动力和内生性激励动力有机结合，激发企业韧性能力以增强自主创新减碳意愿，引导企业实施绿色创新战略促进绿色全要素生产率的提升，对绿色创新绩效产生了低碳规制驱动效应、绿色创新补偿效应及碳市场化调节效应三种影响，有助于推动企业从高碳低效发展路径向减碳增效发展路径转型。进而运用理论分析、数理模型与实证检验等研究方法，以搜寻韧性拐点为主线，剖析了低碳规制影响下绿色全要素生产率增长曲线的韧性拐点及阶段特征，揭示了企业韧性能力的反作用机理，并得出以下结论。

第一，企业韧性能力体现在应对外部环境冲击时的抵抗力，运用冗余资源预防难以预测的变化造成的损失，在学习与创新的过程中寻求新的路径，通过整合资源与知识协调的能力，不仅改变传统高耗能的盈利路径，而且不断增强自身的环境适应性，以减少获取绩效的脆弱性。在复杂性适应系统中，低碳规制通过调控环境成本引致经营效益下降，在外生性助推动力和内生性激励动力作用下，迫使企业开展绿色创新活动，从而有利于促进资源利用效率提升、环境质量水平提高。企业为获取可持续发展的低碳优势，首先，利用洞察低碳环境能力和冗余资源整合能力，缓解低碳规制对企业绩效韧性的冲击；其次，运用学习能力的边际递减效应逐步降低环境成本，促使企业绩效下降并趋于韧性拐点；最后，绿色创新补偿了企业环境成本损耗，促成绿色创新绩效跨越韧性拐点。也就是企业经历动态适应、冗余抵抗、学习改进及创新突破的阶段性变化，最终恢复至相对均衡的发展路径。

第二，在政府与企业碳决策行为的演化博弈过程中，双方博弈的结果体现为降碳协同增效，为实现企业绿色创新绩效的提升，既要考虑政府绿色效率目标，以降碳前提下促进企业碳减排目标实现；也要考虑企业经营效益目标，以实现企业绩效的反弹为出发点来加快碳减排的实施节奏，使双方利益契合点就在于促进绿色全要素生产率协调增长上。在韧性视角下，低碳规制对企业绿色创新绩效的影响主要表现为三个方面：首先，低碳规制是企业获取绿色创新绩效的前提条件，但其效力存在差异性，需要发挥绿色创新的中介作用；其次，企业采取绿色创新是促进韧性恢复的必要条件，对绿色创新绩效的影响效果相对较大；最后，碳市场化在前述关系中起到调节影响，应充分考虑低碳规制强度与碳市场化指数的交互作用。

第三，政府主导企业减碳增效的过程中起着关键性作用，采取适度的低碳规制有助于促进企业绿色创新绩效提升。首先，不同的低碳规制工具对绿色创新、碳排放、碳减排及企业效益具有差异化影响，采用命令控制型工具产生短期效果明显，但长期还需要依赖于市场调节型工具的作用。碳税和碳补贴对绿色全要素生产率的影响均有双重门槛效应，碳税在碳排放较高阶段的作用相对较大，碳补贴在碳排放较低阶段的作用相对较大，且碳补贴在整体上比碳税更能抑制碳配额发行量、促进碳减排、降低碳排放，也更能促进绿色效率与企业效益协调提升。其次，不同的低碳规制强度可以产生显著差异化效果。在斯坦克尔伯格模型下，采用相对较低的碳税水平，就可以促进企业绿色创新投资水平提高，从而在控制碳排放基础上实现企业利润增长，表明针对异质性企业实施低碳规制可以实现协同增长的双赢目标。最后，在区分绿色创新企业与非绿色创新企业情形下，针对异质性对象采取不同的施政方略所产生结果也存在差异性，当碳税或碳补贴跨过（S^{C*}，T^{C*}）和（S^{S*}，T^{S*}）非零纳什（Nash）均衡点后，可以实现绿色创新绩效协同增长。

第四，低碳规制有效性需要借助于绿色创新的中介作用，对产品、技术及成本等产生补偿效应，促成了企业获取可持续发展的低碳优势。低碳规制的内生效力在于激发企业自主创新减碳意愿，利用绿色创新方式改造生产设备、升级生产工艺，改善绿色要素投入产出效率，从而有效抑制碳配额、促进碳减排及降低碳排放，也有助于促进绿色效率与企业效益协调提升。而且，绿色创新是企业突破环境适应性、跨越韧性拐点的关键因素，促使企业绩效从下降趋势转向上升通道。实证研究结果显示，绿色技术创新与绿色创新投资具有显著正相关性，两者均对绿色创新绩效产生倒"U"型影响，表明企业实施绿色技术创新是根本之道，利用绿色技术成果转化可以吸引更多资本参与绿色升级，故而应注重绿色技术创新与绿色创新投资的相互作用，积极推动绿色技术成果转化为有价值的产品与服务，促进绿色效率提升来实现减碳增效目标。

第五，碳市场化对低碳规制与绿色创新绩效的关系起到调节效应。受碳税的影响，碳排放权交易初级市场中碳配额价格随之增加，进而可以控制碳配额数量上限；受低碳规制和绿色创新的影响，碳排放权交易流通市场中碳配额价格也随之增加，从而可以控制碳配额二次交易量。目前，碳交易机制尚不完备，企业自主创新减碳动力不足，使低碳规制的影响效力相对较弱。同时，低碳规制强度与之交相呼应，显著强化了绿色技术创新与绿色全要素生产率的倒"U"型曲线更为陡峭，而碳市场化指数促使绿色创新投资与绿色全要素生产率的倒"U"型曲线更加平缓，也就是说，低碳规制强度加速了绿色全要素生产率向韧性拐点靠近，而碳市场化指数则相对减缓作用。这是因为企业的本质在于自身利益最大化，要降低污染排放必然付出额外成本，可能导致企业履行环境责任动力有所减弱；而放开市场准入条件后，企业更愿意选择见效快的非绿色创新投资活动，从而弱化了企业自主创新减碳意愿，在一定程度上抑制了绿色全要素生产率的提升。因此，增强碳市场化指数的同时，不可轻易放松低碳规制强度，更应强化两者的交互作用，维持经济增长与生态环境平衡发展。

第六，实证研究结果显示，随着碳排放总量逐渐下降、碳减排程度不断增大，企业全要素生产率先呈下降趋势，而绿色全要素生产率则先是快速上升，在此阶段形成了两种全要素生产率显著负相关，表明低碳规制首先对企业效益产生消极影响，冲击了绩效韧性。当碳减排跨越一定的门槛之后，绿色全要素生产率开始一段缓慢增长期，因冗余资源与学习能力的抵抗而出现波动性变化，此后再跨越一道门槛则又能较快上升。同时，企业全要素生产率逐步跨越门槛后也进入增长期，此时两种全要素生产率开始同步增长，即显著正相关，这符合绿色全要素生产率与企业全要素生产率呈正"U"型关系。由此可知，在碳减排过程中，企业全要素生产率呈正"U"型变化，绿色全要素生产率呈倒"S"型变化，而且绿色全要素生产率与企业全要素生产率之间也存在正"U"型关系。表明低碳规制要对绿色创新绩效产生积极影响，必先利用企业绿色创新促使全要素生产率协调增长，然后可以实现企业减碳增效目标。

第七，在低碳规制与企业韧性能力相互作用下，低碳规制先会冲击企业绩效，导致其原本上升的规模经济效应，在环境成本上升趋势下出现利润下滑的问题，使企业绿色全要素生产率增长曲线呈倒"S"型。可以将其看作由两个部分组成：上半部分为倒"U"型，也就是先增后减的趋势，由低碳规制的外部作用导致企业绩效开始下滑；下半部分为正"U"型，体现了先减后增的趋势，这个企业绩效探底上升走势，正是"波特假说"的创新拐点，使企业重新找到竞争优势，并获得绩效的再次提升；两个部分在整体上又像"N"型，但中间多了一个拐点，也就是在两个"U"型曲线中间还有一个经济学拐点，该处的拐点是本书重点关注的内容，只有当这第一次韧性出现的时候，将企业流动性不足危机扭转过来，才有可能利用这种企业韧性能力走向反弹的"波特拐点"。因此，绿色全要素生产率增长曲线表现为三个韧性拐点和四个发展阶段的特征。首先，由于企业绩效受到低碳规制的影响，推高了环境成本，导致绿色全要素生产率呈下降趋势，出现韧性第 1 拐点，即规制拐点；其次，企业利用冗余资源能力与低碳知识学习协调能力，搜寻韧性拐点并尝试找到解决办法，由学习效应致使环境成本呈边际递减趋势，出现韧性第 2 拐点，即学习拐点；最后，企业通过绿色创新补偿效应，跨过下降趋势转变至上升通道，体现了绿色创新突破环境适应性，出现韧性第 3 拐点，即创新拐点。由此，三个韧性拐点将绿色全要素生产率增长曲线划分为四个发展阶段，即粗放式增长期、强制调整期、引导转型期及高质量发展期。这个变化过程直观展现了企业韧性能力的阶段性特征。

第八，根据低碳规制对绿色创新绩效的影响效应分析，本书提出了构建低碳治理体系的对策，主要包括以下三个方面：在低碳规制的约束性对策方面，应实施有重点、分阶段、差别化的低碳规制工具组合政策，建立政府与企业间相互联动的低碳约束机制，搭建"政产学研用"一体化绿色技术研发平台，健全绿色创新、低碳生产及绿色消费相关的制度流程体系，发挥低碳规制工具链的协同效应；在绿色创新的激励性对策方面，以"减量化、资源化、绿色化、低碳化"为原则，重构企业低碳价值链，优化企业绿色创新投资策略，设定与环境匹配的多套备择方案，激发企业自主创新减碳动力，促进自主创新、自我革新、自运行发展；在碳市场化的调节性对策方面，处理好低碳规制强度与碳市场化指数协调关系，积极推进低碳产品消费市场建设，构建绿色低碳生产运营体系，建立可持续发展的绿色供应链管理模式，促进绿色要素配置效率和生态环境质量水平同步提升。

9.2　研究局限与展望

本书构建了低碳规制与企业韧性能力相互作用的分析框架，试图通过对低碳规制、绿色创新和碳市场化三种决策模式比较分析，搜寻绿色创新绩效的韧性拐点及有效路径，为构建低碳治理体系、提升绿色创新绩效提供借鉴。但由于企业绿色创新绩效受到内外因素综合影响，外生发展范式致力于产业经济与竞争优势，内生增长范式则期望于知识、技术与创新的作用。所以，本书研究局限主要体现在以下四个方面。

第一，企业韧性能力体现了内生性知识创新对外部环境变化产生的抵抗力，但目前相关概念、测度及内涵研究尚在探索阶段，局限于现有测量方法与数据获取难度，本书从外部性资源配置机制方面进行计量分析，从宏观至微观的层次逐步挖掘数据背后的企业内在本质性逻辑关系，但因为信息不对称的缘故，企业层面环境数据、社会责任相关环境质量数据均未能完全披露。因此，企业韧性能力的变量测度方面还需要进一步研究，可以通过构建企业韧性能力的评价指标体系，运用人工智能与大数据方式收集并测度企业微观层面一手数据，综合衡量企业韧性能力的程度。然后，以低碳规制为解释变量、绿色创新绩效为被解释变量，将企业韧性能力作为中介变量进行实证检验，进一步对本书的理论模型进行深入研究。

第二，企业韧性能力并非来自低碳规制特有，只是它需要外力作用下产生抵抗力。本书将企业韧性置于低碳规制框架下进行分析，考虑到企业绿色低碳转型困境，探索了低碳规制对绿色创新绩效的影响效应。实际上，抛开低碳规制分析框架而言，企业韧性能力普遍存在于外部环境变化导致企业绩效下降过程中，而企业战略转型失败又受制于诸多方面因素，包括产业结构、战略联盟、产业集聚等，特别是在经济变革面前，企业战略转型失败集中爆发。因此，可以采用质性分析方法对战略转型失败企业和战略转型成功企业进行案例研究及比较分析，进一步阐释企业韧性能力的具体表现，探索组织韧性、心理韧性与企业绩效之间的关系，对中国企业战略转型经验教训进行归纳总结。

第三，低碳规制属于新的政策领域，无论是理论上，还是实践上，当前都属于探索阶段，尤其是一些低碳规制工具可能来自西方国家，与中国情境因素截然不同，例如，碳税在我国实施时间较短，涉及直接税收与间接税收计税方式等问题；实施碳排放权交易机制正在试点之中，要形成企业间广泛性影响的统一碳市场还需要一些尝试及深入研究。对于不同行业、异质性企业所采用综合低碳规制工具，应属于低碳治理研究考虑范围。而且，企业层面的低碳管理在我国处于初级阶段，如何借助低碳规制的作用来推进企业低碳管理能力提升，并找到低碳管理有效工具也有待于进一步深入探讨，可以借助数字经济发展契机，重点研究"碳中和"的规制工具。

第四，对于企业绿色创新绩效的研究，以往注重企业利润最大化考虑，将环境因素纳入企业社会责任范畴，导致低碳规制的负外部性问题被放大，众多研究认为，应该重视企业道德伦理，但实际上企业区别于非企业市场主体的本质就在于逐利性，而不是道德性，因此，有必要将环境绩效纳入绿色创新绩效中，直接作为企业高层管理者绩效考评的一部分，并构建起层次清晰、目标明确、奖罚分明的激励约束机制，这就需要在公司治理方面重视环境绩效与经济绩效协调增长问题，重新梳理企业股东会、董事会及管理层之间的关系，进而基于企业韧性能力构建目标明确、责任清晰、利益共享的低碳治理体系，逐步完善政府主导、企业参与的碳交易市场运营机制。

参 考 文 献

[1] 白雪音，翟国方，何仲禹. 组织韧性提升的国际经验与启示 [J]. 灾害学，2017，32（3）：183-190.

[2] 鲍健强，苗阳，陈锋. 低碳经济：人类经济发展方式的新变革 [J]. 中国工业经济，2008，24（4）：153-160.

[3] 毕克新，杨朝均，黄平. FDI对我国制造业绿色工艺创新的影响研究——基于行业面板数据的实证分析 [J]. 中国软科学，2011，25（9）：172-180.

[4] 毕克新，杨朝均，黄平. 中国绿色工艺创新绩效的地区差异及影响因素研究 [J]. 中国工业经济，2013，29（10）：57-69.

[5] 庇古. 福利经济学 [M]. 金镝，译. 北京：华夏出版社，2007.

[6] 蔡乌赶，李广培. 碳交易框架下企业生态创新策略研究 [J]. 中国管理科学，2018，26（12）：168-176.

[7] 曹斌斌，肖忠东，祝春阳. 考虑政府低碳政策的双销售模式供应链决策研究 [J]. 中国管理科学，2018，26（4）：30-40.

[8] 曹翔，傅京燕. 不同碳减排政策对内外资企业竞争力的影响比较 [J]. 中国人口·资源与环境，2017，27（6）：10-15.

[9] 陈超凡. 节能减排与中国工业绿色增长的模拟预测 [J]. 中国人口·资源与环境，2018，28（4）：145-154.

[10] 陈超凡. 中国工业绿色全要素生产率及其影响因素——基于ML生产率指数及动态面板模型的实证研究 [J]. 统计研究，2016，33（3）：53-62.

[11] 陈华斌. 试论绿色创新及其激励机制 [J]. 软科学, 1999, 12 (3): 43 –44.

[12] 陈华, 薛莎莎. 低碳工具国内外实践及研究述评与展望 [J]. 山东财政学院学报, 2014, 26 (2): 45 –57.

[13] 陈劲, 梁靓, 吴航. 开放式创新背景下产业集聚与创新绩效关系研究——以中国高技术产业为例 [J]. 科学学研究, 2013, 31 (4): 623 –629, 577.

[14] 陈劲, 赵闯, 贾筱, 等. 重构企业技术创新能力评价体系: 从知识管理到价值创造 [J]. 技术经济, 2017, 36 (9): 1 –8, 30.

[15] 陈旭东, 鹿洪源, 王涵. 国外碳税最新进展及对我国的启示 [J]. 国际税收, 2022, 104 (2): 59 –65.

[16] 陈羽桃, 冯建. 企业绿色治理投资提升了企业环境绩效吗——基于效率视角的经验证据 [J]. 会计研究, 2020, 40 (1): 179 –192.

[17] 陈紫菱, 潘家坪, 李佳奇, 等. 中国碳交易试点发展现状、问题及对策分析 [J]. 经济研究导刊, 2019, 15 (7): 160 –161.

[18] 崔爱红, 戴玉才. 美国工业废弃物处理的经济政策及其对我国的启示 [J]. 经济研究导刊, 2011, 7 (2): 25 –26.

[19] 崔兴华, 林明裕. FDI 如何影响企业的绿色全要素生产率?——基于 Malmquist – Luenberger 指数和 PSM – DID 的实证分析 [J]. 经济管理, 2019, 41 (3): 38 –55.

[20] 董直庆, 王辉. 环境规制的 "本地—邻地" 绿色技术进步效应 [J]. 中国工业经济, 2019, 35 (1): 100 –118.

[21] 段宏波, 朱磊, 范英. 中国碳捕获与封存技术的成本演化和技术扩散分析——基于中国能源经济内生技术综合模型 [J]. 系统工程理论与实践, 2015, 35 (2): 333 –341.

[22] 范丹丹, 徐琪. 不同权力结构下企业碳减排与政府补贴决策分析 [J]. 软科学, 2018, 32 (12): 64 –70.

[23] 范丹, 王维国, 梁佩凤. 中国碳排放交易权机制的政策效果分

析——基于双重差分模型的估计 [J]. 中国环境科学, 2017, 37 (6): 2383 - 2392.

[24] 高苇, 成金华, 张均. 异质性环境规制对矿业绿色发展的影响 [J]. 中国人口·资源与环境, 2018, 28 (11): 150 - 161.

[25] 高艳丽, 董捷, 李璐, 等. 碳排放权交易政策的有效性及作用机制研究——基于建设用地碳排放强度省际差异视角 [J]. 长江流域资源与环境, 2019, 28 (4): 783 - 793.

[26] 高勇强, 陈亚静, 张云均. "红领巾" 还是 "绿领巾": 民营企业慈善捐赠动机研究 [J]. 管理世界, 2012, 28 (8): 106 - 114, 146.

[27] 管治华. 碳税征收对经济增长与产业结构影响的实证分析 [J]. 经济问题, 2012, 33 (5): 42 - 45.

[28] 郭蕾, 肖有智. 碳排放权交易试点的创新激励效应研究 [J]. 宏观经济研究, 2020, 264 (11): 147 - 161.

[29] 郭滕达, 赵淑芳. 绿色技术银行: 来自中国的探索 [J]. 中国人口·资源与环境, 2019, 29 (12): 131 - 137.

[30] 贺小刚, 邓浩, 吕斐斐, 等. 期望落差与企业创新的动态关系: 冗余资源与竞争威胁的调节效应分析 [J]. 管理科学学报, 2017, 25 (5): 13 - 34.

[31] 胡威. 环境规制与碳生产率变动 [D]. 武汉: 武汉大学, 2016.

[32] 胡玉凤, 丁友强. 碳排放权交易机制能否兼顾企业效益与绿色效率? [J]. 中国人口·资源与环境, 2020, 30 (3): 56 - 64.

[33] 华振. 中国绿色创新绩效研究——与东北三省的比较分析 [J]. 技术经济, 2011, 30 (7): 30 - 34.

[34] 黄帝, 陈剑, 周泓. 配额——交易机制下动态批量生产和减排投资策略研究 [J]. 中国管理科学, 2016, 24 (4): 129 - 137.

[35] 贾军, 张伟. 绿色技术创新中路径依赖及环境规制影响分析 [J]. 科学学与科学技术管理, 2014, 35 (5): 44 - 52.

[36] 贾瑞跃. 基于环境规制视角的两型社会建设实证研究 [D]. 合

肥：中国科学技术大学，2012.

[37] 蒋春燕，赵曙明. 组织冗余与绩效的关系：中国上市公司的时间序列实证研究 [J]. 管理世界，2004，19 (5)：108 - 115.

[38] 韩晶. 中国区域绿色创新效率研究 [J]. 财经问题研究，2012，34 (11)：130 - 137.

[39] 康鹏辉，茹少峰. 环境规制的绿色创新双边效应 [J]. 中国人口·资源与环境，2020，30 (10)：93 - 104.

[40] 雷明，虞晓雯. 地方财政支出、环境规制与我国低碳经济转型 [J]. 经济科学，2013，35 (5)：47 - 61.

[41] 李斌，彭星，欧阳铭珂. 环境规制、绿色全要素生产率与中国工业发展方式转变——基于 36 个工业行业数据的实证研究 [J]. 中国工业经济，2013，29 (4)：56 - 68.

[42] 李春花，逯承鹏，董书恒，等. 创新指数指标、测度及应用 [J]. 科学与管理，2018，38 (5)：9 - 16.

[43] 李翠锦. 企业绿色技术创新绩效的综合测评方法探讨 [J]. 统计与咨询，2007，23 (3)：24 - 25.

[44] 李广明，张维洁. 中国碳交易下的工业碳排放与减排机制研究 [J]. 中国人口·资源与环境，2017，27 (10)：141 - 148.

[45] 李海萍. 中国制造业绿色创新的环境效益向企业经济绩效转换的制度条件初探 [J]. 科研管理，2005，26 (2)：46 - 49.

[46] 李连刚，张平宇，谭俊涛，等. 韧性概念演变与区域经济韧性研究进展 [J]. 人文地理，2019，34 (2)：7 - 13，157.

[47] 李瑞琴. 市场化进程提升了环境规制的有效性吗？——基于绿色技术创新视角的"波特假说"再检验 [J]. 西南政法大学学报，2020，22 (2)：125 - 139.

[48] 李世涌，朱东恺，陈兆开. 外部性理论及其内部化研究综述 [J]. 中国市场，2007，14 (31)：117 - 119.

[49] 李婉红，毕克新，曹霞. 环境规制工具对制造企业绿色技术创

新的影响——以造纸及纸制品企业为例 [J]. 系统工程，2013，31（10）：112 – 122.

[50] 李婉红. 中国省域工业绿色技术创新产出的时空演化及影响因素：基于 30 个省域数据的实证研究 [J]. 管理工程学报，2017，31（2）：9 – 19.

[51] 李维安，张耀伟，郑敏娜，等. 中国上市公司绿色治理及其评价研究 [J]. 管理世界，2019，35（5）：126 – 133，160.

[52] 李卫红，白杨. 环境规制能引发"创新补偿"效应吗？——基于"波特假说"的博弈分析 [J]. 审计与经济研究，2018，33（6）：103 – 111.

[53] 李晓广. 理性契约与公权他用的悖论及其启示——以理性选择理论为分析视角 [J]. 中南大学学报（社会科学版），2008，9（3）：323 – 328.

[54] 李旭. 绿色创新相关研究的梳理与展望 [J]. 研究与发展管理，2015，27（2）：1 – 11.

[55] 李瑞雪，彭灿，杨晓娜. 双元创新与企业可持续发展：短期财务绩效与长期竞争优势的中介作用 [J]. 科技进步与对策，2019，36（17）：81 – 89.

[56] 李忆，司有和. 探索式创新、利用式创新与绩效：战略和环境的影响 [J]. 南开管理评论，2008，11（5）：4 – 12.

[57] 李毅，石威正，胡宗义. 基于 CGE 模型的碳税政策双重红利效应研究 [J]. 财经理论与实践，2021，42（4）：82 – 89.

[58] 李永友，文云飞. 中国排污权交易政策有效性研究——基于自然实验的实证分析 [J]. 经济学家，2016，27（5）：19 – 28.

[59] 李媛，赵道致，祝晓光. 基于碳税的政府与企业行为博弈模型研究 [J]. 资源科学，2013，35（1）：125 – 131.

[60] 李政，杨思莹，路京京. 政府补贴对制造企业全要素生产率的异质性影响 [J]. 经济管理，2019，41（3）：5 – 20.

[61] 李治国,王杰.中国碳排放权交易的空间减排效应:准自然实验与政策溢出 [J].中国人口·资源与环境,2021,31(1):26-36.

[62] 连玉君.中国上市公司投资效率研究 [M].北京:经济管理出版社,2009.

[63] 韩良.国际温室气体排放权交易法律问题研究 [M].北京:中国法制出版社,2009:29-30.

[64] 廖诺,赵亚莉,贺勇,等.碳交易政策对电煤供应链利润及碳排放量影响的仿真分析 [J].中国管理科学,2018,26(8):154-163.

[65] 廖显春,李小慧,施训鹏.绿色创新投资对绿色福利的影响机制研究 [J].中国人口·资源与环境,2020,30(2):148-157.

[66] 林永居.英国、美国、德国低碳转型的财政政策及启示 [J].财政研究,2014,34(5):58-61.

[67] 刘慧芬.社会责任、冗余资源与企业创新 [J].郑州航空工业管理学院学报,2020,38(5):30-44.

[68] 刘家松.日本碳税:历程、成效、经验及中国借鉴 [J].财政研究,2014,34(12):99-104.

[69] 刘洁,李文.征收碳税对中国经济影响的实证 [J].中国人口·资源与环境,2011,21(9):99-104.

[70] 刘锦,王学军.寻租、腐败与企业研发投入——来自30省12367家企业的证据 [J].科学学研究,2014,32(10):1509-1517.

[71] 刘明明.中国碳排放权交易实践的成就、不足及对策 [J].安徽师范大学学报(人文社会科学版),2021,49(3):119-124.

[72] 刘薇.国内外绿色创新与发展研究动态综述 [J].中国环境管理干部学院学报,2012,22(5):17-20.

[73] 刘祎,杨旭,黄茂兴.环境规制与绿色全要素生产率——基于不同技术进步路径的中介效应分析 [J].当代经济管理,2020,41(6):1-17.

[74] 刘竹,孟靖,邓铸,等.中美贸易中的隐含碳排放转移研究

［J］．中国科学：地球科学，2020，50（11）：1633－1642．

［75］吕鸿江，程明，刘洪．企业复杂适应性影响因素的实证研究：不同环境特征和战略选择的作用［J］．科学学与科学技术管理，2012，33（5）：130－142．

［76］罗伯特·希斯．危机管理［M］．王成，宋炳辉，等，译．北京：中信出版社，2004．

［77］骆瑞玲，范体军，夏海洋．碳排放交易政策下供应链碳减排技术投资的博弈分析［J］．中国管理科学，2014，22（11）：44－53．

［78］马浩．战略管理研究：40年纵览［J］．外国经济与管理，2019，41（12）：19－49．

［79］毛艳华，钱斌华．基于CGE模型的分区域碳税从价征收税率研究［J］．财政研究，2014，34（9）：33－36．

［80］毛蕴诗，林彤纯，吴东旭．企业关键资源、权变因素与升级路径选择：以广东省宜华木业股份有限公司为例［J］．经济管理，2016，38（3）：45－56．

［81］潘楚林，田虹．环境领导力、绿色组织认同与企业绿色创新绩效［J］．管理学报，2017，14（6）：832－841．

［82］裴潇，蒋安璇，叶云，等．民间投资、环境规制与绿色技术创新——长江经济带11省市空间杜宾模型分析［J］．科技进步与对策，2019，36（8）：44－51．

［83］彭灿，李瑞雪，杨红，等．动态及竞争环境下双元创新与企业可持续发展关系研究［J］．科技进步与对策，2020，37（15）：70－79．

［84］齐绍洲，林屾，崔静波．环境权益交易市场能否诱发绿色创新？——基于我国上市公司绿色专利数据的证据［J］．经济研究，2018，63（12）：129－143．

［85］钱娟，李金叶．技术进步是否有效促进了节能降耗与CO_2减排？［J］．科学学研究，2018，36（1）：49－59．

［86］曲薪池，侯贵生，孙向彦．政府规制下企业绿色创新生态系统

的演化博弈分析——基于初始意愿差异化视角 [J]. 系统工程, 2019, 37 (6): 1 – 12.

[87] 任胜钢, 郑晶晶, 刘东华, 等. 排污权交易机制是否提高了企业全要素生产率——来自中国上市公司的证据 [J]. 中国工业经济, 2019, 35 (5): 5 – 23.

[88] 任亚运, 傅京燕. 碳交易的减排及绿色发展效应研究 [J]. 中国人口·资源与环境, 2019, 29 (5): 11 – 20.

[89] 沈洪涛, 黄楠, 刘浪. 碳排放权交易的微观效果及机制研究 [J]. 厦门大学学报 (哲学社会科学版), 2017, 91 (1): 13 – 22.

[90] 沈能. 环境效率、行业异质性与最优规制强度——中国工业行业面板数据的非线性检验 [J]. 中国工业经济, 2012, 28 (3): 56 – 68.

[91] 盛昭瀚, 李煜, 陈国华, 等. 企业 R&D 投入动态竞争系统的全局复杂性分析 [J]. 管理科学学报, 2006, 14 (3): 1 – 10.

[92] 石敏俊, 袁永娜, 周晟吕, 等. 碳减排政策: 碳税、碳交易还是两者兼之? [J]. 管理科学学报, 2013, 16 (9): 9 – 19.

[93] 宋之杰, 孙其龙. 减排视角下企业的最优研发与补贴 [J]. 科研管理, 2012, 33 (10): 80 – 89.

[94] 孙久文, 孙翔宇. 区域经济韧性研究进展和在中国应用的探索 [J]. 经济地理, 2017, 37 (10): 1 – 9.

[95] 孙艳芝, 沈镭, 钟帅, 等. 中国碳排放变化的驱动力效应分析 [J]. 资源科学, 2017, 39 (12): 2265 – 2274.

[96] 孙亦军. 对发展低碳经济的财政补贴政策研究 [J]. 财政研究, 2010, 30 (4): 61 – 62.

[97] 谭德庆, 商丽娜. 制造业升级视角下环境规制对区域绿色创新能力的影响研究 [J]. 学术论坛, 2018, 41 (2): 86 – 92.

[98] 汤铃, 武佳倩, 戴伟, 等. 碳交易机制对中国经济与环境的影响 [J]. 系统工程学报, 2014, 29 (5): 701 – 712.

[99] 唐健雄, 李允尧, 黄健柏, 等. 组织学习对企业战略转型能力

的影响研究 [J]. 管理世界, 2012, 27 (9): 182-183.

[100] 唐文之, 朱扬光, 董尹. 多期碳限额与交易下企业产品减排决策 [J]. 系统科学与数学, 2019, 39 (8): 1253-1263.

[101] 陶长琪, 齐亚伟. 技术效率与要素累积对中国地区差距的效应分析——基于 DEA 三阶段模型 [J]. 科学学与科学技术管理, 2011, 32 (9): 23-29.

[102] 陶长琪, 周璇. 环境规制、要素集聚与全要素生产率的门槛效应研究 [J]. 当代财经, 2015, 35 (1): 10-22.

[103] 陶小兵. 科斯定理对职能转变和减少行政干预的启示 [J]. 南方论刊, 2017, 29 (8): 44-45, 52.

[104] 童健, 刘伟, 薛景. 环境规制、要素投入结构与工业行业转型升级 [J]. 经济研究, 2016, 51 (7): 43-57.

[105] 汪发元, 何智励. 环境规制、绿色创新与产业结构升级 [J]. 统计与决策, 2022, 38 (1): 73-76.

[106] 汪明月, 刘宇, 史文强, 等. 碳交易政策下低碳技术异地协同共享策略及减排收益研究 [J]. 系统工程理论与实践, 2019, 39 (6): 1419-1434.

[107] 王班班, 齐绍洲. 市场型和命令型政策工具的节能减排技术创新效应——基于中国工业行业专利数据的实证 [J]. 中国工业经济, 2016, 32 (6): 91-108.

[108] 王炳成, 郝兴霖, 刘露. 战略性新兴产业商业模式创新研究——环境不确定性与组织学习匹配视角 [J]. 软科学, 2020, 34 (10): 50-55.

[109] 王佳, 张林. 技术创新动态能力形成机制与影响因素研究 [J]. 技术经济与管理研究, 2017, 37 (10): 40-43.

[110] 王建民, 杨力. 长三角创新要素、配置效率与创新绩效 [J]. 上海经济研究, 2020, 36 (1): 75-85.

[111] 王杰, 刘斌. 环境规制与企业全要素生产率——基于中国工业

企业数据的经验分析 [J]. 中国工业经济, 2014, 30 (3): 44-56.

[112] 王林辉, 王辉, 董直庆. 经济增长和环境质量相容性政策条件——环境技术进步方向视角下的政策偏向效应检验 [J]. 管理世界, 2020, 36 (3): 39-60.

[113] 王敏, 陈继祥. 基于企业动态能力的二元性创新研究 [J]. 科技进步与对策, 2008, 25 (9): 88-93.

[114] 王烁. 赫伯特·西蒙有限理性概念考察及其启示 [J]. 太原师范学院学报 (社会科学版), 2019, 18 (1): 76-79.

[115] 王万山. 庇古与科斯的规制理论比较 [J]. 贵州财经学院学报, 2007, 25 (3): 23-28.

[116] 王万山, 伍世安. 负外部性治理的经济效率分析 [J]. 上海财经大学学报, 2003, 5 (3): 30-36.

[117] 王喜平, 郄少媛. 碳交易机制下供应链 CCS 投资时机研究 [J]. 管理工程学报, 2020, 34 (2): 124-130.

[118] 王旭, 王非. 无米下锅抑或激励不足? 政府补贴、企业绿色创新与高管激励策略选择 [J]. 科研管理, 2019, 40 (7): 131-139.

[119] 王艺明, 张佩, 邓可斌. 财政支出结构与环境污染: 碳排放的视角 [J]. 财政研究, 2014, 34 (9): 27-30.

[120] 王永贵. 增强经济发展韧性提升高质量发展能力 [N]. 光明日报, 2020-04-01.

[121] 王勇. 组织韧性、战略能力与新创企业成长关系研究 [J]. 中国社会科学院研究生院学报, 2019, 40 (1): 68-77.

[122] 王郁蓉. 我国各区域企业绿色技术创新绩效比较研究 [J]. 技术经济, 2012, 31 (10): 52-59.

[123] 王竹君. 异质型环境规制对我国绿色经济效率的影响研究 [D]. 西安: 西北大学, 2019.

[124] 翁智雄, 吴玉锋, 李伯含, 等. 征收差异化行业碳税对中国经济与环境的影响 [J]. 中国人口·资源与环境, 2021, 31 (3): 75-86.

[125] 武戈，应淑雯．"波特假说"文献综述［J］．合作经济与科技，2019，30（5）：142－143．

[126] 武运波，高志刚．环境规制、技术创新与工业经营绩效研究［J］．统计与决策，2019，35（9）：102－105．

[127] 解学梅，霍佳阁，王宏伟．绿色工艺创新与制造业行业财务绩效关系研究［J］．科研管理，2019，40（3）：63－73．

[128] 夏良杰，白永万，秦娟娟，等．碳交易规制下信息不对称供应链的减排和低碳推广博弈研究［J］．运筹与管理，2018，27（6）：37－45．

[129] 肖仁桥，丁娟，钱丽．绿色创新绩效评价研究述评［J］．贵州财经大学学报，2017，33（2）：100－110．

[130] 肖仁桥，丁娟．我国企业绿色创新效率及其空间溢出效应——基于两阶段价值链视角［J］．山西财经大学学报，2017，39（12）：45－58．

[131] 谢伦裕，张晓兵，孙传旺，等．中国清洁低碳转型的能源环境政策选择——第二届中国能源与环境经济学者论坛综述［J］．经济研究，2018，53（7）：198－202．

[132] 熊爱华，丁友强，胡玉凤．低碳门槛下绿色创新补贴对全要素生产率的影响［J］．资源科学，2020，42（11）：2184－2195．

[133] 熊国保，罗元大，赵建彬．企业环境责任对创新绩效影响的实证检验［J］．统计与决策，2020，36（21）：172－175．

[134] 熊中楷，张盼，郭年．供应链中碳税和消费者环保意识对碳排放影响［J］．系统工程理论与实践，2014，34（9）：2245－2252．

[135] 徐建中，贾君，朱晓亚．政府行为对制造企业绿色创新模式选择影响的演化博弈研究［J］．运筹与管理，2017，26（9）：68－77．

[136] 许冬兰，李丰云，吕朵．绿色全要素生产率的测算方法及应用［J］．青岛科技大学学报（社会科学版），2016，32（4）：30－35．

[137] 许文．碳达峰、碳中和目标下征收碳税的研究［J］．税务研究，2021，439（8）：22－27．

[138] 闫冰倩，乔晗，汪寿阳．碳交易机制对中国国民经济各部门产

品价格及收益的影响研究 [J]. 中国管理科学, 2017, 25 (7)：1 - 10.

[139] 杨长进, 田永, 许鲜. 实现碳达峰、碳中和的价税机制进路 [J]. 价格理论与实践, 2021, 41 (1)：20 - 26, 65.

[140] 杨林波, 朱兴婷. 环境动荡中双元创新对新产品研发的影响：有调节的中介 [J]. 企业经济, 2018, 37 (7)：36 - 43.

[141] 易兰, 李朝鹏, 杨历, 等. 中国 7 大碳交易试点发育度对比研究 [J]. 中国人口·资源与环境, 2018, 28 (2)：134 - 140.

[142] 易明, 程晓曼. 碳价格政策视角下企业绿色创新决策研究 [J]. 软科学, 2018, 32 (7)：74 - 78.

[143] 于斌斌. 演化经济学理论体系的建构与发展：一个文献综述 [J]. 经济评论, 2013, 33 (5)：139 - 146.

[144] 于连超, 张卫国, 毕茜. 环境执法监督促进了企业绿色转型吗? [J]. 商业经济与管理, 2019, 39 (3)：61 - 73.

[145] 余典范, 李斯林, 周腾军. 中国城市空气质量改善的产业结构效应——基于新冠疫情冲击的自然实验 [J]. 财经研究, 2021, 47 (3)：19 - 34.

[146] 余慧敏. 环境规制对绿色创新绩效的影响——以研发密度为调节变量 [J]. 新经济, 2015, 36 (2)：5 - 6.

[147] 原毅军, 陈喆. 环境规制、绿色技术创新与中国制造业转型升级 [J]. 科学学研究, 2019, 37 (10)：1902 - 1911.

[148] 曾冰, 张艳. 区域经济韧性概念内涵及其研究进展评述 [J]. 经济问题探索, 2018, 39 (1)：176 - 182.

[149] 曾倩, 曾先峰, 岳婧霞. 产业结构、环境规制与环境质量——基于中国省际视角的理论与实证分析 [J]. 管理评论, 2020, 32 (5)：65 - 75.

[150] 曾义, 冯展斌, 张茜. 地理位置、环境规制与企业创新转型 [J]. 财经研究, 2016, 42 (9)：87 - 98.

[151] 詹雪梅, 孙晓敏, 薛刚. 危机情境下团队有效性的研究框架构建——基于 IMOI 模型 [J]. 北京师范大学学报 (社会科学版), 2016, 60

（2）：47 – 56.

[152] 展进涛，徐钰娇，葛继红．考虑碳排放成本的中国农业绿色生产率变化 [J]．资源科学，2019，41（5）：884 – 896.

[153] 张成，陆旸，郭路，等．环境规制强度和生产技术进步 [J]．经济研究，2011，46（2）：113 – 124.

[154] 张丹丹．基于企业性质的大中型工业企业技术创新效率的实证分析 [J]．经济研究导刊，2015，11（6）：10 – 11.

[155] 张钢，张小军．国外绿色创新研究脉络梳理与展望 [J]．外国经济与管理，2011，33（8）：25 – 32.

[156] 张公一，张畅，刘晚晴．化危为安：组织韧性研究述评与展望 [J]．经济管理，2020，42（10）：192 – 208.

[157] 张国兴，张绪涛，程素杰，等．节能减排补贴政策下的企业与政府信号博弈模型 [J]．中国管理科学，2013，21（4）：129 – 136.

[158] 张汉江，张佳雨，赖明勇．低碳背景下政府行为及供应链合作研发博弈分析 [J]．中国管理科学，2015，23（10）：57 – 66.

[159] 张济建，丁露露，孙立成．考虑阶梯式碳税与碳交易替代效应的企业碳排放决策研究 [J]．中国人口·资源与环境，2019，29（11）：41 – 48.

[160] 张娟，耿弘，徐功文，等．环境规制对绿色技术创新的影响研究 [J]．中国人口·资源与环境，2019，29（1）：168 – 176.

[161] 张李浩，宋相勃，张广雯，等．基于碳税的供应链碳减排技术投资协调研究 [J]．计算机集成制造系统，2017，23（4）：883 – 891.

[162] 张盼，熊中楷．基于政府视角的最优碳减排政策研究 [J]．系统工程学报，2018，33（5）：627 – 636，697.

[163] 张平，张鹏鹏，蔡国庆．不同类型环境规制对企业技术创新影响比较研究 [J]．中国人口·资源与环境，2016，26（4）：8 – 13.

[164] 张涛，吴梦萱，周立宏．碳排放权交易是否促进企业投资效率？——基于碳排放权交易试点的准实验 [J]．浙江社会科学，2022，305

（1）：39 - 47.

[165] 张为杰，姜莱. 马歇尔企业组织理论思想述评 [J]. 石家庄经济学院学报，2011，34（5）：31 - 35.

[166] 张伟伟，祝国平，张佳睿. 国际碳市场减排绩效经验研究 [J]. 财经问题研究，2014，36（12）：35 - 40.

[167] 张五常. 经济解释（卷三）：制度的选择 [M]. 香港：花千树出版有限公司，2002.

[168] 张小军. 企业绿色创新战略的驱动因素及绩效影响研究 [D]. 杭州：浙江大学，2012.

[169] 张修凡，范德成. 我国碳排放权交易机制和绿色信贷制度支持低碳技术创新的路径研究 [J]. 湖北社会科学，2021，419（11）：71 - 83.

[170] 张旭，王宇. 环境规制与研发投入对绿色技术创新的影响效应 [J]. 科技进步与对策，2017，34（17）：111 - 119.

[171] 张益纲，朴英爱. 日本碳排放交易体系建设与启示 [J]. 经济问题，2016，37（7）：42 - 47.

[172] 赵佳风，马占新. 广义 DEA 有效测度下中国省际经济发展效率分析 [J]. 数学的实践与认识，2018，48（17）：86 - 97.

[173] 赵琳，范德成. 我国高技术产业技术创新效率的测度及动态演化分析——基于因子分析定权法的分析 [J]. 科技进步与对策，2011，28（11）：111 - 115.

[174] 赵一心，侯和宏，缪小林. 政府环境补贴、制度激励与企业绿色创新——基于倾向得分匹配法的实证分析 [J]. 地方财政研究，2022，207（1）：49 - 62.

[175] 赵玉民，朱方明，贺立龙. 环境规制的界定、分类与演进研究 [J]. 中国人口·资源与环境，2009，19（6）：85 - 90.

[176] 赵忠龙. 环境税收的产业功能与规制效应分析 [J]. 暨南学报（哲学社会科学版），2017，39（1）：96 - 105，131 - 132.

[177] 郑洁，刘舫，赵秋运，等. 环境规制与高质量创新发展：新结

构波特假说的理论探讨 [J]. 经济问题探索, 2020, 41 (12)：171 - 177.

[178] 周海赟. 碳税征收的国际经验、效果分析及其对中国的启示 [J]. 理论导刊, 2018, 39 (10)：96 - 102.

[179] 周力. 中国绿色创新的空间计量经济分析 [J]. 资源科学, 2010, 32 (5)：932 - 939.

[180] 周明, 李宗植. 基于产业集聚的高技术产业创新能力研究 [J]. 科研管理, 2011, 32 (1)：15 - 21.

[181] 朱建峰, 郁培丽, 石俊国. 绿色技术创新、环境绩效、经济绩效与政府奖惩关系研究——基于集成供应链视角 [J]. 预测, 2015, 34 (5)：61 - 66.

[182] 朱军. 技术吸收、政府推动与中国全要素生产率提升 [J]. 中国工业经济, 2017, 33 (1)：5 - 24.

[183] 朱庆华, 王一雷, 田一辉. 基于系统动力学的地方政府与制造企业碳减排演化博弈分析 [J]. 运筹与管理, 2014, 23 (3)：71 - 82.

[184] 朱智洺, 张伟. 碳排放规制下中国主要工业行业全要素生产率研究——基于方向性距离函数与 GML 指数模型 [J]. 资源科学, 2015, 37 (12)：2341 - 2349.

[185] 邹小芃, 胡嘉炜, 姚楠. 绿色证券投资基金财务绩效、环境绩效与投资者选择 [J]. 上海经济研究, 2019, 35 (12)：33 - 44.

[186] Adkin L E. Technology Innovation as a Response to Climate Change：The Case of the Climate Change Emissions Management Corporation of Alberta [J]. Review of Policy Research, 2019, 36 (5)：603 - 634.

[187] Alberti M, Marzluff J M. Ecological Resilience in Urban Ecosystems：Linking Urban Patterns to Human and Ecological Functions [J]. Urban Ecosystems, 2004, 7 (3)：241 - 265.

[188] Ambec S, Cohen M A, Elgie S, et al. The Porter Hypothesis at 20：Can Environmental Regulation Enhance Innovation and Competitiveness？ [J]. Review of Environmental Economics and Policy, 2013, 7 (1)：2 - 22.

[189] Andrews K R. The Concept of Corporate Strategy [M]. Homewood, IL: Dow Jones – Irwin, 1971.

[190] Barney J B. Firm Resources and Sustained Competitive Advantage [J]. Journal of Management, 1991, 17 (1): 99 – 120.

[191] Baron R M, Kenny D A. The Moderator – mediator Variable Distinction in Social Psychological Research: Conceptual, Strategic, and Statistical Considerations [J]. Chapman and Hall, 1986, 51 (6): 1173 – 1182.

[192] Barton D L. Core Capabilities and Core Rigidities: A Paradox in Managing New Product Development [J]. Strategic Management Journal, 1992, 13 (13): 115 – 125.

[193] Benjaafar S, Yanzhi L, Daskin M. Carbon Footprint and the Management of Supply Chains: Insight from Simple Models [J]. IEEE Transaction on Automation Science and Engineering, 2012, 10 (1): 99 – 116.

[194] Betsill M, Hoffmann M J. The Contours of "Cap and Trade": The Evolution of Emissions Trading Systems for Greenhouse Gases [J]. Review of Policy Research, 2011, 28 (1): 83 – 106.

[195] Bischi G I, Lamantia F. A Competition Game With Knowledge Accumulation and Spillovers [J]. International Game Theory Review, 2004, 6 (3): 323 – 341.

[196] Blattel – Mink B. Innovation Towards Sustainable Economy: The Integration of Economy and Ecology in Companies [J]. Sustainable Development, 1998, 6 (2): 49 – 58.

[197] Bradley S W, Shepherd D A, Wiklund J. The Importance of Slack for New Organizations Facing "Tough" Environments [J]. Journal of Management Studies, 2011, 48 (5): 1071 – 1097.

[198] Bromiley P. Testing a Causal Model of Corporate Risk Taking and Performance [J]. Academy of Management Journal, 1991, 34 (1): 37 – 59.

[199] Buchanan J M, Stubblebine W C. Externality [J]. Economica,

1962 (29): 371 – 384.

[200] Carrion – Flores C E, Innes R. Environmental Innovation and Environmental Performance [J]. Journal of Environmental Economics & Management, 2010, 59 (1): 27 – 42.

[201] Cellini R, Torrisi G. Regional Resilience in Italy: A Very Long – Run Analysis [J]. Regional Studies, 2014, 48 (11): 1779 – 1796.

[202] Cheng J L C, Kesner I F. Organizational Slack and Response to Environmental Shifts: The Impact of Resource Allocation Patterns [J]. Journal of Management, 1997, 23 (1): 1 – 18.

[203] Chen Y and Y. Ma. Does Green Investment Improve Energy firm Performance? [J]. Energy Policy, 2021, 153 (1): 112252.

[204] Chen Y S, Lai S B, Wen C T. The Influence of Green Innovation Performance on Corporate Advantage in Taiwan [J]. Journal of Business Ethics, 2006, 64 (4): 331 – 339.

[205] Coase R H. The Problem of Social Cost [J]. Journal of Law and Economics, 1960, 3 (1): 1 – 44.

[206] Collins C J, Clark K D. Strategic Human Resource Practices, Top Management Team Social Networks, and Firm Performance: The Role of Human Resource Practices in Creating organizational Competitive Advantage [J]. The Academy of Management Journal, 2003, 46 (6): 740 – 751.

[207] Collis D J. Research Note: How Valuable are Organizational Capabilities? [J]. Strategic Management Journal, 2010, 15 (S1): 143 – 152.

[208] Costantini V, Mazzanti M. On the Green and Innovative side of Trade Competitiveness? The Impact of Environmental Policies and Innovation EU Exports [J]. Researchpolicy, 2012, 41 (1): 132 – 153.

[209] Crocker T D. The Structuring of Atmospheric Pollution Control Systems [J]. The Economics of Air Pollution, 1966: 61, 81 – 84.

[210] Dalziell E P, Mcmanus S T. Resilience, Vulnerability, and Adap-

tive Capacity: Implications for System Performance [J]. University of Canterbury Civil & Natural Resources Engineering, 2004.

[211] Damotta R S. An Alyzing the Environmental Performance of the Brazilian Industrial Sector [J]. Ecological Economics, 2006, 57 (2): 269 – 281.

[212] Davoudi S. Resilience: A Bridging Concept or a Dead End? [J]. Planning Theory and Practice, 2012, 13 (2): 299 – 307.

[213] Dinopoulos E, Sener F. New Directions in Schumpeterian Growth Theory [J]. Chapters, 2007, 45 (5): 746 – 746.

[214] Dopfer K. Evolutionary Economics: Framework for Analysis [M]. Evolutionary Economics: Program and Scope. Springer Netherlands, 2001.

[215] Driessen P H, Hillebrand B. Adoption and Diffusion of Green Innovations [M]. Amsterdam: IOS Press Inc, 2003: 343 – 356.

[216] Eiadat Y, Kelly A, Roche F, et al. Green and Competitive? An Empirical Test of the Mediating Role of Environmental Innovation Strategy [J]. Journal of World Business, 2008, 43 (2): 131 – 145.

[217] Eisenhardt K M, Martin J A. Dynamic Capabilities: What Are They [J]. Strategic Management Journal, 2000, 21 (10/11): 1105 – 1121.

[218] Fan Y, Liu L C, Wu G, et al. Changes in Carbon Intensity in China: Empirical Findings from 1980 ~ 2003 [J]. Ecological Economics, 2007, 62 (3/4): 683 – 691.

[219] Foster R N. Innovation: The Attacker's Advantage [M]. Gabler Verlag, 1986.

[220] Freeman R E. Strategic Management: A Stakeholder Approach [C]. Pitman Publishing Inc. 1984: 46.

[221] Galunic D C, Rodan S. Resource Recombinations in the Firm: Knowledge Structures and the Potential for Schumpeterian Innovation [J]. Strategic Management Journal, 1998, 19 (12): 1193 – 1201.

[222] Gibson C A, Tarrant M. A "Conceptual Models" Approach to

Organizational Resilience [J]. Australian Journal of Emergency Management, 2010, 25 (2): 6 – 12.

[223] Glaser M, Diele K. Asymmetric Outcomes: Assessing Central Aspects of the Biological, Economic and Social Sustainability of a Mangrove Crab Fishery, Ucides Cordatus (Ocypodidae), in North Brazil [J]. Ecological Economics, 2004, 49 (3): 361 – 373.

[224] Greenley G E, Oktemgil M. A Comparison of Slack Resources in High and Low Performing British Companies [J]. Journal of Management Studies, 1998, 35 (3): 377 – 398.

[225] Gulati N R. Is Slack Good or Bad for Innovation? [J]. Academy of Management Journal, 1996, 39 (5): 1245 – 1264.

[226] Haans R, Pieters C, He Z L. Thinking About U: Theorizing and Testing U – and Inverted U – Shaped Relationships in Strategy Research [J]. Strategic Management Journal, 2016 (37): 1177 – 119.

[227] Hamel G, Vlikangas L. The Quest for Resilience [J]. Harvard Business Review, 2003, 81 (9): 52.

[228] Hansen B E. Threshold Effects in Non – dynamic Panels: Estimation, Testing and Inference [J]. Journal of Econometrics, 1999 (93): 345 – 368.

[229] Hassink R. Regional Resilience: A Promising Concept to Explain Differences in Regional Economic Adaptability? [J]. Cambridge Journal of Regions Economy & Society, 2009, 3 (1): 45 – 58.

[230] Holling C S. Resilience and Stability of Ecological Systems [J]. Annual Review of Ecology & Systematics, 1973, 4 (4): 1 – 23.

[231] Hulten C R, Bennathan E, Srinivasan S. Infrastructure, Externalities, and Economic Development: A Study of the Indian Manufacturing Industry [J]. The World Bank Economic Review, 2006, 20 (2): 291 – 308.

[232] Jaegul, Lee, et al. Linking Induced Technological Change, and

Environmental Regulation: Evidence From Patenting in the U. S. Auto Industry [J]. Research Policy, 2011, 40 (9): 1240 – 1252.

[233] Jia Z, B. Lin. Rethinking the Choice of Carbon Tax and Carbon Trading in China [J]. Technological Forecasting and Social Change, 2020, 159: 120187.

[234] Kautz M, Charney D S, Murrough J W. Neuropeptide Y, Resilience, and PTSD Therapeutics [J]. Neuroscience Letters, 2017 (649): 164 – 169.

[235] Kogut B, Zander U. Knowledge of the Firm, Combinative Capabilities, and the Replication of Technology [J]. Organization Science, 1992 (3): 383 – 397.

[236] Kriketos A D, Greenfield J R, Peake P W, et al. Inflammation, Insulin Resistance, and Adiposity [J]. American Journal of Rhinology & Allergy, 2017, 31 (5): 283 – 288.

[237] Lambie N R. Understanding the Effect of an Emissions Trading Scheme on Electricity Generator Investment and Retirement Behaviour: The Proposed Carbon Pollution Reduction Scheme [J]. Australian Journal of Agricultural & Resource Economics, 2010, 54 (2).

[238] Lanjouw J O, Mody A. Innovation and the International Diffusion of Environmentally Responsive Technology [J]. Research Policy, 1996 (25): 549 – 571.

[239] Lee L W. Entrepreneurship and Regulation: Dynamics and Political Economy [J]. Journal of Evolutionary Economics, 1991, 1 (3): 219 – 235.

[240] Lengnick – Hall C A, Beck T E. Adaptive Fit Versus Robust Transformation: How Organizations Respond to Environmental Change [J]. Journal of Management, 2005, 31 (5): 738 – 757.

[241] Leonidou L C, Kvasova O, Leonidou C N, et al. Business Unethicality as an Impediment to Consumer Trust: The Moderating Role of Demographic

and Cultural Characteristics [J]. Journal of Business Ethics, 2013, 112 (3): 397 - 415.

[242] Lipman S. Uncertain Imitability: An Analysis of Interfirm Differences in Efficiency Under Cooperation [J]. Bell Journal of Economics, 1982, 13 (2): 418 - 438.

[243] Lu Y, Yu L. Trade Liberalization and Markup Dispersion: Evidence From China's WTO Accession [J]. American Economic Journal: Applied Economics, 2015 (7): 221 - 253.

[244] Madhavaram S, Hunt S D. The Service - Dominant Logic and a Hierarchy of Operant Resources: Developing Masterful Operant Resources and Implications for Marketing Strategy [J]. Journal of the Academy of Marketing Science, 2008, 36 (1): 67 - 82.

[245] Madhok A. Cost, Value and Foreign Market Entry Mode: the Transaction and the Firm [J]. Strategic Management Journal, 1997, 12 (S2): 95 - 117.

[246] Madni A M, Jackson S. Towards a Conceptual Framework for Resilience Engineering [J]. IEEE Systems Journal, 2009, 3 (2): 181 - 191.

[247] Marshall, A. Principles of Economics [M]. London: Macmillan, 1920: 266 - 268.

[248] Martin R. Regional Economic Resilience, Hysteresis and Recessionary Shocks [J]. Journal of Economic Geography, 2012, 1 (1): 1 - 32.

[249] Martin R, Sunley P. The Place of Path Dependence in an Evolutionary Perspective on the Economic Landscape [J]. Handbook of Evolutionary Economic Geography, 2010: 62 - 92.

[250] Masten, Ann S. Ordinary Magic, Resilience Processes in Development. [J]. American Psychologist, 2001, 56 (3): 227.

[251] Mckee D. An Organizational Learning Approach to Product Innovation [J]. Journal of Product Innovation Management, 2010, 9 (3): 232 -

245.

[252] Mcleod P L, Lobel S A, Cox T H. Ethnic Diversity and Creativity in Small Groups [J]. Small Group Research, 1996, 27 (2): 248 – 264.

[253] Miller D, Shamsie J. The Resource – Based View of the Firm in Two Environments: The Hollywood Film Studios from 1936 to 1965 [J]. Academy of Management Journal, 1996, 39 (3): 519 – 543.

[254] Miller K, Leiblen M. Corporate Risk – Return Relations [J]. The Academy of Management Journal, 1996, 39 (1): 64 – 90.

[255] Nagy R, V. Hagspiel, P. M. Kort. Green Capacity Investment under Subsidy withdrawal Risk [J]. Energy Economics, 2021, 98 (3): 105259.

[256] Neal A F, Griffin M A, Hart P D. The Impact of Organizational Climate on Safety Climate and Individual Behaviour [J]. Safety Science, 2000, 34 (1/3): 99 – 109.

[257] Nelson R R, Winter S G. An Evolutionary Theory of Economic Change [J]. Administrative Science Quarterly, 1982, 32 (2).

[258] Nelson R R, Winter S G. Evolution Theorizing in Economics [J]. The Journal of Economic Perspectives, 2002, 16 (2): 23 – 46.

[259] Nieves J, Haller S. Building Dynamic Capabilities Through Knowledge Resources [J]. Tourism Management, 2014, 40 (1): 224 – 232.

[260] Nonaka I, Konno N. The Concept of "Ba": Building a Foundation for Knowledge Creation [J]. California Management Review, 1998, 40 (3): 40 – 54.

[261] Opler T, Pinkowitz L, Williamson R. The Determinants and Implications of Corporate Cash Holdings [J]. Journal of Financial Economics, 1999, 52 (1): 3 – 46.

[262] Penrose E T. The Theory of the Growth of the Firm [M]. New York: Wiley, 1959.

[263] Popp D. Lessons From Patents: Using Patents to Measure Techno-

logical Change in Environmental Models [J]. Ecological Economics, 2005, 54 (2 – 3): 209 – 226.

[264] Porter M E. Competitive Advantage: Creating and Sustaining Superior Performance [M]. Simon & Schuster Inc, 1985.

[265] Porter M E, Linde C V D. Toward a New Conception of the Environment Competitiveness Relationship [J]. Journal of Economic Perspectives, 1995, 9 (4): 97 – 118.

[266] Prahalad C K, Hamel G. The Core Competence of the Corporation [J]. Harvard Business Review, 1990, 90 (3): 71 – 91.

[267] Prahalad C K, Hamel G. The Core Competence of the Corporation Science Direct [J]. Strategic Learning in a Knowledge Economy, 2000 (3): 3 – 22.

[268] Rassier D G, Earnhart D. The Effect of Clean Water Regulation on Profit Ability: Testing the Porter Hypothesis [J]. Land Economics, 2010, 86 (2): 329 – 344.

[269] Ren S, Y. Hao, H. Wu. How does Green Investment affect Environmental Pollution? Evidence from China [J]. Environmental and Resource Economics, 2022, 81 (1): 25 – 51.

[270] Samuelson P A. Some Uneasiness With the Coase Theorem [J]. Japan & the World Economy, 1995, 7 (1): 1 – 7.

[271] Schleich J, Rogge K, Betz R. Incentives for Energy Efficiency in the EU Emissions Trading Scheme [J]. Energy Efficiency, 2009, 2 (1): 37 – 67.

[272] Schumpeter J A. Capitalism, Socialism and Democracy [M]. New York: Harpers, 1942.

[273] Seville E. Resilience: Great Concept But What Does It Mean? [R]. Council on Competitiveness Risk Intelligence and Resilience Workshop, Wilmington, USA, 2009.

[274] Shah A, Hashmi S H, Chishti A. Much Has Changed Since Baron and Kenny's (1986) Classic Paper: Let Us Learn What Kenny's (2012) Contemporary Mediation Analysis Prescribes [J]. Social Science Electronic Publishing, 2013 (1): 58 – 67.

[275] Simmie J, Martin R. The Economic Resilience of Regions: Towards an Evolutionary Approach [J]. Cambridge Journal of Regions Economy & Society, 2010, 3 (1): 27 – 43.

[276] Singh J V. Performance, Slack, and Risk Taking in Organizational Decision Making [J]. Academy of Management Journal, 1986, 29 (3): 562 – 585.

[277] Spender J C. Making Knowledge the Basis of a Dynamic Theory of the Firm [J]. Strategic Management Journal, 1996, 17 (S2): 45 – 62.

[278] Stein, Leslie A. The Legal and Economic Bases for an Emissions Trading Scheme [J]. Monash University Law Review, 2006, 36 (1).

[279] Stephenson A V. Benchmarking the Resilience of Organisations [J]. University of Canterbury, Christchurch, New Zealand, 2010.

[280] Sutcliffe K M, Vogus T J. Organizing for Resilience [C]. Cameron K. S, Dutton J. E, Quinn R E. Positive Organizational Scholarship: Foundations of a New Discipline. San Francisco: Berrett – Koehler Publishers, 2003: 94 – 110.

[281] Tan J. Curvilinear Relationship Between Organizational Slack and Firm Performance: Evidence from Chinese State Enterprises [J]. European Management Journal, 2003, 21 (6): 740 – 749.

[282] Tan J, Peng M W. Organizational Slack and Firm Performance During Economic Transitions: Two Studies From an Emerging Economy [J]. Strategic Management Journal, 2003, 24 (13): 1249 – 1263.

[283] Tarnawska K. Eco – innovations Tools for the Transition to Green Economy [J]. Economics & Management, 2013, 18 (4): 735 – 743.

［284］ Teece, David J. Business Models and Dynamic Capabilities ［J］. Long Range Planning, 2017: 40 –49.

［285］ Teece D J, Pisano G, Shuen A. Dynamic Capabilities and Strategic Management ［J］. Strategic Management Journal, 1997, 18 (7): 509 –533.

［286］ Topalova P. Factor Immobility and Regional Impacts of Trade Liberalization: Evidence on Poverty from India ［J］. American Economic Journal: Applied Economics, 2010, 2 (4): 1 –41.

［287］ Trajtenberg M. Product Innovations, Price Indices and the (Mis) Measurement of Economic Performance ［J］. NBER Working Papers, 1990.

［288］ Tusaie K, Dyer J. Resilience: A Historical Review of the Construct ［J］. Holistic Nursing Practice, 2004, 18.

［289］ Venmans F. A Literature – based Multi – criteria Evaluation of the EU ETS ［J］. Renewable and Sustainable Energy Reviews, 2012, 16 (8): 5493 –5510.

［290］ Vogus T J, Sutcliffe K M. Organizational Resilience: Towards a Theory and Research Agenda ［C］. IEEE International Conference on Systems, 2007.

［291］ Wang Q Y. Fixed – effect Panel Threshold Model Using Stata ［J］. Stata Journal, Stata Corp LP, 2015, 15 (1): 121 –134.

［292］ Weick, Karl E. The Collapse of Sensemaking in Organizations: The Mann Gulch Disaster ［J］. Administrative Science Quarterly, 1993, 38 (4): 628 –652.

［293］ Wernerfelt B. A Resource – Based View of the Firm ［J］. Strategic Management Journal, 1984, 5 (2): 171 –180.

［294］ Williams C C, Martinez – Perez A, Kedir A M. Informal Entrepreneurship in Developing Economies: The Impacts of Starting Up Unregistered on Firm Performance ［J］. Entrepreneurship Theory & Practice, 2016.

［295］ Williamson O E, Wachter M L, Harris J E. Understanding the

Employment Relation: The Analysis of Idiosyncratic Exchange [J]. The Bell Journal of Economics, 1975, 6 (1): 250 – 278.

[296] Wink, RÜDiger. Regional Economic Resilience: Policy Experiences and Issues in Europe [J]. Raumforschung and Raumordnung, 2014, 72 (2): 83 – 84.

[297] Winter G. Understanding Dynamic Capabilities [J]. Strategic Management Journal, 2003, 24 (10): 991 – 995.

[298] Xu X, He P, Xu H, et al. Supply Chain Coordination with Green Technology Under Cap – and – Trade Regulation [J]. International Journal of Production Economics, 2016: 183.

[299] Yang C H, Tseng Y H, Chen C P. Environmental Regulations, Induced R&D, and Productivity: Evidence from Taiwan's Manufacturing Industries [J]. Resource and Energy Economics, 2012, 34 (4): 514 – 532.

[300] Yan H, Wei Q L, Hao G. DEA Models for Resource Reallocation and Production Input/Output Estimation [J]. European Journal of Operational Research, 2002, 136 (1): 19 – 31.

[301] Zhao L, Y. Zhang, S. Muhammad, V. Hieu, Q. N. Thanh. Testing Green Fiscal Policies for Green Investment, Innovation and Green Productivity amid the COVID – 19 Era [J]. Economic Change & Restructuring, 2021, (11): 1 – 22.

[302] Zhou K Z, Wu F. Technology Capability, Strategic Flexibility, and Product Innovation [J]. Strategic Management Journal, 2009, 31 (5): 547 – 561.